ちくま文庫

文章読本さん江

斎藤美奈子

筑摩書房

目次

文章読本さん江

はじめに

こんな書名ではありますが、本書はいわゆる「文章読本」ではありません。文章読本と呼ばれる一連の書物じたいに光を当ててみよう——それが本書の趣旨であります。

ご承知のように、文章読本と呼ばれる種類の本は、膨大な数が出版されています。一説によると、累積で、すでに四桁の大台に乗るほどだそうです。

それらを読んで気づくのは、文章読本の書き手はみな、たいそう研究熱心であるということです。どの方も先行する類書を丹念に読み、かつ研究した上で仕事にとりかかっていらっしゃる。『細雪』を読まずに小説を書く人はいても、谷崎潤一郎『文章読本』を読まずに文章読本を書く方は、おそらくひとりもいないでしょう。したがって、すべての文章読本は他の文章読本の批評になっている、という興味深い現象が観察できるのでありますが、いかんせん残念なのは、諸先生方はべつだん批評を書きたくて筆をとったわけではないってこと。目的は、新たな、ご自分流の、もっと優れた、もっと素晴らしい文章読本を著すことにあるので、議論は途中で打ち切られ、みなさん、すぐさま

「ワシの説」の開示に熱中なさってしまいます。そのさまは、カラオケのマイクを握って離さない美声自慢の方々にも似ています。

商店街などで、開店まもない店の前に、大きな花環が出ているのを目にしたことがあるでしょう。ああいう花環には必ず「祝　新装開店　パチンコ××さん江」などと書かれた札がついています。また、お芝居が好きな人は、劇場のロビーにたくさんの花籠が飾られているのを見たことがあるはずです。ああいったお花にも「○○讃江」「△△さん江」等の札がつきものです。めでたい席には花と札を贈る。そんな美しい習慣が日本にはあるのですね。

そこで文章読本でありますが、このジャンルは、数ある書物のなかでも、もっとも花を贈るにふさわしい晴れの舞台だと思われます。その場合の札は、こんなふうになりましょう。

祝「文章読本」執筆　凸山凹郎さん江

なぜ「祝」なのかは、おいおい理解していただけるはずですが、ともあれこの分野について語る以上は、右のような花と札を私も諸先生方に贈るべきだろうと愚考しました。しかし、さすがに相手が四桁ともなると、個別にはむずかしい。そこで、この際まとめて『文章読本さん江』という札、というか書名で許してもらうことにした次第です。

ところで、私はときどき心配になります。ああいったお花の中に爆弾のようなものが仕掛けられている可能性はないのでしょうか。いえいえ、もちろん本書にそんな物騒な意図はありません。文章読本という舞台の上で起きていること、舞台裏に隠されていることを、私なりに整理してみたい。本書の意図はそれだけですので、誤解のないようにお願いします。

I　サムライの帝国

書く人の論理
——文章読本というジャンル

開祖＝谷崎潤一郎につづけ！

文章読本、文章作法、文章入門、文章術。名称はさまざまだが、ここでは「文章の上達法を説く本」を、まとめて「文章読本」と呼ぶことにしたい。

と規定したとたんに、たちまち反論が返ってきそうだ。ええーっ、「文章読本」って谷崎潤一郎とか三島由紀夫とか「文豪」クラスのえらい作家が書いた文章作法書のことでしょう。作家じゃない人が書いた本まで「文章読本」と呼んじゃっていいの？

もちろん呼んじゃっていいのである。読者にとって、そんな狭量なセクショナリズムには、まったくなんの意味もない。

そもそも「文章読本」という四字熟語は、商標なのか固有名詞なのか一般名詞なのか。

よく知られているように、「文章読本」という四字熟語を発明し、書名に冠した最初の書物は谷崎潤一郎『文章読本』である。

いまではめったに単独では使用しないが、「読本」とはもともとは小学校の国語の教科書のことである。近世の「読本＝よみほん」が物語文学（『雨月物語』とか『南総里見八犬伝』とか）を指したのに対し、「読本＝とくほん」はそれとは別の文脈で明治の初期にできたことばだ。英語講読の教科書（リーダー＝reader）の訳語だったという説もある。学制発布の年にあたる一八七二（明治五）年に発行された二種類の『小学読本』がもっとも早い使用例である。

リーダーの訳語というくらいで、元来の「読本」は、文字通り日本語の「読み方」を教える教科書のことだった。中身も英語のリーダー同様、読み物中心の構成だった。しかし、やがて「読本」は、「初学者むけの入門講座」くらいの意味で、さまざまな雑誌の記事や本のタイトルに転用されるようになる。歴史読本、政治読本、経済読本、俳句読本、人生読本……。特に昭和初期には「○○読本」が大流行。婦人雑誌の目次など、毎号「読本」の文字が見られるほどだ。

一九三四（昭和九）年発行の谷崎潤一郎『文章読本』も、そんな流れに乗ってつけられた書名だったのだろうと推測できる。初版本を見ると、装丁といい文字のレイアウトといい要点を欄外に示した編集の仕方といい、小学校の教科書をパロった（パクった？）デザインになっていて、なかなか遊び心のある（またはオッチョコチョイな）本ではある。

では、それ以前に文章指南書がなかったかといえば、そんなことは全然ない。文章論や文章上達法を説いた本なら、谷崎以前から掃いて捨てるほど存在していた。しかし、それらの本は入手しにくくなったこともあり、現在はほとんど読まれていない。逆に谷崎読本は、文章読本界の「開祖」でもあるかのように、いまなお現役でありつづけている。

谷崎読本だけが今日にまで生き残った理由はなんだったのだろうか。谷崎潤一郎のネームバリューに加え、これは戦後に書かれた文章指南書の影響が大きかったのではないかと思う。よく知られているように、作家が書いた文章指南書は、谷崎以降、タイトルまで文豪を踏襲あるいは模倣するようになった。川端康成『新文章読本』、三島由紀夫『文章読本』、中村真一郎『文章読本』、丸谷才一『文章読本』、井上ひさし『自家製　文章読本』等である。ここまでくれば、文章読本の開祖は谷崎潤一郎であり、文章読本とは当代一流の小説家が書くものという認識が、作家（書き手）と世間（読み手）に醸成されるのも無理はなかったかもしれない。

文章指南書の歴史にとって、ひとつの転機は一九七〇年代（の特に後半）である。顕著な変化は三つある。第一に、類書の数が飛躍的に増加したこと。第二に、さまざまな分野の文筆家が文章読本界に参入してきたこと。第三に、そのほとんどが（戦前に書かれた他の文章指南書を無視して）谷崎読本を過剰に意識するようになったことだ。
おもしろいのは第三の特徴である。七〇年代以降の文章読本は、先達の顔を立てるかのように、または過去の怨霊をふりはらうかのように、本のどこかで谷崎読本をはじめとする歴代『文章読本』の名をずらりと列挙する風習が観察できるのだ。一例をあげてみよう。

文例❶　昭和九年、谷崎潤一郎が『文章讀本』をあらはしてのち、同じ題、あるいはよく似た題の本を三人の小説家が書いた。昭和二十五年の川端康成、昭和三十四年の三島由紀夫、昭和五十年の中村真一郎である。そして今またわたしが『文章読本』なるものに取りかからうとする。　丸谷才一『文章読本』

文例❷　文章読本といつた名で一冊の本を書いた人といへば谷崎潤一郎がある。川端康成がありて伊藤整がある。菊池寛三島由紀夫があり丸谷才一がある。「普通文章論」の名で幸田露伴も書いてゐる。／恐るべき名前ばかりがここには並ぶことになる。どの人をとつてもまづはノーベル賞クラスの大家ばかりだ。　萩野貞樹『名文と悪文』

文例❸　なんだか、伝え聞いた話によるとだな、過去にもずいぶんと『文章読本』てタイトルの本があったらしいじゃねぇか。なんだぁ、谷崎潤一郎に三島由紀夫に中村眞一郎に丸谷才一に井上ひさしか。そんなさ、文壇のそうそうたる方々がだよ、書いとるそうだわ『文章読本』っていうのを。

佐藤克之『カーツの文章読本』

❶の場合は、書き手自身も将来の文豪候補であり（かもしれず）、晴れがましい『文章読本』の系譜にいよいよ自分も連なるのだ、という自負と興奮が立ち昇ってくる。❷はしかし、権威を借りるかのように〈ノーベル賞クラスの大家〉の名前を思いつきで並べただけ。❸にいたっては、むしろパロディに近い反文章読本であり、この後〈この本書くにあたってちょっと序章だけ読んでみたんだけど、／なにあれ？／なんじゃいこれ？　っていいたいよ、オレは〉という怒りの弁がつづくのである。それでも歴代読本を名指しせずにはおれない律儀さ。

この独特の風習によって、谷崎読本の名声は轟きわたった、といってもいい。書店で任意の文章読本を手にとってみよう。谷崎読本を取り上げて、あれはやっぱり名著だの、さすがにあれはもう古いだの、あれこれ論評を加えた本の多さに気づくだろう。巻末資料や推薦図書欄までふくめると、なんらかの形で谷崎読本にふれていない本のほうが少ないはずだ。だれもが谷崎読本をジャンルの開祖と認め、崇拝したり反発したりする風潮が、いつしか固まっていたのである。

ちなみに谷崎読本は一九七五年に文庫になっている。その二年前、七三年には三島読本も文庫化されている。文章読本、すなわち文章の入門書は、プロではなくてアマチュアむけの本である。こういう本は、古書店で買えたり図書館で読めたり個人全集に収録されていても意味がない。コンパクトで安価でどこでも買えて、はじめて商品価値をもち、影響力を行使しうる。文章指南書の書き手はみなプロ中のプロだから、全集をひっくり返す程度の労は惜しまないだろう。しかし、それでもテキストの入手しやすさいかんで、手間のかかり方は全然ちがう。両読本は七〇年代に復活し、読者に「再発見」されたテキストだったのではないだろうか。

じっさい、谷崎読本、三島読本が文庫化されて以降、文章読本の種類は激増した。さらには類書が増えるにしたがって、「文章読本とは小説家が書いた文章指南書の専売特許の名称である」という認識も、徐々に弱まってきた。規制緩和が進んだ現在では、「文章読本」という語はすべてのライターに平等に開放されている。文豪でもなんでもない書き手が、『「超」文章読本』『横書き文章読本』『電脳版　文章読本』『思考のための文章読本』『電子メール文章読本』といったタイトルの本を続々と出しているのがひとつの証拠だ。

類似品の増加によって、商標＝固有名詞が一般名詞化するのはよくあること。ホッチキス（一般名詞はステープラー）しかり、ドロップス（一般名詞はハードキャンディー）しかり、アクアラング（一般名詞はスキューバ）しかりである。

「文章読本」もまた「文章の指南書」を指す一般名詞、ないし一般名詞化の途上にある四字熟語と判断したい。読み方の本（リーダー）だったはずの「読本」が、「文章」という語とドッキングしたとたん、書き方の本（コンポジション）に反転するのはオセロみたいで腑に落ちないような気もするが、まあ、あんまり細かいことは気にしないで先に進もう。

ファンタスティックな挨拶文

文章読本とは何か。それを手っ取り早く知るには、各書についている「挨拶文」を読むのがよい。書籍には、まえがき（または、あとがき・緒言・序文など）で、その本を執筆するにいたった動機を、ご挨拶かたがた述べる風習がある。所信表明演説、いざ出陣の弁である。多くの読者はこんな箇所は適当に読み飛ばしてしまうだろう。が、それはあまりにもったいない。小声でいうが、文章読本は、この挨拶部分がなによりいちばんおもしろいのだ。

文章読本にはひとつの共通した雰囲気がある。どれもこれも「ご機嫌だ」ということである。終始一貫ニコニコ笑みふりまきっぱなしの本もあれば、徹頭徹尾ブリブリ怒りまくっている本もある。が、それもこれもふくめて、「いよっ、ご機嫌だね、大将！」と思わず肩を叩きたくなるような雰囲気が、文章読本にはただよっているのだ。それがもっとも濃縮されているのが「挨拶文」である。そこであなたは、ほかのジャンルの入門書ではめったにお目にかかれない名言の数々に出会うことになるだろう。嘆き、おどし、怒り、そして大げさな謙譲。

調査の最初の手がかりとして、ではまず、この挨拶文を鑑賞してみることにしよう。

【A】恫喝型の挨拶文

文例❶　学生の文章がおかしくなった、文章が書けなくなった、という声は、かなり高くなっている。読書をしない、漫画しか読まない、そんな学生が増えてきている今日、文章力が低下するのは当然のことだという因果論も、聞こえてくる。

尾川正二『文章の書き方』

文例❷　ことし大学を出たわたしの娘は文章がきわめて下手であるが、娘のところへ来る友人の葉書の文章も負けず劣らずまずいものである。（略）／○×式テストで育った世代は（略）他人の書いた文章の読解はうまくやれるが、自分で新しく文章を書くことは苦手である。

植垣節也『文章表現の技術』

文例❸　乱暴なことを言ふやうだが、いや実際乱暴な言ひ方なのだが、どうも最近はよい文があまり生れてゐないやうな気がする。昔はどうやらかうではなかった。
萩野貞樹『名文と悪文』

もっともわかりやすいタイプの挨拶文。若い者らの文章能力が低下している↓ワシが何とかしてくれる、との心意気を率直にぶつけた「恫喝型」である。しかし、こういう内容は一歩まちがうと「じじいの愚痴」で片づけられるおそれがある。近ごろの若いもんは……という台詞を吐くようになったら、人間、老化を疑ったほうがよい。書き手もそこは重々承知であるから、風聞の形をとる（❶）、自分の身内にかこつける（❷）、乱暴な発言だと自ら断る（❸）といった高等テクニックが駆使されているわけである。

べつだん文章力が低下してたってかまわないじゃん（用なんか電話ですんじゃうんだし）、というふらちな読者に対しては、次のようなおどしが用意されている。

文例❹　原稿を書くことが、どんなに苦手であろうと、文字を記して第三者とコミュニケートするという行為は、いやでも避けて通れないのだ。それどころか、ほとんど文字を記さない日は、一日もなく、連日なにかの形で、小文をまとめなければならないのが、ビジネス社会に生きるものの宿命といえるだろう。
佐々克明『報告書・レポートのまとめ方』

文例❺　文章を書くためには、並はずれたエネルギーがいる。集中力が必要だ。しかも、書きあげても、どの程度の成功度か、数値に表れるわけではない。不安がつのる。張り合いがないことおびただしい。だが、文章を上まわる厳密な表現形式は、ちょっと見当たらない。　千本健一郎『「いい文章」の書き方』

人生、文章なしではやっていけないのだぞ、とのありがたいお達しである。嘆きとおどし。以上をセットにすると、文章読本の執筆モチベーションの一つのタイプが明らかになる。トラディショナルな文章読本の教えにならい「起承転結」方式でまとめてみよう。

〔起〕若い諸君の文章力が低下していると聞く（慨嘆）
〔承〕そうなってしまうのはやむをえない面もある（理解）
〔転〕しかし、人生は文章なしでやっていけないものである（脅迫）
〔結〕諸君のために、私が文章読本を書くことにした（結論）

上機嫌になるのも道理であろう。若いもんをワシが矯正してやるという発想ほど、人間を上機嫌にさせるものはない。「文章」の部分に「仕事」を代入すれば上司から部下への訓導、「根性」を代入すれば運動部のしごき、「家事」を代入すれば姑の嫁いびり、「思想」を代入すれば酔っぱらった全共闘くずれの居酒屋談議としても通用しそうだ。

恫喝型は文章読本の必要性をストレートに説いた、ある意味、素直な挨拶文である。だが、その分、どういいくるめても、年長者から年少者への「いびり」「小言」の匂いは隠せない。したがって読者をまともに相手にした恫喝型は、ありそうでじつはそんなに多くない。

かわって浮上してきたのが第二のタイプ。文の書けない若者のかわりに、既存の文章読本にたいする不満や怒りをぶつけた「道場破り型」の挨拶文である。

【B】道場破り型の挨拶文

文例❶　世の中には文章作法、あるいは文章上達法などの本が、たくさんあります。／おそらく、この本を手に取られたアナタもこれまで何冊もお読みになった、と思います。／(略)／でも、結論からいうと、少なくとも私には、あまり役に立ちませんでした。

宇治芳雄編『悠飛社文章講座　虎の巻』

文例❷　図書館へ行けば、あるいは、ちょっとした本屋さんに足を運べば、文章がうまくなるための本は、数えきれないほどあります。／でも、それらの本とは少し様子の違う入門書があったら、それはそれで面白いんじゃないかと思うのです。　多比羅孝&鈴木康之『メモ式　気のきいた文章の書き方』

文例❸　この方面には、すでに何十冊となく著書が出ているのに、いまさら何を書く必要があるのか。いたずらに洛陽《らくよう》の紙価を下げるだけである。末輩《まっぱい》の出る幕ではあるまい。このような警告が、耳鳴りのようにつきまとったことも、いつわらざる告白である。／それでも書きつづける蛮勇があったのには、理由がいくつかある。　板坂元『考える技術・書く技術』

既存の類書への不満をやんわり述べ、言外に自著がいかにユニークであるかをアピールする。〈洛陽の紙価を下げる〉なんて名調子でこんな内容を綴るのは嫌味だろうよという感じもするが、自分にはという限定をつけたり（❶）、他の文章読本をちゃんと立てたり（❷）、自らの執筆行為を蛮勇と評してみたり（❸）、それぞれなかなかの気のつかいようである。

かかる気づかいを一掃し、一気に攻撃的に出れば、こんな書き方になる。行間にただよう不機嫌さ（の皮をかぶった機嫌のよさ）、まったくどいつもこいつも……とでもいいたげな息づかいを鑑賞してもらいたい。

文例❹　ちかごろ、文章作法の本と碁の本とがよく売れるそうである。（略）／ところで、人びとが買い求める文章作法の本というのは、はたしてその要求を満たしているだろうか。わたしはそこに疑問を感じていて、わたしの言いたいのはこのあたりから始まるのである。（略）わたしの読んでみた限りでは、読んでいるうちだけ愉しくて読後一向に文章の上達をみない本がほとんどなのである。

植垣節也『文章表現の技術』

文例❺　陋屋の三畳ほどのかたつむりみたいな書庫に何百冊かの文章作法書が大きな顔で並んでいる。棚を占拠したその顔ぶれを眺めてみても、文章技術自体の革新や多様化にともなって書き改めていった姿とはとうてい思えない。あまりにも似たような本が多すぎるのだ。

中村明『悪文』

文例❻　もう文章の書き方を述べる書物の出版は不必要ではないか――書店に行くと、そういう感じがする。／（略）／こういう状況を見ると、もう文章の書き方を述べる書物の出版は控えた方がいいのではないかという気持ちになる。しかし、これらの本を手に取って内容を見ると、私は、肝心なことが抜けている、こんなことで文章が書けるものかと考えてしまうのである。

樺島忠夫『文章構成法』

いままで我慢して見てきたが↓ここまでひどくては仕方があるまい↓いよいよワシの出番が来たようじゃ。他人が何ごとかを要領悪くやっているのを見ていれば、ついつい手出し、口出ししたくなるのが人情である。「ええい、ちょっとこっちへ貸してみな」の心境である。過去の文章読本がいかに使えないか＝なぜ自分が出陣せねばならなかったかの陳述に一章全部費やしている文章読本まであるほどで、この境地はかなり多くの文章家に共有されているようである。

以上、まとめると次のようになろう。

〔起〕この世にはすでに多くの文章読本がある（現状）
〔承〕もはや私ごときの出る幕はないに等しい（落胆）
〔転〕しかし、既存の文章読本のほとんどは役立たずの駄本である（義憤）
〔結〕諸君のために、私が文章読本を書くことにした（結論）

彼らにとっての文章読本は、積年のイライラやウップンを一気に晴らすチャンス。役に立たない類書をしりぞけ、自らのノウハウを披露できる晴れの舞台にほかならないのだ。

【C】恐れ入り型の挨拶文

さて、ご挨拶文の中でもっとも奇っ怪かつ意味深長なのが第三のタイプ、「恐れ入り型」の挨拶文である。どんなご挨拶にも、大なり小なり謙遜はつきものである。しかし、文章読本の場合は、謙遜の仕方が尋常ではない。長くて、しかも念が入っているのである。

文例❶ 実はこうした文章論に類するものを書くことに、私はいささかの躊躇と羞恥をおぼえざるをえない。というのは、私自身が特にすぐれた文章を書いているわけではないし、もちろん「名文家」でもないからだ。それに、私のごく身近な周辺、つまり今つとめている新聞社の内部にさえ、私など及びもつかぬ名文家や、技術的にも立派な文章を書く人がたくさんいる。（略）純粋に文章そのものから見ての大先輩に当たるそうした人々をさしおいて、この種のテーマを書きつづることの気はずかしさを、読者も理解していただきたい。

本多勝一『日本語の作文技術』

文例❷ 『文章読本』を試みることは、真実、滑稽な冒険なのだ。理由は大小二つあって、一つは個人的な事情による。すなわち浅学非《ひ》才《さい》の筆者には、その実力と資格に欠けるのである。たいした実績もなく、また蓄えもないのに、かかる大冒険をうかうかと引き受けた浅はかさが、われながら空怖しく、そのせいで震えている。

井上ひさし『自家製　文章読本』

文例❸　本書の執筆を私は初めお断わりしました。私自身がまだ文章の修業中だからです。私は自分の作品に一度として満足のいったことはありませんし、よい文章と思えるものもありません。他人のことどころではないのです。しかし結局承知したのは、「修業中の苦心や失敗こそ後から来る者のよい指針である」という励ましによるものです。

葉山修平『新しい文章作法』

選挙の出馬表明演説か、社長の就任演説か、というほどの仰々しいへりくだりようである。名文家ではない（❶）、滑稽な冒険だ（❷）、修業中の身だ（❸）と、それならいっそやめちゃえば、と同情したくなるほど、みなさん額に汗をなさっている。

気持ちはわからないでもない。文章についての文章（＝メタ文章）は、たしかにヤバい代物ではあるからだ。音楽の先生が音痴だったり、絵の先生のデッサンがくるっていたり、ダイエットの指導者がデブだったらシャレにならないのと同じ。「先にご自分の心配をなさったら？」とあらぬ指摘を受けぬためにも、あらかじめ逃げを打ちたくなる気持ちは理解できる。ワタシはみなさんが期待するような名文家じゃないんですよ、と。

しかし、はたして真意はそれだけだろうか。読者もさることながら、熟練同業者の目を、彼らは意識していないだろうか。右の挨拶文からうかがえるのは、文章読本の執筆をたいへんな名誉（あるいは重圧）と感じているらしいことである。過剰な謙譲ぶりは、むしろ文章読本の執筆が、生意気のそしりを免れぬ「栄えある仕事」の証拠であるように見える。

左も同じ。ラフな調子で綴られた恐れ入り型のバリエーションである。

文例❹ 文章のコツを語るなんていうのは誠におこがましい話なのですが、おこがましいと知りつつ、語っているわけですから、われながらいい気なものだと思います。話すだけではなくて、いままた文章のことを書こうとしている。いい気になるなよと己を戒めつつ、書き続けることにします。

辰濃和男『文章の書き方』

文例❺ 新聞記者として、私は、文章はあまりうまい方ではなかった。若いころにはまいった。社会部の若い先輩や同僚たちは、気軽にスイ、スイ、スイと記事を書いていく。刷りあがったのをみると、みんなうまい。私は、しばしば劣等感におそわれた。（略）美人には不美人の気苦労がわからない。文才に恵まれなかった私は、それだけにかえって、この本の書き手としては適任者の一人かも知れない。

扇谷正造『現代文の書き方』

「いい気」を連発する❹には、名誉ある役を承った喜びを抑えきれないようすがうかがえる。❺も楽しい挨拶文である。扇谷正造といえば、大宅壮一と並んでジャーナリストの神様みたいに崇拝されていた人物だが、自身の文を「不美人」にたとえるあたり、謙遜の比喩にもさすがにヒネリが効いている（いまだったらセクハラ発言と批判されかねないけどね）。

ここは謙譲の美徳を重んじる国、年功序列を重んずる国である。「私は文章が下手だ」「私こそ下手だ」といいつのる彼らの発言を真に受けてはいけない。現実はむしろ逆。文章読本を執筆できる（執筆を依頼される）のは、その道の大家として認められた証し、文章家としての栄達の証明、いってみれば「ご褒美」なのだ。左はそれを率直に記した珍しい例。最初からこういう風に書いてくれれば、みんな納得するのである。

文例❻　入門書が書けるものは、その道の達人である。この入門書が、学芸文庫（引用者註・ちくま学芸文庫）に収録されることに、ある恥じらいを覚えている。同時に、拙劣な文章で書かれた文章論ほど惨めなものはないからである。同時に、こういう形で生命を与えられたことの幸せを思わずにはおれない。

尾川正二『文章のかたちとこころ』

恐れ入り型の挨拶文は、文章読本（の執筆）が、「その道の達人」だけに許された特別な事業であることを明に暗に物語っている。であればこそ、諸先輩がたをさしおいてワタクシごとき若輩者がこんな大役をおおせつかり、という感慨が知らず知らずに筆に出る。まとめてみよう。

〔起〕私ごときが文章読本を書くのは僭越のきわみである（謙遜）
〔承〕なぜなら私は名文家ではないからである（さらに謙遜）
〔転〕しかし、私も曲がりなりに文章で苦労してきた人間だ（自負）
〔結〕諸君のために、私が文章読本を書くことにした（結論）

文章読本がなべて「ご機嫌」な理由が、わかってもらえただろうか？

第一に、それは若いもんに活を入れる仕事である（恫喝型の挨拶文）。第二に、それは積年のイライラを解消し、持論を存分に展開する好機である（道場破り型の挨拶文）。第三に、しかもそれは、文章家としての実績を認められた栄達の証しにほかならない（恐れ入り型の挨拶文）。上機嫌になるなというほうが無理な相談なのである。

引いた場所から眺めれば、もちろんこれは異様な光景である。世の中には類書が多すぎると嘆いたり、こんな方法では目的が達成されないと怒りに震えたり、自分にこれを書く資格はないと大げさに恥じ入ったりする、たとえばパソコンの入門書があるだろうか？　文章読本を並みの「入門書」と考えてはいけない。くりかえすが、文章読本を書く行為は、人生の総仕上げ、出世の証し、スゴロクの「あがり」にも似た名誉ある行為なのだ。

キャリア自慢のエリート職人集団

それではいったいどんな人たちが、そんな名誉ある役割を授かったのだろうか。

文章読本は、大別すると四種類の職業人によって担われている。①小説家、②ジャーナリスト（新聞記者）、③学者（大学教師）、④その他の雑文業者、である。ひとことでいえば、文章でメシを食っている（食ってきた）経験豊富な人たちだ。

文章読本は「看板」がものをいう世界である。書き手本人の知名度、所属組織のネームバリュー、年齢や経歴、さらには発行元の社会的信用度などがあいまって、文章読本としての「格」が決まるのだ。文学業界（文壇）を筆頭に、ジャーナリズム（新聞）、アカデミズム（大学）とくれば、ひとまず世間が認める三大「知＝文の殿堂」とみてよかろう。

（1）小説家

ヒエラルキーのトップはやはり作家の文章読本である。もちろん自称作家ではダメ。文豪（または文豪ミニ）クラスの知名度と実績が必要である。谷崎潤一郎『文章読本』、三島由紀夫『文章読本』、丸谷才一『文章読本』、井上ひさし『自家製　文章読本』は、いずれも名著の誉れ高いロングセラーの定番文章読本である。これ以外には、野間宏『文章入門』（『文章読本』を後に改題）、中村真一郎『文章読本』などが作家の文章読本として知られている。戦前に書かれた里見弴『文章の話』は、半世紀以上もたって作家の名前が復活すると同時に文庫の形で復刊した。逆に、いつのまにか読書界から抹殺されてしまった文章読本もある。菊池寛『文章読本』や、川端康成『新文章読本』は、いまでは古書店以外では手に入らなくなってしまった。

（2）ジャーナリスト

ジャーナリストといっても正確には新聞記者、もっと正確には朝日新聞社の社員（が出世した論説委員や編集委員や雑誌編集長クラスの人）、またはそのOBである。文章読本界における朝日新聞社の権威は、受験界における「天声人語」のそれにも匹敵する。いちばん有名なのは、本多勝一『日本語の作文技術』だろう。ほかにも、ロングセラーの扇谷正造『現代文の書き方』、白井健策『文章トレーニング』、千本健一郎『「いい文章」の書き方』、猪狩章『イカリさんの文章教室』、馬場博治『読ませる文章の書き方』、佐々克明『報告書・レポートのまとめ方』、など全部朝日系。一九九四年のベストセラーになった岩波新書、辰濃和男『文章の書き方』も朝日系である。読売、毎日の影はゼロではないが、かなり薄い。まして東京スポーツの出る幕はない。

（3）大学教師

この方面の雄はなんといっても清水幾太郎『論文の書き方』である。厳密にいうと、この系には二通りのパターンがある。ひとつはマスメディアで活躍する著名な学者が「経験豊富な文筆家」の立場で自由に筆をふるったもの。もうひとつは長年学生の論文指導にあたってきたベテラン教授が「教師」の立場で硬めの文の書き方を説いたものだ。桑原武夫『文章作法』、池内紀『新編　綴方教室』、外山滋比古『文章を書くこころ』、板坂元『極めつきの文章読本』などは、どちらかというと前者。後者としては、斉藤孝・西岡達裕『学術論文の技法』、平井昌夫『新版　文章を書く技術』、尾川正二『文章の書き方』などがある。圧倒的に強いのは人文科学（とくに文学）系の学者だが、木下是雄『理科系の作文技術』、木村泉『ワープロ作文技術』など、近年は理科系の進出もめだつ。重要なのは「大学教授」の肩書きで、所属大学名や専攻はあまり問題にならないようだ。

（4）雑文家

近年めきめき増えているのがこの系統である。エッセイスト、評論家、コピーライター、コラムニストといった在野の文筆業者に混じって、放送作家、脚本家、TVディレクターなど、電波畑からの進出も目につく。率直にいって、信頼性にはバラつきがある。だが、それは本人たちも承知のことであり、多くは「外様」を逆手にとった無手勝流を標榜する。佐藤忠男『論文をどう書くか』、鴨下信一『忘れられた名文たち』あたりはまだメジャーだが、多比羅孝&鈴木康之『メモ式　気のきいた文章の書き方』、高橋玄洋『いい生き方、いい文章』なんてよくわからないタイトルの本もある。なんでもありのこの系統は、書名に「文章読本」を使ってよいのは作家だけ、という過去の不文律も破壊してしまった。向井敏『文章読本』、大倉徹也『「超」文章読本』、布施英利『電脳版　文章読本』……鼻息の荒さがうかがえよう。

とまあ、以上が代表的な書き手ということになるわけだが、右のバリエーションとして、いちおう次のような文章読本もあることを報告しておこう。

(5)　文章指南のスペシャリスト

どんな仕事でも、人によっては、やってるうちにだんだん専門職化してくるもの。文章読本ばかりひとりで続々と生産している「その道のレッスンプロ」がこの世界にもやはりいるのである。ジャーナリスト系レッスンプロの筆頭は『新訂　文章の実習』その他の大隈秀夫だろう。アカデミズム系では『文章をみがく』の中村明、『説得の文章術』の安本美典、『文章構成法』の樺島忠夫といった国語学者や国文学者がレッスンプロとして知られる。先に名前をあげたジャーナリストや学者から、徐々にこっちに移行しつつある人たちも少なくない。文章読本業界内ではよく知られ、信頼性もひときわ高い（はずだ）が、知名度＝世間的なインパクトにはもうひとつ欠ける。レッスンプロである以上、賞金プロ（実作者）よりレートが落ちるのは仕方がないか。

（6）有名無名のライター集団

大勢が手分けして執筆したアンソロジーである。個人名が表に出ない分、雑誌や版元の知名度でひきつける。「別冊宝島」はこの系統の先駆的存在である。『文章・スタイルブック』『レトリックの本』『みんなの文章教室』、いずれも若手ライター集団の共同作業である。地味ながら着実に点数を増やしているのは「別冊國文學」および「國文學臨時増刊号」。『文章表現必携』『文章作法便覧』『文章表現セミナA—Z』『文章表現公式帖』『文章のルール・ブック』、いずれも硬派の書名が光る。ダカーポ編集部編『ダカーポの文章上達講座』や、安原顯編『私の文章術』などは、雑誌の人脈を生かした豪華な顔ぶれが魅力である。

リストを見ると、文章読本の書き手の像が浮かび上がってくる。文章読本の書き手は、キャリアの長い実作系の人たちである、といってよかろう。勘と伝承と経験をたよりに今日の地位を築いた「たたきあげ」の職人。いわば文章界のサムライたちである。文章読本の著者は、みなさん自らのキャリアにたいへんな自負と誇りをもっておいでだ。本のなかにも、さきほどの挨拶文とは別に、自らの経歴を申告した箇所がしばしばみつかる。出典なしで一部を任意にひろってみよう（年齢は初版発行年から著者の生年を単純に引き算した本の発行時点での推定年齢。性別も著者のファーストネームから判断した推定性別である）。

文例❶　月日の流れは速い。わたしが若い人々の文章に朱筆を入れる添削の仕事を始めてからやがて三十年になる。（略）編集者やライターを目指す人々を教育する各種学校の講師を引き受けたのがきっかけである。

フリージャーナリスト（七〇歳・男性）

文例❷　ジャーナリストとして文章を読み、書くようになって三十年余りがたった。というと、ものを読めばいっぱしの批評が浮かび、書けばまたさらさら書ける、と早とちりされるかもしれないが、実情はまったく違う。

新聞社出版局員（年齢不詳・男性）

文例❸ 私は、三十一年間、朝日新聞社に在勤し、ジャーナリストとしてのビジネスにたずさわり、いまは、主として日本史をノン・フィクションで著述するビジネスに励んでいる。　フリージャーナリスト（五七歳・男性）

文例❹ 学生の文章を読み始めて、二十数年になる。年月の経過は恐ろしいもので、読んだ作品は、数万点に及ぶ。その契機となったのは、関西学院大学の社会学部に「国語表現論」という講座が開かれたことである。　大学教授（七二歳・男性）

文例❺ 書き手という意味でのライターで暮らしを立てるようになって、四十年近くたった。（略）まったく自己流に書いてきて、それで他の職業につくこともなく、ライターとして生きてこれたのである。　放送作家（六三歳・男性）

文例❻ 評論を書く気になったのは十八歳のときである。（略）大量のクビ切りにひっかかって失業し、しばらくウロウロしていたときである。　映画評論家（五〇歳・男性）

文例❼ 私は今日まで翻訳者として、そしてテクニカルライターとして、多くの文章を書いてきた。共著を含めると12冊、学会発表の論文や雑誌などの原稿が300本、制作に関連したマニュアル類が800冊ある。　翻訳家（五八歳・男性）

文例❽　ぼくは文章を書くのを仕事とする人間だ。これまで十冊ほどの本を書いた。／(略)／プロになる前も、大学でレポートや論文を書いた。(略) ぼくはCD-ROMを出したこともある。(略) ワープロやパソコン「だけで」文章を書くことを始めた最初の世代は、ぼくたちなのだ。

評論家（三五歳・男性）

書いてきた人生、読んできた人生、指導してきた人生。ひとに歴史あり、である。三十年、三十一年、二十数年、四十年、三百本、八百冊、十冊といった数々の数字が自負のほどを物語っている。人に何かを講じる以上、自己紹介は最低限の礼儀でもあるわけだが、文筆家としての経験を大上段にふりかざさないのは、知名度のある作家だけ（キャリアは万民が承知しているということか、業界トップに君臨するエグゼクティブは泰然自若としているということか）。数字の申告がこうも続くと、見たまえ、ワシはこれだけ長く（多くの）仕事をしてきたのだ→ワシには文章読本を書く資格がある→読者よワシを信用しなさい、といわんばかりの過剰な気負い（または気弱さ）が透けて見えるようで感動もひとしおである。

文章読本は、キャリアがなによりものをいう経験主義の世界。テクニカルライターがパソコンの入門書を書くのと、文筆家が文章読本を書くのでは、明らかに話がちがう。

信頼に足る個人名、職種名、会社名、または書き手の経歴にたいして読者は財布を開くのである。

本書で扱う「文章読本」の範囲を指定しておこう。

文章の指南書にもさまざまな種類がある。しかし、ここでは「小説家になる方法」「シナリオの書き方」といった「文章のプロ」をめざす人用の本は、いちおう対象外とする。小説、シナリオ、ルポルタージュ、広告コピー等は、文章の芸術家ないし職人の仕事であり、文種を指定していない文章読本とは、おのずと目的が異なるからだ。

小説家の文章読本は「小説の書き方」を説いているんじゃないの？　と思う人がいるかもしれないが、それはおおいなる誤解である。書き手のいかんを問わず、多くの文章読本は、文学的・芸術的な文章は扱わない旨、巻頭で宣言している。

文例❶　この読本は、いろ〳〵の階級の、なるべく多くの人々に読んで貰う目的で、通俗を旨として書いた。従って専門の学者や文人に見て頂けるような書物でないことは、論を待たない。（略）云わばこの書は、「われ〳〵日本人が日本語の文章を書く心得」を記したのである。　谷崎潤一郎『文章読本』

文例❷　文学論を言ひ立てるのは、これからはなるべく慎むことにしよう。もっぱら、文章の秘伝や奥儀……とまではゆかないにしても、コツや心得、工夫や才覚のあれこれをできるだけ具体的に語ることにしよう。その場合、例文はなるべく小説の文章を避けることにしたい。（略）小説の文体といふのはやはりかなり特殊なもので、一般の人の作文の参考にはなりにくいからである。

丸谷才一『文章読本』

文例❸　ここで作文を考える場合、対象とする文章はあくまで実用的なものであって、文学的なものは扱わないことを前提としたい。（略）言葉の芸術としての文学は、作文技術的センスの世界とは全く次元を異にする。その意味での「事実的」あるいは「実用的」な文章のための作文技術を考えるにさいして、目的はただひとつ、読む側にとってわかりやすい文章を書くこと、これだけである。

本多勝一『日本語の作文技術』

小説家の文章読本として名高い谷崎読本や丸谷読本でさえ「芸術家のための本ではない」と明記しているのである。ここはけっこう大事なところだから、よく覚えておいてほしい。

では、〈一般の人の作文〉（丸谷才一）、〈「事実的」あるいは「実用的」な文章〉（本多勝一）とは何を指すのか。ふつうの人が書く文章となると、もっとも機会が多いのは手紙だと思うけれども、文章読本がいう「文章」は手紙でもなさそうである。となると思いつくのは、学校に提出するレポートや論文、仕事で必要な企画書や報告書、社内報や機関誌などに書くエッセイ、新聞雑誌への投稿などだろうか。いまいち謎が残るものの、「エッセイ」「論文」「レポート」等の語を冠した本も、ここでは文章読本の仲間と考えることにしよう。

静かな抗争
——定番の文章読本を読む

文章読本界の御三家&新御三家

だれもが書名くらいは知っている著名な文章読本を、まず読んでみることにしよう。勝手ながら、ここで文章読本界の御三家&新御三家を選定させてもらいたい。

・文章読本界の御三家
谷崎潤一郎『文章読本』（中央公論社・一九三四／中公文庫・一九七五）
三島由紀夫『文章読本』（中央公論社・一九五九／中公文庫・一九七三）
清水幾太郎『論文の書き方』（岩波新書・一九五九）
・文章読本界の新御三家

本多勝一『日本語の作文技術』（朝日新聞社・一九七六／朝日文庫＝改訂版・一九八二）
丸谷才一『文章読本』（中央公論社・一九七七／中公文庫・一九八〇）
井上ひさし『自家製　文章読本』（新潮社・一九八四／新潮文庫・一九八七）

発表年代はばらばらだが、人気、実力、知名度、売れゆき、後世への影響力などを考慮して、総合的に考えた結果である。右の六冊を特別扱いにする理由のひとつは、後世の文章読本が寄ってたかって参考にしていることだ。いちいち引用はしないが、その手の本を開いてみれば、この六冊への賛辞（ときには批判）がごろごろみつかるはずである。

これら著名な文章読本は、文献紹介などで並べて論じられることはあっても、互いの影響関係について語られることはめったになかった。しかし、時系列に並べてみると、一見ばらばらに存在しているように見える六冊が、じつはいくつかの論点を共有し、静かな抗争を繰り広げてきたらしい形跡がみつかるのだ。それを検証してみようというわけである（なお、以下の引用は、清水幾太郎『論文の書き方』以外、すべて文庫版をテキストとした。よって谷崎潤一郎・三島由紀夫の『文章読本』は元の版では旧かなだが、ここでは新かなになっている）。

谷崎潤一郎の天衣無縫

まず「文章読本」という四字熟語の生みの親、谷崎潤一郎『文章読本』（略して谷崎読本）である。読めば、これがどれほど人騒がせな本かわかるだろう。谷崎読本に記された十行にも満たない箇所が、後世の文章家をふるいたたせ、文章読本界の群雄割拠状態を誘発したのではないかとさえ思えるほどだ。それは第一章の冒頭近く、麗々しい太字で登場する。

私は、文章に実用的と藝術的との区別はないと思います。文章の要は何かと云えば、自分の心の中にあること、自分の云いたいと思うことを、出来るだけその通りに、かつ明瞭に伝えることにあるのでありまして、手紙を書くにも小説を書くにも、別段それ以外の書きようはありません。（略）それはどう云うことかと云えば、餘計な飾り気を除いて実際に必要な言葉だけで書く、と云うことであります。そうしてみれば、最も実用的なものが、最もすぐれた文章であります。

さして長くもないこの一節には、爆弾が三つも仕掛けられている。
第一に〈文章に実用的と藝術的との区別はない〉。ここは、読む人を「そうかあ？」

という気分に駆り立てる。とりわけ戦後にこれを読んだ読者は釈然としなかったのではなかろうか。しかも、こう述べているのがあの「文豪谷崎」だと思うと、釈然としない思いはなおつのる。では、あなたの『痴人の愛』や『卍』や『春琴抄』が「実用的」だとでも？

第二に〈自分の心の中にあること、自分の云いたいと思うことを、出来るだけその通りに〉の部分。ここは後の文章読本から、猛烈な反撃を食らうことになった。

第三に〈餘計な飾り気を除いて実際に必要な言葉だけで書く〉の部分。しかも谷崎はこの後、志賀直哉『城の崎にて』の一節を引いて〈こう云う風に簡単な言葉で明瞭に物を描き出す技倆が、実用の文章においても同様に大切なのであります〉と念を押した。これがまた後の強者どもを刺激することになるのである。

(A) 文章に実用的・芸術的の区別はない
(B) あるがまま（見た通り、思った通り）に書け
(C) 文章は簡潔明瞭なのがベストである

以上三つの論点を見るかぎり、谷崎読本の基本姿勢はシンプル志向、ナチュラル主義だ。「思った通りに書け」という自然体のすすめであり、簡潔な文章をよしとするシン

プル・イズ・ベストの発想である。念のためにいっておくと、作家としての谷崎自身がシンプル志向・ナチュラル主義だったという話ではない。「素人さんはこれでいいの」と限定することで、作家という職業の特権性、優位性を逆に保持しておこうと謀ったのではないかとの逆説的な解釈も成り立つ。

ただ、谷崎読本の場合は、矛盾が平気で起こるのである。「思った通り」「簡潔明瞭に」が真理かと思うと、終盤の「品格について」の章にいたって、今度はまったく逆の教訓が飛び出す。

あまりはっきりさせようとせぬこと／と申しますのは、今日は何事も科学的に、正確に述べることが流行る、文学においても写実主義だの心理描写だのと申しまして、見たことや思ったことを、根掘り葉掘り、精細に、刻明に、事実の通りに写すことが喜ばれる、けれどもこれは、われ〳〵の伝統から云えば上品な趣味ではないのでありまして、多くの場合、描写は或る程度を越えぬ方が、礼節に合するのであります。

こんな調子で、谷崎読本には、さまざまな問題発言が頻出する。いわく、西洋語とちがって日本語は非論理的だから、科学的な記述に適さない（これは現代にまで引き継がれている神話である）。いわく、日本人はおしゃべり下手な国民性なので、日本語には語彙が少ない（おいおい、ほんとかよ）。かと思うと〈日本語には、西洋語にあるようなむずかしい文法と云うものはありません〉なぞという、文法学者が聞いたら目をむきそうな主張が出る。あるいは〈同じ酒好きの仲間でも、甘口を好む者と、辛口を好む者とがある、さように文章道においても、和文脈を好む人と、漢文脈を好む人とに大別される〉なんて、酒席の与太話みたいな比喩が飛びだす。疑問のある箇所に付箋でも張りだしたら、ビラビラだらけになりそうである。

にもかかわらず、谷崎読本の名声は下がるどころか、いまだに業界ナンバーワンである。この本には愛さずにはいられない何かがあるのだ。後の『文章読本』の書き手も述べている。

話し言葉と書き言葉の無邪気な混同。大文豪にしてはどうかと思われる、陳腐この上なく、かつ判ったようで判らない比喩など、谷崎潤一郎の文章読本の瑕《きず》を数えればきりがない。谷崎読本には食物や酒についての比喩がすこぶる多いが、それはそれとしてそれらの瑕が読み進むにつれてやがて笑窪《えくぼ》にかわってしまうのは不思議である。

井上ひさし『自家製　文章読本』

腰をすゑて仔細に読み進むとき、人はこの名著に含まれてゐる錯誤に驚くことにならう。／が、それにもかかはらず谷崎の『文章讀本』は依然として偉大である。あるいは、この薄い本の威容は区々たる意見の当否によるのではない。さうではなくて、むしろ、彼ほどの大才、彼ほどの教養と思考力の持主が初学案内の書にときとして浅見と謬想とを書きつけざるを得ないくらゐ切迫した状況で現代日本語といふ課題に全面的に立ち向つたこと、その壮大な悲劇性こそ『文章讀本』の威厳と魅惑の最大の理由であつた。　丸谷才一『文章読本』

丸谷才一の大時代的なヨイショには、谷崎も草葉の陰で赤面しているような気がするが、ともあれ、無茶苦茶なところもいっぱいあるが名著である、というのが谷崎読本に対するおおかたの評価と見てよさそうだ。じじつ、「そうかあ？」という箇所を多分にふくみながらも、谷崎読本は「現代文と古典文」「西洋の文章と日本の文章」といった大きな枠組みの話から、用字用語、振りがなや送りがな、句読点の打ち方まで、「文豪」らしからぬ目配りが届いており、小学校の教科書をパロった（パクった）装丁もだてではない、と思わせるところがある。

とはいえ、谷崎読本の講ずるところが、後世の文章家を納得させたわけではない。そもそも開祖とは敬愛しつつ超えてゆくもの、ではあろう。ほかならぬ開祖が示した心得が、素朴といえばあまりに素朴な「シンプル志向、ナチュラル主義」だったために、その後の文章読本界には異論反論が続出、合戦の火蓋が切って落とされたのである。

三島由紀夫の貴族趣味

三島由紀夫の『文章読本』(略して三島読本)は、そんなわけで冒頭から谷崎読本に対するやんわりとした反論ではじまる。谷崎潤一郎の名前こそ記していないが、最初の一節を読めば、これが谷崎読本に対する反撃の狼煙《のろし》であることが見てとれよう。

鑑賞用の果物というのがあります。一例が仏手柑で、これは見て、香りをたのしむだけのもので、喰べるものではありません。喰べて栄養になるという、いわば実用的果物とはちがいます。それでは文章にも、厳密に言って鑑賞用というものがあるでしょうか。昔はそういうような文章もありました。(略)現在のように教育が普及して、誰でもいちおう文盲でさえなければ、文が書けるという時代になると、文章のこうした特殊な機能は薄れて、鑑賞用の文章を見る機会は、われわれの周辺には少くなりました。しかしそれでもなおかつ、文章というものには、微妙な職業的特質があるのであります。誰にでも書けるように見えるごく平易な文章、誰の耳目にも入りやすい文章、そういう文章にも特殊な職業的洗練がこらされていることは、見逃されがちであります。現在ではたとえ鑑賞の目的であっても、その意味がうちに秘められて、表面あたかもふつうの実用的な文章と変らないかのごとき装いをしているといってもいいでありましょう。

一行目から「鑑賞用の果物／実用的な果物」という妙な比喩をもちだしたりして（こういう独創的な比喩をやたらと用いたがるのが三島読本の特徴でもある）幻惑させられるけれど、ようするに、三島は「文章に実用的・芸術的の区別はない」という谷崎読本の見解に対抗するかたちで「鑑賞用の文章と実用的な文章はちがう」と主張し、〈特殊な職業的洗練〉、すなわちレトリックの効用を説いているわけである。彼はまた、「文章は簡潔明瞭をもってよしとす」という谷崎のシンプル・イズ・ベスト主義にも異を唱える。

私は中学時代に受けた作文教育にいまだに疑問を持っております。そこではもちろん平均的情操にしたがって作文が教えられていましたが、最もよい文章とされていたのは、直叙する文章、修飾のない文章、ものごとを淡々とそのままに描写することの深い文章が、いい文章と教えられました。しかし本来の文章道からいうと、このような文章は多くの作家がたくさんの余計なものを削除したのちに最後に達する理想の境地であって、中学生のような余分なエネルギーに溢れた年代の人間には、ほんとうに理解されるはずのものではありません。

もって回ったいいかたでわかりにくいが、早い話、谷崎が提出した論点ABCを三島はすべて否定しているのだ。演出と技巧の必要性を説く三島読本の立場は、「シンプル志向、ナチュラル主義」にまっこうから対立する「レトリック志向、反ナチュラル主義」といえるだろう。

しかも、三島読本は、方法論の上でも谷崎読本と正反対の道を選んだ。おおかたの予想に反して、本書は書き方ではなく「読み方」の本なのである。〈昨今の「文章読本」の目的が、素人文学隆盛におもねって、だれでも書ける文章読本というような傾向に陥る傾きのあるのを、少し苦々しく思う〉と書く彼は、返す刀で次のように宣言する。〈私はここでこの「文章読本」の目的を、読む側からの「文章読本」という点だけに限定した方が、目的も明確になり、素人文学に対する迷いを覚ますことにもなると思うのです〉。

読む側からの「文章読本」に限定した三島読本は、したがって「素人さんは真似しなさんな」といわんばかりのプロフェッショナルな文章のコレクション兼解説書といっていい。森鷗外『寒山拾得』と泉鏡花『日本橋』を対比させて、鷗外の文章が〈アポロン的〉なら鏡花の文章は〈ディオニュソス的〉だといってみたり、久保田万太郎や舟橋聖一の小説の会話部分と、河竹黙阿弥や岸田國士らの戯曲を比較して、小説が〈歩行の文章〉なら戯曲は〈舞踏する文章〉だといってみたり、楽しい比喩のオンパレードだ。文章見本の種類もいろいろで、プルーストやラディゲの翻訳から、当時デビューしたてであった石原慎太郎や大江健三郎まで、さまざまな文章を「どうだ！」とばかりに陳列し、古今東西の文学に通じた懐の深いところを見せる。

ところが、谷崎読本へのアンチテーゼともいえる三島読本は、有名なわりには評判が悪いのである。たとえば、井上ひさし『自家製　文章読本』はこんなふうに攻撃する。

三島読本の隅ずみにまで立ち籠めている大衆小説・娯楽小説・読物小説の書き手たちへの意味もない蔑視が、読むたびにこっちをいらいらさせるのだ。そこでつい三島読本に突っかかって行ってしまうのである。ときには売り言葉に買い言葉で不遜にも、「この程度の修業でよく小説なぞ書けていたものだな」と思うことがあるが、これはじつは褒め言葉でもある。あの程度の修業で、あれだけ書ければ大したものだ。やはり相当の才能の持主にちがいない。

たしかに、技巧に富んだ「芸術的な」文章を集めてその特質をとくとくと語るという行為自体、読者にとっては作家のフェティシズムにつきあわされるようなもの。訪問先で家族のアルバムや自慢のコレクションを披露されるのと同じである。同好の士ならともかく、そりが合わない人には苦痛以外の何ものでもない。そうでなくとも、最初から「素人さんには真似のできない技」と釘を刺されている以上、「ではどうしろっていうの？」というようなものである。

御三家・新御三家の他の五冊が四十代後半〜五十代に書かれた本であるのに対し、これを書いたとき、三島由紀夫はまだ三十代の前半であった。早熟な天才による凡庸な文章論。開祖に対するせっかくの反逆は、反逆者の貴族趣味によって、はからずも不発に終わったのだった。

清水幾太郎の階級闘争

御三家の最後の一冊はこれ。三島読本と同じ年に出版された岩波新書のロングセラー、いまなお名著の誉れ高い清水幾太郎『論文の書き方』（略して清水読本）である。三島読本を読んだ清水幾太郎は「ハハッ、ちょこざいな。これが当代一の人気作家の文章論かい」と哄笑したのではなかろうか。わからないけど、そんな気がする。というのも清水読本こそ、三島読本が構想して成しえなかったクーデター、谷崎読本が広めた価値観の逆転に成功した本だからである。清水読本の爆弾発言はここ、〈「あるがままに」書くことはやめよう〉と題された章である。

「あるがままに書こう。」「正直に書こう。」美文の型が力を失って以来、こう唱え続けられて来た。この言葉は、少年時代から今日に至るまで、私に附きまとっているようである。多くの人々にとっても同じであろう。（略）／ところで、「あるがままに……」、「正直に……」という場合、当の事柄が眼に見える外部の世界のことか、眼に見えぬ内部の世界のことかによって、一方では、「見た通りに……」ということになり、他方では、「思った通りに……」ということになる。それでは、見た通りの外部とは何か。思った通りの内部とは何か。

〈「あるがままに」書くことはやめよう〉は、もちろんナチュラル志向の谷崎読本に対する公然たる反旗である。しかし、そんなことは知らなくても、〈「あるがままに」書くことはやめよう〉といわれた読者は、みなハッとして「目のウロコが落ちた」と感じるのではなかろうか。「見た通りに書け」「思った通りに書け」は、学校の作文教育で耳にタコができるほど聞かされたお題目だからである。それまで無根拠に信奉してきた「常識」を、逆手にとってきれいにひっくり返されたとき、だいたい人は感動する。清水読本にはそれが多い。
もうひとつ、清水読本が後世に影響を与えたと思われるのは〈「が」を警戒しよう〉という警句である。ここでいう「が」とは接続助詞の「が」。「三島もいるが、清水もいるぞ」というときの「が」だ。本論からややずれるが、この教えは読者に対してそうとう抑圧的に働いたのではないかと思われるが、いまだに「がを使うな」と教訓をたれている文章指南書があることでも威力のほどが偲ばれるが、それはともかく、私たちが注目すべきは、同じ章に出てくる〈話すように書くな〉の部分である。「が」を多用するのは新聞の文章だと批判した上で（新聞記事をやたらと目のカタキにしているのも清水読本の特徴のひとつである）、清水はいう。

新聞が好んで「が」を使うのは、私たちを日常の会話の気安さの中に置こうとするためであろう。「話すように書け。」という方法を新聞は実行しているとも言える。「話すように書け。」というのが過去の美文に対する批判の合言葉であったとすれば、現代の美文は話すように書かれているのである。しかし、私たちが「が」への警戒を忘れないならば、新聞の文章が特殊な条件の下に多くの「が」を用いていることを忘れないならば、「話すように書け。」という教訓も慎重に受取らねばならないと思う。

話すように書くな。この教えは文章読本界開闢以来のものであり、開祖＝谷崎読本も〈同じ言葉でも既に文字で書かれる以上は、口で話されるものとは自然違って来ないはずはありません〉と話しことばと書きことばを区別している（ただし、矛盾だらけの谷崎読本、後半では会話体の長所と可能性について語ってもいるのだが）。

しかし、「あるがまま」の否定とワンセットで「話すように」をここまで明快に否定したのは、おそらく清水読本がはじめてだろう。彼は別の箇所では〈まるで谷崎潤一郎氏は私を敵として書いているようである〉とも記している。谷崎読本の論点Bをくつがえした清水読本は、あとがきで、「文章に実用的・芸術的の区別はない」という論点Aも、もののみごとにひっくり返す。

本書で「論文」というのは、差当り、「知的散文」というほどの広い意味である。内容及び形式が知的であるような文章のことである。一方、それは、詩と関係がないのは自明のこととして、同じ散文でも、芸術的効果を狙ったもの、即ち、小説や随筆とは区別される。この区別は明瞭でなければいけないと思う。「芸術写真」という言葉が教えているように、曖昧なもの、思わせぶりのもの、深そうなもの……つまり、「知的散文」が正に避けねばならぬものが芸術の名で居直ってしまう例が多いからである。

これで清水読本の立場がはっきりするだろう。「文章に実用的・芸術的の区別はない」という谷崎説Aを否定したところまでは、三島も清水も同じだった。だが、その先が、この二冊は、水と油ほどもちがう。三島は「実用的な文章」を無視して、「芸術的な（鑑賞用の）文章」の鑑賞にはしった。いっぽう清水は「実用的な文章（知的散文）」を「芸術的な文章」の上位に置き、「芸術性」という名の思わせぶりを暗に批判さえしたのである。三島読本が蒐集に力を尽くした文例＝引用文も、清水読本にはほとんどない。内容を度外視して、文章の良し悪しを論評することはできないという理由である。

そんなわけで、清水読本の方針は、三島読本と百八十度ちがう。清水読本は文章を果物などではなく建築物にたとえる。短文という建材を積み重ね、「が」というセメダインみたいな接着剤ではなく、「しかし」「ゆえに」などのしっかりしたボルトで接続せよと教える。「名文鑑賞」などとあいまいなことはいわず、「誰かの真似をしよう」と提唱する。ただ、対象を論文（知的散文）にしぼった結果として、谷崎が漠然と唱えた論点C「文章は簡潔明瞭をもってよしとす」の精神だけは、谷崎読本とは別の文脈でだが、保持された。清水読本の姿勢は、したがって「シンプル志向、反ナチュラル主義」と呼ぶことができよう。

骨太な教えを巧みな論理で説いた清水読本は、こうして文章読本界の階級闘争に勝利し、主導権を小説家の手から奪い取ることに成功した。清水読本は当時としては破格のミリオンセラーになり、一九五九年の年間ベストセラー第二位に輝いた。三島読本はベストテンにも入っていない。『不道徳教育講座』が三位に入ったことでわずかに一矢むくいた格好とはいえ、三島由紀夫が清水読本を読んでいたら「フン、ちょこざいな。芸術を解さぬ学者風情が」と歯がみしたかもしれない。ときあたかも六〇年安保闘争のまっただ中。清水幾太郎は後に右旋回をとげるのであるが、この本を書いた時点では、安保闘争を名実ともにリードする「進歩的文化人」であった。

御三家の時代はこうして終わり、十五年以上のときを隔てて新御三家の時代にバトンタッチされる。清水読本の「あるがまま」否定論は、後の文章読本にただならぬインパクトを与えた。その証拠に、これ以降の文章読本界には「あるがまま」否定論者が次々と登場してくるのである。

本多勝一の民主化運動

というわけで七〇年代の後半、文章読本ブームの時代がやってきた。先鞭をつけたのは、これも文学畑ではない本多勝一『日本語の作文技術』(略して本多読本)である。

本多読本は、谷崎が提出した論点A「実用的な文章と芸術的な文章」(本多のいいか間には事実的な文章と文学的な文章）の問題に、巻頭で一応のケリをつけた。両者の間にははっきりとした境界はないがちがいはあるといい、中央の0を起点に、右側に「文学的」な文章を、左側に「事実的」な文章を配置した図を示したのである。最右翼にもっとも文学度の高い詩歌を、最左翼にもっとも事実度の高い新聞記事を置き、その間に純文学・随筆・大衆小説・論文・評論・解説記事を並べたこの図は、なるほど非常にわかりやすい。

彼はまた、谷崎が支持し、三島も支持し、清水さえも肯定した「日本語は非論理的である」という神話を、〈馬鹿げた日本語論〉だと一刀両断に切り捨てた。〈この種の俗説を強化するのに役立っている西欧一辺倒知識人――私は植民地型知識人と呼ぶことにしている――の説を分析してみると、ほとんどの場合、ヨーロッパという一地域にすぎない地方の言葉やものの考え方によって日本語をいじっている〉というわけである。

こんなところからも、本多読本の性格の一端がうかがえよう。本多読本は、清水読本の後継者として登場しつつ、文章読本界のさらなる「民主化」をめざした本、なのである。著者自身〈清水幾太郎氏のこの本は、かけだし記者のころ私も読んでたいへん参考になったが、題名は「論文の……」よりも「文章の書き方」とか「作文の方法」とすべきだと思った〉と清水読本に別格の敬意を払う一方で、〈この優れた作文論にも、日本語というもののシンタックス（統語法・統辞法・構文）や文化的背景の理解に関しては限界がある〉と述べている。思えば本多は、谷崎と三島が歯牙にもかけず、清水が軽蔑と敵視の対象にした文章界の民衆階級＝新聞畑の人である。「植民地型知識人」という罵倒は、民衆側からの逆襲というべきか。

本多読本は、清水読本が「現代の美文」（美文とは紋切り型くらいの意味と取ればよい）とやっつけた新聞記事をさかんに引用し、民衆のための実用的な文の指導に尽力する。

しかし、民主化の意志はときに暴走にもつながる。清水読本が提唱した「話すように書くな」の教えを反復して、本多は書く。

だれにも学習可能な「技術」としての日本語作文を考えるに際して、よく誤解されている作文論があることを注意しておきたい。たとえば「話すように書けばよい」という考え方がある。だれだって話しているじゃないか。たいていの人は頭の中でいったん作文してから口に出すのではない。いきなり話している。それならば書くのだって同じだ。話すように書けば書ける。「作文」ということで緊張し、硬くなるから書けないのだ……と。／だが、この考え方は全く誤っている。話すということと作文とでは、頭の中で使われる脳ミソの部分が別だというくらいに考えておく方がよい。文章は決して「話すように書く」わけにはいかないのだ。

文章の感じをつかんでもらうために省略なしで引用したが、くどい感じがしないだろうか。しかし、本多読本の「話すように書くな」論はこんなものでは終わらないのだ。〈もし完全に「話すように書く」ことを実行したらどうなるか。実例を見よう〉とばかり〈おはよおございますあれるすかなおはよおございますどおもるすらしいなはいどなたですかあどおもおはよおございますしつれえしますじつわはあ（略）〉という実例を出し、それをただちに〈「おはようございます」／（あれ、留守かな？）／「おはようございます」／（どうも留守らしいな）／「はい。どなたですか」／「あ、どうも。おはようございます。失礼します。実は……」／「はあ？」（略）〉と書きあらため、〈これならわかりやすいだろう〉と胸を張り、やれやれやっと終わったかと思いきや、今度はいわずもがなの分析がはじまる。

ここで使われた技術は次の九種類である。／①発音通りに書かれているのを、現代口語文の約束に従うカナづかいに改めた。／②直接話法の部分はカギカッコの中に入れた。／③独白の部分はマルカッコ（パーレン）の中に入れた。／④句点（マル）で文を切った。／⑤段落（改行）を使って、話者の交替を明らかにした。／⑥漢字を使って、わかち書きの効果を出した。／⑦リーダー（……）を二カ所で使って、言葉が中途半端であることを示した。／⑧疑問符を使って、それが疑問の気持を現す文であることを示した。／⑨読点（テン）で文をさらに区切った。

親切過剰というか神経症的というか、一事が万事この調子。「文のわかりやすさ」に最大の価値を置く本多読本は、このくどさゆえに、いうほど「わかりやすく」も簡潔明瞭でもない。

本多読本の方針は、清水読本と同じ「シンプル志向、反ナチュラル主義」である。が、執筆態度は谷崎読本に近い。語順、改行、段落、句読点などの細部に多大な注意を払っているからである。谷崎が「感覚的」に述べたところを「論理的」に説明し、〈日本語というもののシンタックス〉の原則論を打ち立てようとした本といってもいいだろう。

修飾語の順番によって、文章のわかりやすさや自然さはちがってくる――たった（といったら怒られるか）それだけのことをいうために、本多はじつに二十四種類もの例文を提示する。わずらわしさを実感してもらうためだけに、例文の部分のみ、再び省略なしで引用する。中身まで読む必要はない。薄目をあけて、しつこさだけを堪能してもらいたい。もとの例文は阪倉篤義『日本文法の話』から取った〈①初夏の雨がもえる若葉に豊かな潤いを与えた〉である。

②初夏の雨が豊かな潤いをもえる若葉に与えた。
③もえる若葉に初夏の雨が豊かな潤いを与えた。
④もえる若葉に豊かな潤いを初夏の雨が与えた。
⑤豊かな潤いを初夏の雨がもえる若葉に与えた。
⑥豊かな潤いをもえる若葉に初夏の雨が与えた。
⑦雨がもえる若葉に豊かな潤いを与えた。
⑧雨が豊かな潤いをもえる若葉に与えた。
⑨もえる若葉に雨が豊かな潤いを与えた。
⑩もえる若葉に豊かな潤いを雨が与えた。
⑪豊かな潤いを雨がもえる若葉に与えた。
⑫豊かな潤いをもえる若葉に雨が与えた。
⑬初夏の雨が若葉に豊かな潤いを与えた。
⑭初夏の雨が豊かな潤いを若葉に与えた。
⑮若葉に初夏の雨が豊かな潤いを与えた。
⑯若葉に豊かな潤いを初夏の雨が与えた。
⑰豊かな潤いを初夏の雨が若葉に与えた。
⑱豊かな潤いを若葉に初夏の雨が与えた。

⑲初夏の雨がもえる若葉に潤いを与えた。
⑳初夏の雨が潤いをもえる若葉に与えた。
㉑もえる若葉に初夏の雨が潤いを与えた。
㉒もえる若葉に潤いを初夏の雨が与えた。
㉓潤いを初夏の雨がもえる若葉に与えた。
㉔潤いをもえる若葉に初夏の雨が与えた。

②〜⑥はもとの例文を生かした場合、⑦〜⑫は「初夏の」を除いた場合、⑬〜⑱は「もえる」を除いた場合、⑲〜㉔は「豊かな」を除いた場合、というのだが、書き写すだけでも初夏の雨ともえる若葉と豊かな潤いにうなされそうだ（書いた当人はうなされなかったのだろうか）。

句読点の場所ひとつ、改行の場所ひとつのために、山のような例文を駆使し、模式図を示し、日本語学の幅広い知見を動員し、説明に奮闘する姿には頭が下がる。

しかし、はて、この本はだれに向かって書かれているのだろう。大人か（にしては不要な細部が多すぎる）。義務教育修了前の小中学生か（にしてはあまりにもジジむさい）。日本語を母語としない外国人か（にしては中途半端で不親切）。

本多読本は娘を持った神経質な父親に似ている。「ここまで口を酸っぱくしていわないと通じないのではないか」という強迫観念が感じられるのだ。ラフな態度を一切許さず、「、」「。」のいちいちにまで「正しさ」を要求する厳格さ。あの手この手の技術指導は、細かすぎるがために、かえって読者に対する不信さえ感じさせる。とはいえ本多読本が、正真正銘の素人さん＝文章の劣等生を意識していることだけは確かだろう。それが有効に機能しているかどうかは別として。

丸谷才一の王政復古

戦況はいよいよ白熱してきた。丸谷才一『文章読本』（略して丸谷読本）は、新興勢力であるアカデミズム（清水読本）とジャーナリズム（本多読本）にもっていかれた文章指南書の主導権を、再び文章の貴族＝作家の手に奪還した本、といっていいだろう。巻頭から小説家の優位性を「なぜそこまで」というほど力説する姿に、王政復古に賭ける貴族階級の鼻息がうかがえる。

つまり現代日本文においては、伝統的な日本語と欧文脈との折合ひをつける技術がとりあへず要求されてゐるわけだが、それが最も上手なのはどうやら小説家であつたらしい。宗教家でも政治家でもなかつた。学者でも批評家でもなかつた。歴史家でも詩人でもなかつた。小説家がいちばんの名文家なのである。当然のことだ。われわれの文体、つまり口語体なるものを創造したのは小説家だつたし、それを育てあげたのもまた小説家なのだから。

行きすぎた民主化の後にかならず復古主義の巻き返しが起こるのは歴史のならいというものである。血統の正しさを主張するために、丸谷読本が持ち出したのは開祖＝谷崎読本であった。『文章読本』という書名自体が「正統性の主張」でもあるわけだが、谷崎読本がいかに偉大な書物であるかの陳述に、まるまる一章分を費やすのだから執拗である。

とはいえ、さすがの丸谷読本も、素朴に谷崎の説を支持するほど愚直ではない。貴族は貴族にしか関心がないから、清水読本や本多読本への言及こそない。しかし、丸谷もまた、清水読本にいう「あるがまま」否定論を、自身の発案であるかのように吹聴する。

「思つたとほりに書け」といふ文章訓があつて、これがなかなか評判がいいらしい。話が簡単で威勢がいいから受けるのだらうが、わたしに言はせれば大変な心得ちがひである。／(略) 頭に浮んだことをそのままずらすら写せばそれで読むに堪へる文章が出来あがるなんて、そんなうまい話があるものかといふことである。すくなくともわたしにはさういふ幸福な体験は一ぺんもなかつた。

これ自体は、清水読本も本多読本も述べていたことであり、もはや珍しくもなんともない。しかし、丸谷読本の場合は〈思つたとほりに書け〉の代わりに用意したキャッチコピーがすばらしかった。文章読本の力とは、ひっきょう、キャッチフレーズ＝コピーライトの上手さで決まるのである。清水読本の〈「あるがままに」書くことはやめよう〉に勝るとも劣らない殺し文句を、丸谷読本は編み出した。すなわち〈ちよつと気取つて書け〉。

現代は明治大正よりもつとずつと、伝統を尊ぶ気風が薄れ、かたちを喜ぶ態度が軽んじられてゐる時代なのである。とすれば、われわれはその失はれた条件を回復するためにも和書漢籍に親しまなければならないし、それでも足りない分を補ふには……さしあたりここに呪文が一つある。／ちよつと気取つて書け。

〈ちよつと気取つて書け〉。これは「文章には修辞の意識が必要だ」ということを大衆に知らしめる絶妙のコピー、「呪文」であった。じっさい、もうひとつの「呪文」すなわち〈名文を読め〉とともに、〈ちよつと気取つて書け〉なるこの「呪文」にコロリといった（呪文以外はなにも覚えていない）読者も少なからずいるのではないだろうか？　それだけいえば丸谷読本についてはほぼ語り尽くしたも同然なのだが、もうひとつ追加しておこう。丸谷読本の特徴は引用である。全編これ、三島読本どころではない自慢の秘蔵アルバムのお披露目大会。「名文を読め」の章に登場する文例を列挙すると、志賀直哉『焚火』、世阿弥『砧』、石川淳『小林如泥』、佐藤春夫『好《よ》き友』、石川淳による荷風全集の推薦文、斎藤緑雨『おぼえ帳』、酒井抱一『巣兆句集序』、荻生徂徠《おぎゅうそらい》『経子史要覧』……。

ちょっと待って、荻生徂徠って江戸時代の人じゃなかった？　世阿弥だって室町時代の人ですよね、と気づいたあなたは鋭い。〈例文はなるべく小説の文章を避けることにしたい〉〈小説の文体といふのはやはりかなり特殊なもので、一般の人の作文の参考にはなりにくい〉と巻頭で述べていたにもかかわらず、丸谷読本の引用は小説どころかもっと特殊な古文、擬古文、漢文の山なのだ。「新しい和漢混淆文」の章に出てくる引用は、『古事記』を筆頭に、藤原定家『明月記』、新井白石の書簡、『伊勢物語』『古今和歌集』『平家物語』……。漢語を極力排した本居宣長《もとおりのりなが》『玉勝間』が〈窮屈な文体〉と揶揄されるいっぽうで、折口信夫の『三矢重松先生歌碑除幕式祝詞』（祝詞《のりと》でっせ！）は〈文句のつけやうのない傑作〉と賞賛される。

さすがは旧かなづかひに固執してゐる人の文章読本だ、といってしまへばそれまでだが、丸谷読本の引用は異様に長い。全文掲載さへ珍しくない。かかる引用の山を携へて、丸谷はつひに〈小説の文体といふのはやはりかなり特殊なもので、一般の人の作文の参考にはなりにくい〉といふ当初の大方針まで放棄する。さうして、〈優れた小説、殊に長篇小説をじつくりと読んで、変化のつけ方を学ぶのが有効である〉といふ「極意」が語られるのである。

作家・丸谷才一の信奉者には、さぞや愉快な書物であらう。さうでない読者から見れば、これは骨董屋のおやぢの講釈を聞くに等しい本である。神経質な本多読本の対極をゆくご陽気体質。丸谷読本は谷崎に先祖がへりし、本多が一度は成敗した「現代の日本語は論理的ではない」といふ神話さへも復活させた。日本語の非論理性は〈官庁の白書や婦人雑誌の料理記事を読めばいちおう察しがつくだらう〉といふのだが、丸谷読本に〈筋道がよく通つてゐないこと、すなはち論理性の弱さ〉をいはれては、白書や料理記事も浮かばれまい。おまへこそ〈筋道がよく通つてゐないこと〉を学ぶ格好の教材だ、と白書や料理記事は思ふことだらう。

さういふわけで、谷崎以前の文章修業法に戻れとでもいひたげな丸谷読本が、大時代的な文章読本であることは言を待たない。もつとも骨董品と化してゐた修辞法の価値を再評価したのは、ひとつの慧眼《けいがん》ではあり、谷崎以来の流れを変へる「快挙」だつたといへなくもない。三島読本が手をつけて敗北した「レトリック志向、反ナチュラル主義」

は、ここに、きはめて反動的なかたちでだが実を結んだ。「パンがなければお菓子をお食べ」とのたまうたどこぞの王妃と同じで、この鷹揚さ、唯我独尊の精神こそ王侯貴族の特権である。復古調が受けたのか、丸谷読本は一九七七年のベストセラー九位になった。もっとも、この年の第一位は徳大寺有恒『間違いだらけのクルマ選び』であるのだから、文章貴族の天下とは、たうていいへないわけだけれども。

井上ひさしの滅私奉公

新御三家のトリを飾るのは、井上ひさし『自家製　文章読本』（略して井上読本）である。偉大な先達がこれだけの熱戦を繰り広げた後、遅れてのこのこ出て行くのは、さぞや勇気がいったろう。書名に「自家製」の三文字を冠していることからも、この本の執筆を自ら〈滑稽な冒険〉と称していることからも、歴代文章読本（ただし作家の本のみ）の一冊一冊に礼を尽くした後で本論に入っていることからも、冷や汗ぶりがうかがえる。

後発部隊である井上読本は、そんなわけで四方八方に気をつかった実証主義的な文章読本である。後発の強みというか後塵を拝してというか、過去の文献をセコセコとまあ、調べる調べる。

井上読本もまた「あるがまま」否定論者である。しかし、井上は丸谷のように〈わたしに言はせれば〉とそっくり返ったりしない。「話すように書くな」のひとことをいうために、彼はまるまる一章を当てるのだ。「ふだん記運動」なるものの提唱者＝橋本義《ぎ》夫ほか、宇野浩二、佐藤春夫、里見弴、瀧井孝作らの言説を引き、「話すように書け」と教え諭している先人がいかに多く、世の文章指南書がいかにその発想に毒されているかを「実証的」に示した上で、なぜ〈話すように書け〉は噴飯物である〉かを知るために、こんな実験まで提案する。

試みに読者は行きつけの酒場にテープレコーダーを持ち込んで、そこのマダムと御自分との会話を録音なされるがよい。会話態というものがいかに書き言葉から遠くへだたっているか痛感なさるにちがいない。あるいは、部下を叱責なさるときに（上役からガミガミ叱られるときでもよいが）、その席にテープレコーダーを持参されよ。叱責という一種の講話態が、まるで「文」の体裁を整えていないことに仰天なさるだろう。あれほど筋を通してマダムを手際よく口説いたのに、部下を叱ったのに（あるいは上役から叱られたのに）、どうしてこう冗長な発語行為をしてしまったのか。ひょっとしたら自分は阿呆ではないか。

本多読本に勝るとも劣らないくどさである。思わず「阿呆はあなたではないか」と突っこみたくなる。なにしろ私たちは「話すように書くな」を、それこそテープレコーダーのように、何度も聞かされてきたのである。酒場にテープレコーダーを持ち込むまでもなく、会話が書きことばより冗長であることくらい、常識で考えればわかることだろう。

と文句のひとつもたれたくなるが、資料の山に埋もれ、ねじり鉢巻きで格闘している感じが井上読本の持ち味であり、好感のもてるところ。常識的なこともそうでないことも、井上読本はけっしていいかげんに素通りせず、いちいち資料を示して饒舌に述べたてる。

丸谷読本とは別の意味で、井上読本は引用に特徴がある。文章読本の引用といえばふつう、見本としての名文（ときには駄文）、すなわち「教材用」である。三島読本、丸谷読本の引用はすべてそれといってもいい。井上読本にはしかし、論述を進めるために先人の言説を引く「論説用」の引用がめだつ。百五十ほどある引用文のうち、半分は論説用である。また、教材用の引用も「24時間テレビ　愛は地球を救う」の企画書から、わざわざ頓狂な坂田明の「ハナモゲラ語」、はてはインスタントラーメンの広告まで、多岐にわたっている。例を選んでいるにちがいないと思わせるほど雑多な領域にわたっている。

こうした執筆態度は、文章読本に二つの要素を持ち込んだ。ひとつは議論という要素であり、もうひとつは読み物としてのおもしろさである。時代はすでに八〇年代。もはや小説家だからといって「文章界の貴族」然としていられる時代でもなかった。エンタテインメント作家としての矜持にかけて、井上読本は「私の主張」をひとまず後景に押しやり、サービスマンに徹してディベートとエンタテインメントに心血をそそいだのである（たぶん）。

議論好きの井上読本は、開祖＝谷崎読本以来の論争テーマさえも蒸し返す。まず「文章に実用的・芸術的の区別はない」問題。いいだしっぺの谷崎以外は全員が否定し、本多読本でいちおう決着したように見えた、あの論点Aである。井上はこれを「書く側の問題」としてとらえ直す。新聞のベタ記事（「タイ女性に売春させる」）、書簡（斎藤茂吉が松本にいる二人の息子に帰省切符を送るの記）、商用文の定型などの「実用文」を徹底分析したあげく、彼はいう。

実用文では冒頭の一句がすでに与えられているから、鑑賞用の文章よりはいくらか、ときにはずっと易しい。たとえ与えられていなくても、冒頭から一句を探し出す方法ははっきりとある。さらに実用文の場合、書き手は事件や用件をしっかりと把握している。書くべきこと、云うべきことが脳中にはっきりと在る。冒頭の一句が得られれば、それを突破口に事件や用件が次々に出てくる、言語化される。ところが鑑賞用文章は冒頭をどうはじめてもよいから、それだけにかえってむずかしい。取りつく島がない、突破口がない。しかも書くべきこと、云うべきことが事件や用件とちがって混沌としている場合が多いから、なおさらむずかしいのである。

実用文には定型があるが、鑑賞用の文章には型がない。これはひとつの発見といっていい。このテーマはまた、論点B「見た通り、思った通りに書け」と論点C「文章は簡潔明瞭なのがよろしい」にからんで、「透明文章の怪」と題された章にリンクする。「文章を感じさせない透明度の高い文章こそが名文」という神話がどれほど強固かを、例によって「実証的」に示してから、井上はひとつのミニ論争を紹介する。ソシュールの翻訳者として知られる小林英夫と、文章心理学という分野の開拓者である波多野完治（この二人は文体論の業界のスーパースターである）の論争である。小林は「透明な文章が名文派」、波多野は「文章意識（修辞）は必要派」であった。ところが、この論争は「実用文は透明な文章がよく、芸術文は文章意識がいる」という喧嘩両成敗でケリがついてしまった。このケリのつけ方は「清水＋本多＝実用文派＝シンプル派」と「三島＋丸谷＝芸術文派＝レトリック派」というわれらが文章読本界の二大派閥に、ちょっと似ていないでもない。それはともかく井上は、この喧嘩をひとりで蒸し返し、またまた「実用文」のあれこれを解析し、ひとつの小さな結論に到達するのである。

実用文では、事実と文とが同一である、というのがタテマエだから、直喩を寄せつけようとしないのだ。実用文は文章意識＝修辞術を容れないのではない、むしろ修辞術のよいお得意なのだ、ただ、直喩だけは嫌うのである。

谷崎読本が仕掛けた「実用文と芸術文」という爆弾は、こうしてみると意外に射程距離が長かった。「深かった」のである。井上読本の功績は、発想の大転換をやってみせたことだろう。つまり分析すべきは「名文＝芸術的な文」ではなく「実用文」、それも真っ当な論文や新聞記事ではなく、そこらへんに転がっている思いっきり俗悪な文章だったのだ、と。

伝達の文章と表現の文章について

右六冊の文章読本が、御三家・新御三家と呼ぶにふさわしい構えの大きい本であったことが、いささかなりとも理解してもらえたのではなかろうか。

困ったことに、文章読本界においては、論争がどこで起こっているのか、議論が積み重なっているのかいないのか、ちょっと見ではわからない。同じ主題が飽きるほど蒸し返され、ときに進展し、ときに後退し、ときに共振し、ときに変奏しながら、いつまでもつづくのだ。御三家・新御三家以外の物件まで加えたら、もはや追跡調査は不可能に近い。

基本的なことを確認しておこう。文章には主として「情報伝達」と「自己表現」の二つの目的がある。「伝達の文章」とはたとえば会社に提出するレポートであり、「表現の文章」とはたとえば社内報に書くエッセイである。もちろん多くの文章は両方の要素を含んでいるわけだが、表現より伝達に比重のある文章（伝達寄りの文章）と、伝達より表現に比重のある文章（表現寄りの文章）とがあることは、同意してもらえるはずである。ざっとまとめれば、こうなるだろうか。

	書く目的	読む目的	優先するもの	求められるもの
伝達の文章……	情報伝達	情報入手	伝達内容（情報）	的確さ
表現の文章……	自己表現	鑑賞	伝達形式（文章）	おもしろさ

御三家・新御三家が問題にしてきた「実用文」とは「伝達の文章」を、「芸術文」とは「表現の文章」を指しているともいえよう。

文章を「伝達の道具」と考えるか、「表現の道具」と考えるか。両者の間に区別はないといいきった谷崎は別として、清水と本多は「伝達の文章」を、三島と丸谷は「表現の文章」を重視している。「伝達／表現」問題にもっとも自覚的だった井上読本は、本の末尾で苦笑まじりに告白している。

伝達用の文章修業のために文章入門書が数多く用意されているし、実例にも事欠かない。しようとおもえばいくらでも勉強できるのである。いまさら読本など必要はないのだ。ところが表現のための文章修業は、個人個人が自分の趣味にしたがって、自力で積み重ねていくほかはない。つまり画一的な読本があるはずはないのである。伝達用の文章修業のためにさしせまって読本の必要はなく、表現用の文章修業のために読本などあるわけがないという次第で、「言語の目的とはなにか」という根本的問答を行うと、その瞬間に、文章読本を綴る必要がなくなってしまう。それをおそれて筆者はこの根本的問答を避けてきたのだった。

どっちにしても文章読本の必要性はない――谷崎読本の冒頭部分と同じくらいの、これは「爆弾発言」である。〈この読本の唯一の教訓〉として井上は皮肉まじりに書く。〈伝達ではなく、表現の文章を綴ろうとなさる方は、各自、自分用の文章読本を編まれるのがよろしい〉と。

たいした至言、というかオチではないか。しかし、井上ひさしがどういおうとも、文章読本はひきもきらずに製造されつづけている。このジャンルには、並みいる文筆家を刺激してやまないよっぽどの魔力が秘められているのであろう。

Ⅱ　文章作法の陰謀

正論の迷宮
——文章読本の内容

新本誕生のメカニズム

文章読本には、数多く読めば読むほど自前の文章読本を製造したくなる、という困った性質がある。前にもちょっといった「ええい、こっちへ貸してみな」の心境である。そのメカニズム、というか精神状態を類推すると、すなわちこういうことではないかと思う。

(A) 自分と同じ意見に出会う ↓ 自信が湧いてつい人に教授したくなる (自慢)
(B) 自分と異なる意見に出会う ↓ カチンときてつい反論したくなる (反発)
(C) 自分の知らなかった意見に出会う ↓ 感動のあまりつい人に吹聴したくなる

（伝道）
（D）自分の意見がどこにもないと気づく↓これはいわねばとの思いが募る（発奮）
つまり何が書いてあっても「ワシにもいわせろ」気分が盛り上がってしまうのだな。相当数の文章読本とつきあった当人（私）がいうのだからまちがいない。

清水幾太郎の〈「あるがままに」書くことはやめよう〉や丸谷才一の〈ちよつと気取つて書け〉にハッとするのは、Cのケースに該当しようか。最初はAだと思っていても、あまりに同じことをいわれすぎて、途中からBに鞍替えしたくなる場合もある。たとえば「話すように書くな」である。御三家・新御三家があまりにこれを連呼するので、当初「そりゃそうだ」と思っていた私は、途中からがぜん気が変わった。「話すように書く」とは、本多勝一がいうように「おはよおございますあれるすかなおはよおございます」と句読点なしで書くことではなく（当たり前でしょう）、井上ひさしがいうように酒場の会話を録音してきて書き起こすことでもなく（当たり前ですね）、「いいじゃん、べつに。話すように書きたきゃ書いたって。なんでダメなの？　ちゃんとわかるように説明して欲しいものだわね」というふうに書く、ということである。「話すように書く」と「話す通りに書く」は同じでしょうか。ちがうでしょーよ。

もっとも、そんな好戦的な姿勢でいられるのもせいぜい十冊前後まで。二十冊に到達するころには何を読んでも笑って許せる程度には成長し、三十冊を超えるころには「はいはい、さようでございましょうとも」という退嬰的な気分が支配的となり、五十冊めともなればすっかり解脱して「無の境地」に至るのであるが、それは私がしょせん野次馬だからだろう。最初から自前の文章読本を仕立てるつもりの人にしてみれば、読めば読むほど「ワシにもいわせろ」気分はふくらむにちがいない。かくて文章読本はネズミ算式に増えてゆくのだ。

さて、文章読本の書き手は、①小説家、②ジャーナリスト（新聞記者）、③学者（大学教師）、④その他の雑文業者、の四種類に大別できると最初に述べた。

このうち小説家の文章読本は、いまや希少物件になってしまった。これは後の章でまた述べるけれども、作家が文章界を先導していた時代は、昭和三〇年代くらいで終わったのだ（丸谷才一や井上ひさしの文章読本は、であればこそ逆に新鮮だったのである）。

現在の文章読本界で幅をきかせているのはジャーナリストと学者である。文章を「伝達（寄り）の文章」と「表現（寄り）の文章」に分けるなら、彼らはひとまず「伝達（寄り）の文章」のプロフェッショナル、清水幾太郎『論文の書き方』、本多勝一『日本語の作文技術』の系譜につらなる文章家だといえよう。裏を返すと、現代人が求めているのは「表現の文章」よりも「伝達の文章」の書き方である、ということになるかもしれない。

はたしてそのせいなのか、御三家・新御三家が水面下で論争をくりひろげていたようなテーマを、ほとんどの文章読本は正面きって論じてはいない。「話すように書け」「あるがままに書け」とすすめる本が予想したほど多くないのと同様に、「話すように書くな」「あるがままに書くな」とわざわざ記しているような本も、さほど多くはないのである。

たいがいの文章読本が血道をあげているのは、原則論ではなく、もっと実用的、かつ具体的な文章作法上の心得や技術論である。とはいえ、そもそも「ワシにもいわせろ」の心境が引き金となって拡大再生産されてきたジャンルである。内容的に、ものすごーく新しいこと、はめったにない。たいていは「どこかで聞いた」「さっきも聞いた」「とっくに聞いた」な話である。文章の指導者がこんなに没個性でいいのかと、人ごとながらふと心配になるほどだ。

もっとも大勢の論者が情熱をこめ、口を酸っぱくして説いているのだ。それイコール現代の日本語文章作法上の規範である、と考えても大過はあるまい。

文章読本の教えは非常に多岐にわたっている。題材の収集法、資料の渉猟法、発想法、構成法、統語法、修辞法、句読点の打ち方、ものによっては原稿用紙の書き方、文房具の選び方までがふくまれる。そのいちいちを紹介している余裕はとてもないし、あらゆる教訓に例外はつきものだから、すべての文章読本が同じ教えをたれているわけではもちろんない。が、どんなものでも数多くつきあえば、全体的な傾向は見てとれる。

文章読本でよく出会う教訓を、心得・禁忌・修業法に分けて見学してみよう。「心得」とは、技術論にふみこむ前のモットー、いわば文章を書く上でのスローガンである。「禁忌」とは、これだけはしちゃいけないという禁止事項。「修業法」とは、執筆にいたる以前の、いわば日頃の心がけである。さあ、ここさえ読めば、あなたも明日から名文家だっ！

文章読本が説く五大心得

【その1】わかりやすく書け

文例❶「事実的」あるいは「実用的」な文章のための作文技術を考えるにさいして、目的はただひとつ、読む側にとってわかりやすい文章を書くこと、これだけである。

本多勝一『日本語の作文技術』

文例❷良い文章とは何か。悪文・名文ということについて考えてみましょう。良い文章の条件の主なものを挙げますと、第一に、まずわかりやすいことです。これは、達意の文章と呼ばれています。

多田道太郎『文章術』

文例❸文章の基本はわかりやすさである、とはどの文章読本にもでている。わかりやすい文章とは、平易なことばをつかい、論理が明快であり、表現が豊かで的確であること、つまり読み手に自分のつたえたい点をはっきりとつたえきる達意の文章ということである。

小林弘忠『マスコミ小論文作法』

現代の文章読本が金科玉条とする教え、その第一は「わかりやすく書け」である。どんな文章読本も「わかりやすく」「わかりやすく」「わかりやすく」だ。こんなにも「わかりやすく」と連呼しなければならないのは、世の中にはそんなにも「わかりにくい文章」が蔓延しているということの証拠だろうか。にしても「わかりやすく書け」のひとことをいうのに、これほど多彩な表現法があるのかと感心することしきりである。ぶっきら棒な❶、先生っぽい❷、理詰めで説得にかかる❸。以下は「わかりやすく書け」に感情を込めた例である。

文例❹　読み手を考えるかぎり、読み手にわかってもらえる文章が、これからの文章の基本方針でなければならないと信じます。どんなに美文でも、読み手にわからない文章なら、文章としてのいのちがないと言えましょう。

平井昌夫『新版　文章を書く技術』

文例❺　分かりにくい文章を書いて、恬《てん》として恥じない人は、傲慢不遜であると私は思う。／分かりやすく書くというのは、モノ書き人間が守るべき根本哲学である。これができない人はモノを書くことをやめたほうがいい。

北岡俊明『文章力』

〈信じます〉と書く❹がどこか悲壮感にみちているのに対し、❺はやたらと高圧的だ。余談ながら❺の北岡俊明『文章力』は、悪文の第一番目に〈思想が偏向したり、特定のイデオロギーで毒されている文章〉をあげ、反米、反自民、反日本政府、反自衛隊、反大企業、反成田空港、反ガイドライン法、反日の丸・君が代などなどの思想に偏った〈隠れマルキスト〉の文章が「思想的な悪文」だと述べている。思想が偏向しているのはどっちだか、そんなやつに「傲慢不遜」呼ばわりされたかねーよ、と感じさせる意味で、これは貴重な一冊ではある。

「わかりやすく書け」は、しかし単なるモットーである。問題はどうやれば「わかりやすく」なるのかだ。そこで登場するのがこの教訓である。

【その2】短く書け

文例❶　現代文のもっとも大きな特色は、「短文の積み重ね」であるということです。現代文を上手に書きこなすもっとも手近な道として短文の勉強をお勧めする理由です。／しかし、また別な言葉もあります。文章は結局「短文にはじまり、短文に還る」ということです。　扇谷正造『現代文の書き方』

文例❷　われわれ新聞記者は、だから、入社以来、先輩たちから、文章はできるだけ短く書くように、といわれつづけてきた。短く書こうとすると、主語と述語が近づき、事実がはっきりしてくる。込み入った因果関係のある事件などの場合には、とくにこの心構えが大切である。　猪狩章『イカリさんの文章教室』

文例❸　短く、短く、短く。／ともかく、それを絶えず念頭に置いてほしい。そして、短い一文に、全力を傾けていくことである。／一つの文に、あいまいさを残さぬことである。／(略)／文を短くすることによって、意味のつながりをより明瞭にすることができる。　馬場博治『読ませる文章の書き方』

「わかりやすく書け」の応用編として、しばしば登場する短文の奨励である。ジャーナリスト系の論者には、とりわけ短文信仰が強い。センテンスを短くしろ、段落を短くしろ、ひとつのテーマを八百字、いや六百字以内でまとめよと、とにかく「短く」「短く」だ。

ありがたいことに、彼ら短文派は一センテンスの平均的な文字数まで提示してくださる。

文例❹ 文の長さは個人差があります。自分の呼吸にあった長さを工夫するのがいちばんですが、平明な文章を志す場合は、より長い文よりも、より短い文を心がけたほうがいい。／私は、新聞の短評を書いていたころ、文の長さの目安を平均で三十字から三十五字というところに置いていました。

辰濃和男『文章の書き方』

文例❺ 読みやすい文章をめざすには短めに切ることを心がけたい。平均三〇字以内になるように文を切って書けば、文の長さの点ではかなりやさしい文章になるはずだ。平均で四〇字ぐらいまでは読みにくくなる心配はあまりないだろう。

中村明『名文作法』

文例❻ 一センテンスの長さは、四〇～五〇字以下になるようにつとめるべきである。とくに、文章の書きだしのセンテンスは、力がはいりすぎて、長いセンテンスになることが多いので、注意して短くする。

安本美典『説得の文章術』

短く書く。困難な課題だ。センテンスをブツブツ切る。調子が狂う。やってみればわかる。「天声人語」の文章みたいになる。新聞記者の短文信仰には理由がある。新聞は一行十一字詰め（昔は十五字詰め）で印刷される。一文が短くないと。読みにくい。のだ。

短文のすすめはイコール長文の排除でもあるわけで、それだけでも抑圧的だなあという感じが私なんかはするものの、文章読本には、このように「社の教え」「業界の教え」があたかも「普遍的な文章上の掟」であるかのような顔で混じっている場合がままあって、その伝でいくと吉田健一や金井美恵子はたいへんな悪文家ということになるし、じゃあ谷崎潤一郎はどうなんだという話になるわけだけれども、もちろん現実にはそんなことはなく、まあこのへんは「しょせん新聞記者の考えること」と思って話半分に聞いておけばいいのだとも思う半面、文章といえば新聞記者は新聞記事を、学者は論文を思い浮かべる習性がしみついていて、当然といえば当然であるにしても、それは要するに文章界の「中華思想」というものではないのか、と思ったりするのである。

【その3】書き出しに気を配れ

文例❶　文章は、書き出しが大切である。書き出しは、人でいえば顔であり、家でいえば玄関にあたる。／(略)／マスコミの入社試験で出題される論文や作文も、書き出しと最初の十行くらいで勝負が決まるといってよい。これは、私の独断ではない。先輩たちが「作文や論文の良い悪いは十行も読めばわかる」といっていたからだ。　　　　　　　　　　　　猪狩章『イカリさんの文章教室』

文例❷　書き出しがきまれば、半ば文章はできたようなものだといわれる。それだけの重さが、書き出しにはあるということである。全体の文章の調子が、圧縮された形で見えるからである。古人は「興ざめ」と言い、「興を咲かす」と言った。「興を咲かす」ような書き出しの工夫から、文章は始まる。

尾川正二『文章の書き方』

文例❸　名文になるか、悪文になるかは書き出しで決まる。／名作や名文といわれるものは、書き出しがすばらしい。反対に悪文や駄文は書き出しが悪い。これは歴史上の名文を分析した結果の原則である。書き出しが良いということは、読者がどんどんと読み進んでくれる可能性が高い。書き出しが悪いと読者が投げ出す可能性が高い。

北岡俊明『文章力』

謙虚に「わかりやすく書け」と説き、無骨に「短く書け」と教えるわりに、文章読本の書き手はみな、めだちたがり屋である。書き出しの一行に作家がどれほど腐心したかを語る人、書き出し方の分類を試みる人、「木曾路はすべて山の中である」「国境の長いトンネルを抜けると雪国であった」といった名作文学の書き出しを例に出す人、書き出しよければすべてよし、といわんばかりの執心ぶりだ。なぜ書き出しがそんなにも重要なのか。

文例❹　文章は、読まれなければ、無価値に等しいのです。読まれるためには、わかりやすいということとならんで、書き始めに読みへさそうくふうがしてあることがたいせつです。文章の自由競争の時代には、この書き始めがいっそうたいせつです。文章に上達しようとする人は、自分が読みにさそわれた文章の書き始めを調べてみて、どんな材料が使ってあるかを検討してみるとよいでしょう。

平井昌夫『新版　文章を書く技術』

文例❺　新聞で紀行文を連載するときなど、この「書き出し」にはとくに苦労させられる。新聞の読者が本の読者と決定的に違うひとつは、読者の姿勢が腰を落ち着けていない点であろう。一日で読み捨てにされる運命にある紙きれだ。たいてい見出しだけサッと見て、自分の関心のあるところだけ本文を読む。そういう姿勢の読者の目を紀行文に引きつけ、かつ途中で投げだされないようにに読んでいただくのは容易なことではない。

本多勝一『日本語の作文技術』

ここに働いているのは、つまり市場の原理である。文章は読まれてナンボ、なみいる競争相手をおしのけて読者の心を鷲づかみにするには出だしの一行がものをいう、というわけだ。書き出しがおもしろくても五行目くらいから退屈になる文章はいくらでもあるわけで、『夜明け前』が読まれているのはべつに書き出しが「木曾路はすべて山の中である」だったからではないという気がするのだが（書き出しの効果で引っぱるには長編小説は長すぎる）、それは文章読本とて百も承知のこと。で、書き出した後、どのように続けるかという話が次に来る。

【その4】起承転結にのっとって書け

文例❶　書きたいことの全体をイメージするということは、つまりは「起承転結」をイメージするということなのです。／ある程度ボリュームのある文章というのは、行き当たりばったりに書き流すよりは、全体の内容展開のアウトラインをイメージして書くほうが、まとまりのあるよい文章に仕上がるからです。

久保博正『「文章の達人」になる超マニュアル』

文例❷　これら（引用者註・ほかの構成法）も、私たちの文章構成法にヒントを与えてくれるのはもちろんですが、私はどうも「起承転結」にこだわっておきたい気持ちが強いのです。〝転〟という要素を貴重とするからです。一見本筋からはずれる〝転〟が、視点を移し気分を変える〝転〟こそが、文章に曲折を与えてくれます。

倉島長正『正しく美しい日本語のしくみ』

文例❸　文章を書くうえでの第六の原則は、／●起承転結のある文章を書く／ことである。／とはいえ、これも当り前のことだ。しかし、この当り前のことができないから、わたしたちは文章を書くのに苦労する。

古郡廷治『文章添削トレーニング』

文章の構成法についての心得である。いまも圧倒的多数を占めているのは「起承転結のすすめ」である。これには正直、虚をつかれた。❸がいうように、起承転結方式で書くのは、本当に〈当り前のこと〉なのだろうか。起承転結はあくまでも詩歌の作法であって、現代文、ことに論文には向かないと主張する人たちもいる。〈文脈の切れ続きを示すだけである。文章にムードを与えるためだけの形なのである〉（樺島忠夫『文章構成法』）、〈詩文の法則としては立派に役を果す原則でしょうが、これを論文に応用してもらっては困ります〉（澤田昭夫『論文の書き方』）などは、「ワシにもいわせろ」と立ち上がった反対論者の意見である。

とはいえ、これらはあくまで少数意見。起承転結は、論文やレポートといった論理性を重視する文章の分野でも、いや、論理性を重視する分野でこそ力強い支持を受けているのだ。

文例❹　もっとも一般的な構成法としては、〈起・承・転・結〉の四段方式です。（略）これは、もともとは、中国の詩の作法から来たものですが、わが国の古人たちは、文章造りの智恵として鋭く受けとめました。私は、これは文章の最高の叙述方法だと信じています。

保坂弘司『レポート・小論文・卒論の書き方』

文例❺　漢詩や構文の起承転結と同じく、交響曲も四分割方式なのである。つまり、わかりやすいコンストラクション（構文）をつくるには、四分割するのが最も適しているのだ。もちろん、ビジネス文章にしても、四分割方式で起承転結をしっかりふまえて構成すべきものなのである。

佐々克明『報告書・レポートのまとめ方』

文例❻　序論で問題を示して、その背景とどうしてその問題を取り上げたのかを説き、つづいて実験の方法とその結果（略）を記述する。次にいったん立場を変えて自分の研究に残っている問題点を吟味し、また自分の結果を他の研究者の結果と照合・検討した上で、結論をまとめる。この古来うけつがれてきた組み立て方はまさに起承転結の線に乗っている。

木下是雄『理科系の作文技術』

理科系の（ときには英文の？）論文までが漢詩作法で乗り切れるとは、七言絶句、五言絶句を発明した古代中国の詩人もあの世で絶句しているかもしれない。

さて、ここまでの段階で気がつくこと。それは現代の文章読本は、やはり「伝達の文章」中心に記述されている、ということである。わかりやすく書け。短く書け。書き出しに気を配れ。起承転結にのっとれ。以上はすべて新聞記事や小論文、レポートなど「伝達の文章」にのみ当てはまる原則であろう。詩人や小説家をつかまえて「わかりやすく書け」「短く書け」などと諭す人がいたら、それは芸術を解さない、ただのオタンコナスである。書き出しに気を配れ、起承転結にのっとって書けという教えも、たとえばその方法だけで長編小説を書くのは不可能だし、そうでなくても「表現の文章」を書きたい人には余計なお世話というものだろう。

「わかりやすく書け」という、だれにも反対できないように思える理屈にも、落とし穴はある。「わかりやすい」かどうかは、たぶんに書く人と読む人との関係性によるのである。極端な話、数式や楽譜は「わかりやすく」するために発案された書法である。しかし、わからない人にはわからない。万民にわかりやすい文章など、厳密にいえばありえないのだ。

もっとも、この段階でいちいち文句をつけていたら（もうつけてるけど）先がつづかない。名文家への道は遠い。文章読本が説く心得の最後の一つはこれである。

【その5】品位をもて

文例❶ 文章の品格というものは、技術を超えたところにあります。文章技術はむろん大切です。が、それだけでは「品格」という巨大なものを肩にかつぐわけにはいかない。人間全体の力が充実しないと、肩にかつぐことはできないもののようです。

辰濃和男『文章の書き方』

文例❷ 文章にとっていちばん大切なものは品位であると私は考えますが、自由な心こそが品位を生むのです。／品位というのは、なにもお上品ぶることでも、堅苦しくすることでもありません。ユーモアも笑いも、怒りも、なりふりかまわぬ号泣も、ときには破れかぶれの無頼も、そこに卑小卑劣の影がまったくないときには品位が生まれると言えるでしょう。

高田宏『エッセーの書き方』

文例❸ 腹が立つ相手に悪口雑言を並べたいときはともかく、普通の文章には品格がほしい。先年、相撲協会の偉い人が横綱には品格が必要だと発言して話題になった。横綱にふさわしい人格、識見、行動といったことだろう。文章の品格は、読む人に不快感を与えないことだと考える。

森脇逸男『書く技術』

品位、品格をもて。説明は不要だろう。このことを最初にいった（印象づけた）のは、文章読本界の開祖＝谷崎潤一郎『文章読本』であった。谷崎読本は「品格について」という章を特別にもうけ、〈文章は公衆に向って話しかけるものでありますから、一定の品位を保ち、礼儀を守るべきであることは、申すまでもありません〉と述べたのだった。この教訓はいまなおバリバリに健在である。以下にあげる「禁忌」も、すべて品位問題にかかわるといってよい。

文章読本が激する三大禁忌

【その1】新奇な語（新語・流行語・外来語など）を使うな

文例❶　文章を書く時は、なるべく流行語を用いない方がよい。多くの流行語には、特殊な事情の下に立つ新聞というものの思想が浸み込んでいるからである。（略）「ほほえましい」や「土性骨」のような流行語ばかりでなく、一般に、世間で好まれている言葉——それらは、気が利いたように、洒落たように、スマートなように見える。——は警戒すべきである。

清水幾太郎『論文の書き方』

文例❷ 出来たばかりの言葉にくらべ、在来からある言葉が奥床しいのは当然である。それは一つには、歴史によつてよりすぐられたあげくわれわれのところへ届けられたものだからで、つまり、劣悪なものはかなり整理されてゐるだらう。（略）さういふ淘汰はやはりある程度の効果をあげてゐると思ふ。

丸谷才一『文章読本』

文例❸ 新しいことばを知ることにはたのしみがあります。そのたのしみも解さぬようではダサい、などと、たとえば今様のことばを使ってみるのも一興でしょう。しかし同時に、そういう新しいことばがえてして一過性であることも知らなければなりません。／ダサい、と書けば、何年かのちにそれを読む人は、意味を解さないか、あるいは解したとしても軽薄さの死骸といった印象とともに読むことでしょう。

白井健策『文章トレーニング』

文章読本は口うるさい小姑に似ている。あれを使うな、それはするな、これはやめておけといった禁忌がまあ、じつに多い。その最たるものが新語、流行語、外来語といった「新奇な語を使うな」であろう。文章読本はケレンを嫌う。派手な文章、とっぽい文章を嫌うのである。清水幾太郎は新語を好む文章として新聞をやり玉にあげているけれども（しかし「ほほえましい」がかつては流行語だったとは知らなんだ）、いまでは当の新聞記者こそ新語嫌いの急先鋒だ。

新語のなかでも、とりわけ文章読本が敵視してやまないのはカタカナの外来語である。ここに筆がおよぶと、文章読本の不機嫌度（の皮をかぶったご機嫌度）は頂点に達する。

文例❹　オーダー、ミーティング、チャレンジなどは、在来の日本語で言った方が文章に落着きが出る。カタカナを多く使った方が高級なように思っている人がいるとすれば、大きな誤解である。
外山滋比古『文章を書くこころ』

文例❺　昨今の片仮名語のはん濫を見ていると、目を覆いたくなるくらいである。人々は、なんでも片仮名で書くと新しい味が出てくるとでも考えているのだろうか。（略）『経済白書』などはひどすぎる。「コンテイニング・ジャパン」「ジャパン・フォービア」「リストラ」「アントレプレナーシップ」などの片仮名語が出てくると、なにがなんだかわからなくなる。
大隈秀夫『短くてうまい文章の書き方』

文例❻　これで日本語の文章だろうか。たしかに構造も文字も日本語のものだが、ここには日本語とはいい難いカタカナの単語がたくさんある。「ポテンシャル」、「パッケージング」、「グランドツーリング」などなどは、具体的に何を意味するのか。／これを日本語の文章というなら、／ミーはトゥデイはスクールにゴーしない。／も日本語の文のはずである。しかし、だれもこんな文は書かない。ところが、これと似た文があちこちにある。

古郡廷治『文章添削トレーニング』

❺は経済白書の、❻は広告文のカタカナ語をあげつらっての罵倒である。読者の多くは官庁の役人でも広告の文案家でもないのだから、ここで怒ってもはじまらない（だいいち「コンテイニング・ジャパン」「ジャパン・フォービア」といった語がそんなに頻繁に使用されるだろうか）と思うのだが、文章読本の外来語フォービアはクレイジーといってもいいほどで、ハイ・テンションのカタカナ語バッシングは、どこまでもホットにヒートアップするのである。

【その2】紋切り型を使うな

文例❶　紋切り型の持つ一つの特徴は「逃げ」である。適当な言葉が見つからないので、だれかが使った有り合わせの言葉を持ってきて、あっさり逃げる。これでは読む人に感銘を与えることができない。次にはどうしても突っ込み不足になることである。報道の文章というものは自分が見たまま、感じたままを自分の言葉で表現し、真実へ肉迫するものでなければいけない。

大隈秀夫『新訂　文章の実習』

文例❷

紋切型を平気で使う神経になってしまうと、そのことによる事実の誤りにも気付かなくなる。たとえば「……とAさんは唇を噛んだ」と書くとき、Aさんは本当にクチビルを歯でギュッとやっていただろうか。私の取材経験では、真にくやしさをこらえ、あるいは怒りに燃えている人の表情は、決してそんなものではない。（略）「吐きだすように言った」とか「顔をそむけた」「ガックリ肩を落とした」なども、この意味で事実として怪しいきまり文句だろう。

本多勝一『日本語の作文技術』

新語や外来語と並んでもうひとつ、厳しく戒められるのが、手垢のついた常套句、紋切り型の表現である。新語はだめ。旧来的ないいまわしもだめでは「どうすりゃいいのよ」ってなものだけれども、この禁忌事項がおもしろいのは、彼らが例として引いてくる紋切り型の表現そのものである。たとえば文例❷。「唇を噛んだ」「顔をそむけた」を否定するとなると、じゃあこの文章に出てくる「怒りに燃えた」は〈きまり文句〉ではないのだろうか？

文例❸　気のきいた言葉はいつか腐ります。たとえば有名な人が闘病の末に亡くなると、すぐ「壮烈な戦死だった」という表現がでてきます。この言葉はすでに型にはまった表現です。あえて使うとかえって軽々しく聞こえます。「ヤングに大もて」や「うれしい悲鳴」なども、はじめはいきのいい魚だったのでしょうが、次第に腐りはじめて、くさい表現になっています。

辰濃和男『文章の書き方』

文例❹　「薄衣をまとって」「心はやらせ、いそいそと」「一瞬息をのみ、声が出ない。そこは極楽浄土だ」こんな言葉を、紋切り型のきまり文句、あるいは手アカによごれた言葉という。なんとかして形容したいと思い、だれもが使う言葉を考えつく。それが一番ぴったりした形容詞だと思ってしまう。／「空前の巨費を投入した一大スペクタクル」／「少年と少女の純愛巨篇」／などという映画の広告をみただけで、だれしも、うさんくささを感じるだろう。「薄衣をまとって」も「極楽浄土」も、うさんくささを感じさせる点では、同じことだ。

馬場博治『読ませる文章の書き方』

紋切り型というからには、だれもがうっかり使ってしまうありふれた表現だろうと推測するが、〈ヤングに大もて〉なんて、いわれなくてももうだれも使わないだろう。〈薄衣をまとって〉〈心はやらせ、いそいそと〉〈一瞬息をのみ、声が出ない。そこは極楽浄土だ〉にいたっては、どこをどう押したらこんな文章が出てくるのかじたいが謎だ。

現代の文章読本、とりわけ新聞記者の紋切り型嫌いには、新聞記事こそ紋切り型の宝庫だと罵られてきた暗く切ない過去が影響しているように思われる。「短文を書け」「新奇な語を使うな」「紋切り型を使うな」はすべて清水幾太郎『論文の書き方』で提出されていた教訓である。清水は新聞の文章を当面の敵と見さだめ、新語を使いすぎるのも、紋切り型に頼るのも新聞の悪い癖だと一刀両断に切り捨てたのだった。「紋切り型を使うな」がすでに文章読本の紋切り型になっているあたりが、皮肉といえば皮肉である。以下も同様。すでに常套化している禁忌の数々である。

【その3】軽薄な表現はするな

文例❶　わたしがいう不必要な語とは、修飾語、接続詞及び指示代名詞の三つである。全体がくどくなっていたり、間延びしていたりする文章の多くは、これら三つの品詞の濫用に起因しているのがわかった。接続詞をアクセサリーみたいに用いる人をしばしば見かける。最も多く目につくのが「そして」と「しかし」である。　大隈秀夫『短くてうまい文章の書き方』

文例❷　一般に、文章では擬声語・擬態語は使わないほうがよい。使うとどうしても実体の描写が甘くなるのを避けられないからである。使ってしまうと表現が類型化して軽くなるのと、筆者が擬声語・擬態語に頼って即物的描写をする努力を怠るからである。

植垣節也『文章表現の技術』

文例❸　体言止め（より広くは「中止形」）の文章はたいへん軽佻浮薄な印象を与える。軽佻浮薄でも下品でも、それが趣味だということになれば、もはやこれ以上論ずべき問題ではないだろう。ただ、読者を最後まで引っぱってゆく魅力に甚だしく欠ける結果、途中で投げ出して読まれなくなる可能性が高い。

本多勝一『日本語の作文技術』

文例❹　最近では、疑問符（？）や感嘆符（！）を使う例も増えてきた。「行く？」などはたしかにこの記号を使わないと疑問であること自体がわからないが、どうしても必要な場合というのはあまり多くない。だいたい、感動を感嘆符なんかで表そうなどと安易に考えるようではどうせろくな文章にならない。

中村明『名文作法』

❶は修飾語や接続詞や指示代名詞を、❷は「わんわん」「にゃんにゃん」といったオノマトペを、❸は体言止めを、❹は記号類を抑制せよと説く。ばらばらな禁じ手のように見えるが、これらはすべて同じ思想から出発している。第一に文章が軽薄になる。第

二に文章が冗漫になる。文章読本の禁忌は、なべて「品位」と「簡潔明瞭」に関係しているといってもいい。

　こうしてみると、文章読本とはなんと堅っ苦しい世界なのだろう。「新語を使うな」といわず、せめて「新語はちょっとだけ使うと効果的です。でも、ちょっとだけにしておかないとダサくなるよ」とでもいえば納得するのに。あるいは「紋切り型を使うな」ではなく「紋切り型の表現も紋切り型でない場面で使えば効果的です。この方法を異化といいます」とでもいってくれたら、やる気が出るのに。こう禁止禁止じゃ、ただでさえ苦痛なのに、ますます書くのが楽しくなくなるよ。

　もっとも堅苦しいと感じるのは、しょせん私が文章を軽くいいかげんに考えているからだろう。書くのを楽しむなんてとんでもない。文章とは辛く苦しい修業を経てはじめて身につくものである、との厳しい文章観が文章読本の底には流れているのだ。で、修業法である。

文章読本が推す三大修業法

【その1】名文を読め

文例❶　しかし文章上達の秘訣はただ一つしかない。あるいは、そのただ一つが要諦であつて、他はことごとく枝葉末節にすぎない。当然わたしはまづ肝心の一事について論じようとする。／とものものしく構へたあとで、秘訣とは何のことはない名文を読むことだと言へば、人は拍子抜けして、馬鹿にするなとつぶやくかもしれない。そんな迂遠な話では困ると嘆く向きもあらう。だがわたしは大まじめだし、迂遠であらうとなからうと、とにかくこれしか道はないのである。観念するしかない。作文の極意はただ名文に接し名文に親しむこと、それに尽きる。　丸谷才一『文章読本』

文例❷

丸谷氏の『文章読本』は、専門家の間でも一般読書人の間でも評判が高く、私自身も非常によい本と思ふ。中で最も有名で、この本に触れる人が必ずと言つていいほど紹介するのが、第二章「名文を読め」と第三章「ちよつと気取つて書け」の二つである。実は私は、文章の極意はこの二つに尽きると思つてゐる。（略）／一見して特別変つた主張のやうにも見えない。「名文を読め」といふのは昔から言はれて来たことである。ところがこれを真正面に押し立てて、歯切れもよく「これ以外にないのだ」と言ひ切つたのは恐らく氏が初めてだらう。初めてだから皆が驚いたのではなく、本当はそれだと思ひながら何となく口にしかねてゐたことを、氏が喝破してくれたことに喝采したのだつた。　萩野貞樹『名文と悪文』

文例❸　ぼくはいわゆる「名文」を読むより、自分の気にいった文章をみつけ、それを繰り返すことのほうが大切だと考えている。本当に気に入った文なら、繰り返して読まなくても、一度読めば記憶に残るものだ。忘れられない文を、自分のなかにいくつストックできるか、名文を読む前に、そちらに重点を置くほうがいいと思う。
布施英利『電脳版　文章読本』

文章読本界きっての教えである。丸谷読本などは「名文を読め」だけのために一章全部を費やしているほどである。文例❷は、それを大袈裟に褒めそやした例。人のフンドシで相撲をとりたいとき、だれかの太鼓持ちをしたいときには、ぜひ参考にしたい文章である。

名文を読め。もっともな教訓のように思えるけれど、この教えの唯一の問題点は、「名文とは何か」を定義できる人がだれもいないことである。どんな文章読本も「これぞ名文」と著者が信じる文章を個別に示し、「この文章のここが名文だ」という個別の解説がつくのみである。

そこで文例❸のような反論が出てくるわけだが、威勢よく反旗をひるがえした布施もまた、この直後に〈たとえばぼくは、こんな文章が好きだ〉と朗らかに述べて、文章の具体例と鑑賞法を並べるだけ。「名文」と呼ぼうが「好きな文章」といおうが、つまり大差はないのである。丸谷才一『文章読本』も「名文」を次のように定義している。〈名文であるか否かは何によつて分れるのか。有名なのが名文か。さうではない。君が読んで感心すればそれが名文である。たとへどのやうに世評が高く、文学史で褒められてゐようと、教科書に載つてゐようと、君が詰らぬと思つたものは駄文にすぎない〉。ほら、おんなじだ。

名文問題は、じつは文章読本とは何かを考える上での根幹にかかわっている。が、その話は次章でゆっくりやることにして、これに関連する修業法を先にあげておこう。

【その2】好きな文章を書き写せ

文例❶　わたしは、若いころから「この表現は巧みだ」と思ったものを一冊のノートに書き写す習慣をつけてきた。本を読みながら赤鉛筆でサイド・ラインを引くくらいはたいていの人がやっていると思うが、サイド・ラインを引っぱっただけではやがて印象が薄くなって忘れてしまうものである。文章は文字で書き表さなければ自分のものにはならない。　大隈秀夫『新訂　文章の実習』

文例❷　文章に上達しようと思ったら、まず他人の文章を模倣することです。そのもっとも効果的な方法は何かといえば、／「書きうつすこと」ということになるでしょうか。／これはいつの時代にも、また洋の東西を問わずに広く実行されているものです。

葉山修平『新しい文章作法』

文例❸　良い文章を暗記する。暗記するために書き写すという練習は、パソコンやワープロ時代には忘れ去られてしまっているけれども、文章を勉強するためには、大いに役立つ方法だろう。／（略）／師と仰ぐ人の文章を暗記できるまで読んだり写したりすることは、遠回りのようで、実は文章上達の近道と言ってよい。

板坂元『極めつきの文章読本』

好きな文章家の真似をしろ。好きな文章を書き写せ。「名文を読め」の延長線上に出てくる教訓である。なかには〈外国の作家の作品を模倣しても意味がありません。翻訳されて一応は日本語の文章になってはいますが、それはあくまでも翻訳家の文章であって、原作者の文章ではないからです〉（葉山修平『新しい文章作法』）なんていう教え（これは翻訳家を愚弄する発言ではないだろうか）まである。写本の効用とは次のようなものである。

文例❹　書き写すときに大切なのは、コピー機でコピーするのではなく、ワープロでもなく、自分の手で書くことだ。鉛筆やペンでノートあるいは原稿用紙に一字一句丁寧に書き写し、自分の手先の筋肉に文章の味を覚えさせていく。

森脇逸男『書く技術』

文例❺ 名文に限らず、文章を書き写してみると、思わぬ発見もある。「みる」と書くとの相違は、意外に大きい。選ばれたことばが、こころの陰影を映しているかどうかである。すぐれた思索が、貧しい文章になるはずがない。

尾川正二『文章のかたちとこころ』

文例❻ そんなことをくり返しているうちに、自分で本が「発見」できるようになる。いい文章も発見できる。そうして手に入れた文章で、どうしても残しておきたいものは、ノートに取っておく。／書き写しながら「とても私には、こんな文章は書けない」と感心し、驚く。この驚きが大切なのだ。

馬場博治『読ませる文章の書き方』

文章の上達をめざす人々は、なるほど殊勝なものである。複写機がなかった時代には、文章修業というよりも必要に迫られて、借りた本の文章を書き写さなければならない場面は少なくなかったはずである。それを徒労と思わせぬために「写本も文章修業のうち」という説が生まれたのではないかと勝手に推測していたのだが、それはまちがいだったらしい。コピー機全盛時代になっても、写本の教えはまだまだ健在なのだった。

【その3】毎日書け

文例❶ 文章を書く能力も、一日休めば一日分、二日休めば二日分低下する。机に向かう気が起こらず、ボールペンが紙の上を滑らない。しかし、せっかくの文章能力を退化させることはない。対策は「毎日」文章を書くことだ。

森脇逸男『書く技術』

修業法のラストワンは、習うより慣れろである。たくさん書け、毎日書け。文章修業の基本として、中国は宋の時代の名文家、欧陽修が説いたと伝えられる「三多」(多く読み、多く書き、多く考えよ)をあげる本も少なくない。とはいえ人間、用もないのに毎日修業のためだけに文章を書くほど暇ではない。そこで登場するのが一石二鳥のこんな工夫だ。

文例❷ 文章を書くために、一つの用意をすすめたい。/いちばんよいのは日記をつけることである。明治の作家樋口一葉は、厖大な量の日記を書き残した。彼女は文章を書く練習のつもりで書きはじめたのであったが、後期のものには著しい文章上達の跡が認められる。もちろん一葉の天稟《てんぴん》の才能にもよるのであるが、書く習慣をつけることが、文章練達の近道である。

塩田良平『文章の作り方』

文例❸ 日記は文章の上達のためには、最も効果的であり、実行も極めて容易です。／1 他人を意識しなくてよい（略）／2 何を書いてもよい（略）／3 どんな表現でもよい（略）／4 毎日の生活の記録だから材料は豊富である（略）／考えてみると、日記は文章を練習するために存在しているようなものです。

葉山修平『新しい文章作法』

文例❹ 新聞社の試験を受けたいという若い人に会うと、私はこういいます。「日記をつけなさい。踊りの修業をする人は、稽古を一日怠るだけで後戻りをするといいます。書く訓練も同じです。なんでもいいからその日のことを書く、という訓練を己に課しなさい。たのしんで書けるようになればしめたものです」

辰濃和男『文章の書き方』

文章の上達をめざす人々は、さすがに殊勝なものである。もちろんなかには〈日記を書くのは文章上達にいい練習になるが、ひとつ欠けているのは、見てくれる人のいないことだ〉（外山滋比古『文章を書くこころ』）と、日記の効用を疑問視する人もいる。が、それも修業にならぬといっているだけで、修業そのものを否定しているわけではない。

心得・禁忌・修業法を以上紹介してきたが、ここでひとつ、重大な疑問が浮かび上がってくる。文章読本がいう「文章」とは、いったい何を指すのかだ。

新聞社や雑誌編集部のデスクが新人記者を指導するなら、五大心得や三大禁忌のような教えも有効であろう。新語は禁じ手、紋切り型も御法度、ひたすら短くわかりやすく書く。じつに正しい。そして、正しいだけである。正しさを貫いた結果は、朝の郵便受けの中にある。彼らのいいつけを守っていたら、文章はなべて新聞レベルの正しく退屈なものになる。

まあ、いたしかたない面もあろう。ジャーナリストが口を酸っぱくする文章作法は、新聞社という組織が代々受け継いできた「お家の芸」なのだ。万一個人の文章観が会社のそれと相容れなければ、彼は会社を辞めて独立するしかない（で、じっさいにも会社を辞めて筆で一本立ちする人があとを絶たない）。個人名こそ記されていても、ジャーナリストの文章読本は、「企業の論理」をベースにした文章読本。個性を剝奪することが、むしろ彼らの目的なのである。

とはいえ多くの文章読本は、新聞記事の書き方をレクチャーしているわけではない。「一般的な文章」の書き方だと彼らはいう。「一般的な文章」ってなんなのさ。少なくとも彼らにとって、日記は「文章」ではないようだ。それは文章修業のツール、または練習台と位置づけられている。日記はホンチャンの「文章」とは認められていないのである。手紙はどうだろう。文章読本の中には手紙の書き方に言及している本も少なからずあるものの、手紙もけっして文章読本の主役ではない。起承転結だの名文を読めだの毎日書けだのは、手紙にはひとまず不必要な教訓である。となると、文章読本がいう「文章」って、いったい何？

階層を生む装置
——文章読本の形式

名文鑑賞＝引用のマジック

文章読本がいう「文章」とは何を指すのか。それを考えるためには、先に片づけておかなくてはいけない問題がある。文章読本の習慣のひとつ、名文信仰と駄文差別だ。

文章読本は「名文を読め」と教える。しかし、前にもいったように、「名文」がどんな文章を指すかはだれにも説明できない。谷崎潤一郎『文章読本』は志賀直哉の『城の崎にて』を「名文」の見本として巻頭にすえた。三島由紀夫『文章読本』は秘蔵アルバムを客に開陳するかのように古今東西の「名文」を見せびらかした。丸谷才一『文章読本』は、古文、擬古文、漢文の「名文」を大量投入して読者をこけおどした。彼らがあげる「名文」の間に共通点はいっさいない。「名文」は個別具体的に提示はできても、定義はできないのである。

しかし、解答は意外なところにころがっている。パズルを解く鍵は文章読本の形式だ。多くの文章読本は「本文＋引用文」で成り立っている。あまりにも見なれすぎて、私たちはこうした形式そのものに、注意を払わなくなっている。しかし、こんなにも多種多様な文章が、こんなにも脈絡なく引用される書物が、文章読本以外にあるだろうか。

引用文には著者の主張を補強する「論説用」と、文章のサンプルである「教材用」の二パターンがある。重要なのはもちろん教材用の引用文だ。どんな文章を引いてくるかは著者の最大の腕の見せどころ、個性の発揮しどころである。それだけに引用文は両刃の剣。読者の目を惑わす（書き手の側からいえば取り扱いに慎重を要する）要注意物件なのである。極端な話、主張はたいしたことなくても、立派な引用文が並んでいれば、本そのものまで立派に見える（こういうのを昔の人は「虎の威を借る狐」といった）。反対に、妙な引用文のせいで本の主張まであやしく見える場合もある（昔の人は「庇《ひさし》を貸して母屋を取られる」といった……ちょいちがうか）。

御三家・新御三家の中ではもっとも「民主的」だったはずの本多勝一『日本語の作文技術』も、引用の側面からみると、まったく別の顔があらわれる。

本多読本は、引用文を鑑賞用のみならず技術論（修飾語の順序や句読点の打ち方など）の教材として用いている点に特徴がある。例文の多くは、批評や添削、改造のための素材といったほうがいい。人の文章を勝手にいじるのは失礼だとの認識があるためか、出典は自著と無署名記事（とりわけ身内である朝日新聞の記事）が大半をしめる。ところが、注意深く読むと、本多読本の引用文には、明確なランクづけがあるのだ。

新聞記事より上位に位置するのは文学作品である。〈私が学生のころ自分の文体に影響を受けた〉作品として井伏鱒二や梅棹忠夫が出てくるあたりはまだしも、終盤、「リズムと文体」の章にいたって、ジャーナリスト本多勝一の意外な「文学青年ぶり」が炸裂する。「木曾路はすべて山の中である」という島崎藤村『夜明け前』の有名な書き出しを皮切りに、だれも文句のいえない「名作文学」の書き出しが、そこには列挙されるのである。

森鷗外『山椒大夫』、有島武郎『カインの末裔』、夏目漱石『こころ』、志賀直哉『城の崎にて』、二葉亭四迷『浮雲』、三遊亭円朝『怪談牡丹燈籠』、野上彌生子『海神丸』、宮本百合子『貧しき人々の群』、井上靖『楼蘭』、石川淳『天馬賦』、川端康成『伊豆の踊子』、尾崎紅葉『金色夜叉』、伊藤整『火の鳥』、永井荷風『おかめ笹』、小林多喜二『党生活者』、徳田秋声『春光』、泉鏡花『義血俠血』、谷崎潤一郎『細雪』、松本清張『かげろう絵図』、海音寺潮五郎『天と地と』、坪内逍遙『小説神髄』、幸田露伴『いさなとり』。総計じつに二十三篇。

〈さすがにリズムはみんな超一級〉〈ほとんどの読点が論理的原則をはずれていない〉

とおっしゃるが（そりゃそうでしょうよ）、〈対象とする文章はあくまでも実用的なもの〉〈文学的なものは扱わない〉という宣言はどこへいってしまったのだろうか。

いっぽう本多読本のなかで、激しい攻撃にさらされるのは、新聞雑誌の投稿、すなわち素人さんが書いた文章である。悪文駄文の見本帳ともいうべき「無神経な文章」の章には、長短さまざまな朝日新聞の無署名記事と並んで、朝日新聞「声」欄、同「ひととき」欄、雑誌「山と渓谷」の読者欄などに載った文章が「だめな文章の見本」として登場する。たとえばこんなやつである。

只野小葉さん。当年五五歳になる家の前のおばさんである。このおばさん、ただのおばさんではない。ひとたびキャラバンシューズをはき、リュックを背負い、頭に登山帽をのせると、どうしてどうしてそんじょそこらの若者は足もとにも及ばない。このいでたちで日光周辺の山はことごとく踏破、尾瀬、白根、奥日光まで征服したというから驚く。

一女性が「声」欄に投稿してきた右の一文を俎上にのせ、〈紋切型の表現で充満している〉という理由で、本多は罵倒の限りを尽くす。〈一言でいうと、これはヘドの出そうな文章の一例〉〈筆者はおそらく、たいへんな名文を書いたと思っているのではなかろうか〉〈手垢のついた、いやみったらしい表現〉〈最初から最後までうんざりさせられる〉。

素人文章の密集地帯である投書欄は「無神経な文章」の格好の採集地ではあろう。あろうけれども、〈只野小葉さん。当年五五歳になる家の前のおばさんである〉と書いたくらいで〈ヘドの出そうな文章〉とまで罵られるいわれがあるだろうか？〈ヘドの出そうな文章〉というなら、本多が名文と持ち上げる〈枯れ葉のにおう山の遍路道を歩いてみたい、潮風に流れるはぐれトンビを追って海辺の道を歩いてみたい、そんな思いにかられた時から現代のお遍路は始まるのだろう〉（辰濃和男「新風土記・高知県」朝日新聞）のほうが、よっぽど〈ヘドの出そうな文章〉かもしれない。〈ヘド〉が出そうかどうかは、たぶんに個人の好みと感受性による。

結論的にいおう。主張において「民主的」な本多読本は、引用の面から見るときわめて反民主的、権威主義的なのである。本多読本が引用する文章を扱いの面からよく見ると、細かいヒエラルキーが設けられていることがわかる。上から順に、

文学作品――新聞記事（署名原稿）――新聞記事（無署名原稿）――素人作文（投稿）

である。これは世間が広く認知する「文章のピラミッド」ともいえそうだ。

じっさい本多読本は、上には卑屈、下には横柄である。同じ悪文の事例でも、書いたのが大江健三郎だと〈この文章について軽々に良い悪いを論ずる自信は私にはない〉が〈「わかりにくい文章」であることには違いない〉と、もってまわった丁重なクレームになるのだし、同じ新聞記事でも、先輩格の記者による署名記事はもっぱら「名文」扱いとなる。

本多読本は、巻頭のエピグラフに田中克彦『ことばと国家』の一節を掲げている。〈民族の言語を、それとは知らずに執拗に維持し滅亡からまもっているのは、学問のあるさかしらな文筆の人ではなくて、無学な女と子供なのであった〉云々と。しかし、そうした「民主化」への意志とは裏腹に、この本の引用は〈無学な女と子供〉の文章をおとしめ、〈さかしらな文筆の人〉の文章をことさらに称揚した構図になっているのだ。結果、「文学作品―新聞記事―素人作文」という文章界のヒエラルキーは、無傷のまま温存される。

引用文なんてどうせ恣意的なものなのだ。もしも田中克彦のことば通りの本をめざすなら、本多勝一は駄文の山の投書欄から草の根わけても「名文」を探しだし、名文が目白押しだろう高名な文章家の著書からねじり鉢巻きで〈ヘドの出そうな文章〉を発掘してくるべきだったのだ。たとえそれが、日常の読書感覚とは食いちがうことになったとしてもね。

文章読本における引用。それは無秩序に存在している無数の文章の山から、著者の価値判断にもとづいてしかるべき物件を取捨選別し、「よい見本」「悪い見本」というレッテルを張り、文章の序列化・差別化に手を貸す作業にほかならない。引用文は文章読本の権力装置。階級闘争の武器にもなれば、階級維持の道具としても機能するのである。

悪文矯正＝添削という制度

別の角度から、名文信仰と駄文差別について考えてみよう。

「名文鑑賞」と並んで文章読本によくあるもうひとつのスタイルは「悪文矯正」である。名文鑑賞の裏返し。駄文・悪文を俎上に載せ、どこが悪いかを指摘していく方法である。

この方面でもっとも有名、かつユニークなのは岩淵悦太郎編『悪文』であろう。岩淵悦太郎は、岩波国語辞典の編者としても知られる大物国語学者である。現在出ているのは、彼の弟子筋にあたる国立国語研究所員らが編んだ『第三版　悪文』である。この本の特徴は、ふつうの文章読本とは逆に、「よくない文章」の見本をあげ、〈どのような点に注意すれば、悪文といわれる範囲から抜け出せるかを、指摘しようと考えた〉点である。

悪文とは〈わかりにくい文章〉〈誤解される表現〉〈堅すぎる文章〉〈混乱した文章〉であると、まず指摘。引用文はじつに多岐にわたっている。新聞雑誌の記事、警察署の広報、放送原稿、本や映画の広告文、百貨店のPR誌、PTAの文集、小学生の作文、業界紙の投稿随筆……。そして彼らが悪文のチャンピオンにあげる裁判所の判決文。

本多読本の上をいく執拗な悪文探しだが、この本の目的は悪文の罵倒ではなく改善だから、本文はていねいである。同書があげる「悪文」のお手本とは、たとえばこんなやつである。

本剤一グラム中には約二億七千万の活性乳酸菌を含み、腸内でさかんに繁殖して各種の病原菌に拮抗し、殺菌力を発現します。また、この乳酸菌は多量の乳酸を産生して、腸内の腐敗発酵を防ぐばかりか、さらにビタミンB_2をも豊富に産生して栄養の助長に奏効します。

この文章の出典は薬の効能書きである。〈栄養の助長に奏効します〉は〈栄養の助けになります〉でよい。〈拮抗する〉〈発現する〉〈産生する〉ももっと平易ないい方があるだろう、と著者は述べる。そういわれれば、たしかにその通りである。だが、この本は著者の思惑とはちがった種類の感慨を抱かせる。「正しいこと」と「おもしろいこと」

は両立しにくい。ハハハ、そうなのだ。「悪文」というものは、存外おもしろいのである。

『第三版　悪文』のなかから悪文矯正＝添削の例を、もうひとつひろってみよう。出典は小学校のＰＴＡの文集。文例❶は添削前、文例❷は添削後の文章である。

文例❶　月日は流れる水の如くとか！　何も解らぬままに一年間の校外補導を引き受けましたが、早やそれも終止符を打とうとしています。一体、今日まで行って来た校外補導は何か、と考えさせられるべき事は非常に多かった。これはあくまでも学校を中心とし、児童を中心とした外部的支援ではなかろうか。

文例❷　何もわからぬままに、一年間の校外補導を引き受けましたが、早いもので、もう、その一年も終ろうとしています。どうにかこうにか今日までやってきたことを通して、あらためて、校外補導の任務は何かと考えてみますと、それは、学校が児童を教育する事業を、家庭や地域が外部から支援することだろうと思われます。

たしかに「ですます」体と「だである」体が混在し、気張った言い回しがめだつ前者にくらべれば、後者のほうがすっきりしている。が、添削後の文章はどこか物足りない。

文章を削ることで、書き手の性格までいい人になってしまったように見えるのだ。

悪文矯正をさらに実践的にすると、生徒が書いた文章を添削し、評価を加えて完成度を上げていく「教室方式」の文章読本が生まれる。これをやるにはサンプルとしての作文が大量に必要だから、実際の文章教室や文章講座をもとに構成された本が多い。鶴見俊輔『文章心得帖』、桑原武夫『文章作法』、多田道太郎『文章術』は、いずれも現代風俗研究会の文章教室から生まれた添削式の文章読本である。大学での講義をもとに生まれた加藤典洋『言語表現法講義』は、教室式の文章読本として、近年、とくに話題になった。〈皆さんは、僕が明治の文章観とか、言文一致、などの話をすると眠る。しかし、自分の文章を読み、人から感想を寄せられたりすると、もうドキドキしている。そうか、そうか。じゃあ、ドキドキしてもらおう〉と考えた著者が、本番の授業さながらに、学生が書いた課題作文を紹介し、評価を下し、講評する。

教室系の文章読本は、生身の生徒と向き合っているせいか、素人文章にたいする態度は概してソフトだ。〈ヘドの出そうな文章〉なんて暴言はもちろん吐かないし、アマチュアだからといって見下すようなこともいわない。文章だって気軽なおしゃべり調である。

文例❸　皆さんから提出していただいた文章の批評に移ります。テーマは「江川問題」もしくは「ピンクレディ」でした。／はじめに全般的な印象から申し上げます。／もう少しコンパクトな文章、中身の詰まった文章を書くように練習してください。密度を濃くということです。　桑原武夫『文章作法』

文例❹　皆さんの書いた作文から、とくに注意したほうがよいと思われる癖を拾い出してみます。／Uさんの「京都」という作文の書き出しに、こういう文章があります。／（略）／わずか六十字の文章の中に、「こと」が三度使われている。Uさんは「こと」ということばの響きが好きなのでしょう。しかしそうとは自覚しないで書いているので、効いていない。自覚して「こと」を生かす文章を書けば、個性のある文章が出てくると思います。　多田道太郎『文章術』

文例❺　この文章、書き手としてもあまり面白くなかったんじゃないかな。何か書きながら手が疲れたんじゃないかという気がします。この原稿を書く前に、きっと、旅のこと、メキシコのこと書こうと思って、書いて、終わっている。書く前には考えてなかったことで、書いているうち興が乗って新たに書いた、というようなところはないんじゃないか。　加藤典洋『言語表現法講義』

新聞社のデスクが部下を怒鳴りつけるような調子で書かれたジャーナリストの文章読

本とは雲泥の差。こんなお教室に通ったら、ほんとに文章が上手になるかもしれない。という幻想は抱かせるのだが、なおかつ大きな疑問が残る。なぜ添削の対象はいつも「素人さんが書いた文章」、さもなければ「無署名の文章」なのだろうか。それと細かい話だけれど、教室型の文章読本に引用される生徒たちの作文は、せいぜいイニシャルが表示されるだけで、書き手のフルネームが伏せられているケースが多い。こういう場合、生徒たちの著作権というか知的所有権のようなものはどうなるのだろう。

ともあれ、これで名文信仰と駄文差別の源が、かなりはっきりするはずだ。文章読本がいう「名文」とは、お手本として引用される「著名な文章家が書いた文章」のこと。そして、添削してやったほうがいい「駄文」「悪文」とは、「素人さんが書いた文章」のことである。文章読本に収録された「名文」「駄文」のはっきりした区別は、結局、それしかないのである。

印刷言語至上主義がもたらすもの

最初の問いにもどろう。文章読本がいう「文章」とは、それじゃ何を指すのかだ。敏感な人はお気づきであろう。文章読本がいう「文章」とは「活字になる文章」「印刷された文章」を指すのである。疑うむきには、こんな箇所を紹介しておこう。

文例❶　タイプライターで書く場合は別として、直筆で原稿を書くときに「原稿用紙」を使う第一の理由は、これが植字工にとってやりやすいからです。（略）ということは、原稿はなるべく植字工の便利になるような書き方をするのが、「書き方」の原則だということであります。　本多勝一『日本語の作文技術』

文例❷　文章を原稿用紙に書くのは、一つには自分および他人に読みやすくするためであり、次に、原稿を印刷所に回す場合は字数を正確に把握しなければならないからである。　森脇逸男『書く技術』

ワープロが普及するまで使用されていた紙＝原稿用紙とは、文章全体のボリュームを計量するための発明品だと思っていた人もいたのではないだろうか。だが、原稿用紙とは、もとはといえば印刷屋さんの便宜のために発明された用紙だったのだ。

印刷される文章とは、つまり「不特定多数の読者」を想定した「ハレの文章＝劇場型の文章」である。印刷媒体には、内輪の冊子や資料から、ハードカバーの書物や何百万人の読者を相手にした大新聞まで、さまざまな規模があるにはちがいない（現在ではインターネットのウェブ上の文章なども「劇場型の文章」にふくまれるかもしれない）。いずれにしても文章読本は、衆人環視にさらされる「印刷言語（とそれに準じる文章）」

しか相手にしていないのである。すなわち、文章読本界では次のような上下の関係が共有されていることになろう。

劇場型の文章(印刷言語)——非劇場型の文章(非印刷言語)

当たり前じゃ、とあなたは反論するだろう。不特定多数の読者を相手にした文章だからこそ、われわれは悩むのだ。伝言メモや日記を書くのにいちいち悩む馬鹿はいない、と。そうかもしれない。しかし、考えてみると、これは奇妙な話ではなかろうか。「非劇場型の文章」は、では文章ではないのだろうか。手紙や伝言メモは「特定個人」の読者を想定した「対面型の文章」である。日記やノートや備忘録のようなものは、自分のために書く「密室型の文章」だ。

それら「非劇場型の文章」を度外視し、文章読本がおしなべて「劇場型の文章=印刷言語」を手本にしていること。これは文章読本が、ケよりもハレ、日常よりも非日常、一対一より一対多数のコミュニケーションを重視していることにほかならない。

高校の先生たちの編著書である『新作文宣言』は、こうした文章界のヒエラルキーを意識した、希有な文章読本といっていい。彼らは、学校の「作文」は文章のヒエラルキーの最下層に位置づけられる〈奴隷の文章〉であるといい、その差別的な構造をこう批判する。

既成の文章の世界では、小説からはじまり、随筆、評論、論文、紀行文、報告文……世の中のありとあらゆる文章がジャンル分けされ、空をつんざくようにピラミッド型の階層を作り上げている。より上級な文章に到達するには「作文」でみっちりと練習をし、一段一段階段を昇っていかなければならない。いろんな約束事やきまりを習得し、課題をこなし、ハードルを通過したものだけがより上級の文章を書く資格を手にするのである。

梅田卓夫ほか『新作文宣言』

彼らがいう「作文」は、「非劇場型の文章＝非印刷言語」に近似するものと考えてよかろう。

いつか舞台に立つ日のために日頃の練習を怠るな、それが文章読本の思想である。舞台に立ったからにはけっして粗相をせず、品位のある演技で観客をうならせろ、それが文章読本の教えである。文章読本がいう文章とは、日常的なコミュニケーションの手段というより、舞台の上で自分を誇示するための手段、そう、極論すれば「出世の道具」なのである。

文章読本の書き手は、ひとりの例外もなく印刷媒体で仕事をしている人たちだ、ということを忘れてはいけない。新聞、雑誌、書籍はもちろん、論文もまた、印刷されて大勢の研究者に読まれることを前提にした文章である。書くことを生業としている彼らが「文章」と聞いて、ただちに「印刷にまわす文章」を連想するのは、条件反射みたいなものかもしれない。

だが、あえていおう。なんて偏狭な条件反射！　あんたはパブロフの犬かいな。

書いたものが印刷される。それはたしかに責任重大、緊張感大、いいかえれば非常に「名誉」なことだろう。「劇場型の文章」とは言語エリートの文章のことである。世の中にはしかし、非言語エリートの印刷されない文章のほうが、ほんとうははるかに多いのだ。

文章読本における「添削」は、読者にたいして二つの機能をはたす。第一に、あからさまな駄文差別。文法的にまずい文章、文法的には正しくても前章であげた五大心得や三大禁忌にはずれるような「駄文」や「悪文」は、軽蔑し、愚弄し、嘲笑し、勝手にいじくり回してもいいのだという流儀を読者はそこから学ぶだろう。第二に、非印刷言語にたいする敬意の失調である。これは「悪い例」を必ず素人作文や、無署名の文章からひろってくる習慣に由来する。「添削」してやったほうがいい悪文や駄文など、印刷言語のなかにも無数に存在するのである。素人作文をネチネチといじくることはできても、高名な作家やジャーナリストの駄文を名指しで引用し、バッサリと「添削」してやるほどの度胸は、ほとんどの文章読本にない。

新聞や雑誌といった出版印刷業の世界では、一定の条件をクリアしていない文章は容赦なくハネられる。添削どころか、ゴーストライターによる代筆や、リライト（書き直し）も日常茶飯事である。それは新聞や雑誌の文章は「商品」だという前提があるからだ。そこで行われる添削は、ＱＣ（商品管理）の一環、形の悪い野菜を出荷前にハネる作業と大差はない。

しかし、ちょっと冷静になって考えてみよう。たかだかそんな「業界の掟」に、だれもが一律に従わなければならない理由がどこにあるだろう。たとえそれが未熟さの残る文章であったにせよ、いったん書かれた文章は、等しく尊重される権利がある。

といってる私自身、「業界の掟」の内部で仕事をしてきた者ではあり、添削やリライトは数え切れないほどやってきた。やってきたけど、やむをえず添削をしなければならないときには、ちょっと形容しがたい後味の悪さがある。権利があるということは、責任が生じるということでもある。たとえまずいところがあっても、推敲は本人に任せるのが筋なのだ。現に、名のある文筆家の書いた原稿は、どんなにまずくても編集者が勝手にいじることはない。彼ないし彼女は「たいへん結構なお原稿を頂戴いたしましたのですが、一箇所だけご相談がありまして……」という丁重ないいかたで、ささいな書き直しを著者に「お願い」するのである。

さて、そうとわかれば、いろいろと解けてくる謎は多い。文章読本は「修業」をすすめる。当然だろう。「文章」はプリントメディアに代表される「舞台」の上にしかない。となれば、スポーツ選手が試合に備えて練習をするように、音楽家や俳優がステージに備えて稽古に励むように、諸君もいつか来るかもしれない「舞台に立つ日」のために訓練を積まねばならない、という理屈になる。

そこで、おもしろい現象が起きる。いわば名文養成ギプス、練習問題をもりこんだドリル式の文章読本などが出てくるのである。はい、たとえばこれが練習問題だ。

文例❸ 次の文章の適当な箇所に句読点を付しなさい。／女で盲目で独身であれば贅沢と言っても限度があり美衣美食を恣にしてもたかが知れている。しかし春琴の家には主一人に奉公人が五六人も使われている月々の生活費も生やさしい額ではなかった何故そんなに金や人手がかかったかと言うとその第一の原因は小鳥道楽にあった就中彼女は鶯を愛した。

森岡健二監修『新版　文章構成法』

文例❹ 知人が「ロン毛・茶髪はサラリーマンにふさわしくない」と言った。これに対して、型どおりに賛成（「ふさわしくない」）と反対（「そうとも言えない」）の意見を示しなさい。　樋口裕一『ホンモノの文章力』

文例❺「思う」と「考える」という似た意味の言葉があります。「行くべきだと思う」「行くべきだと考える」のように使います。しかし場合によっては、どちらを使ってもいいというわけにはいきません。例えば、／今夜のごはんの献立を――／という場合には、「献立を考える」が普通で、「献立を思う」とはいいません。／これにならって、／a ――を思う（または、――に思う）／b ――を考える／と区別して使うのが普通なaとbとを、それぞれ三つずつ書いて下さい。　大野晋『日本語練習帳』

❸の引用文は谷崎潤一郎『春琴抄』のなかの一文であるが、出典はなく、解答も示されていない。❹はここだけ読んでも意味がくみとりにくい。「型どおりの賛成」などといわれると、では「型やぶりの賛成」と区別しなければならないのだな、と思ってしまうが、ここでいう「型どおり」とは、「問題提起―意見提示―展開―結論」という型に沿って書け、という意味である。❺は問題文自体がスッと頭に入ってこないという点でも、出色の問題文である。

鬼コーチの情熱の賜か、ドリル式文章読本には、ときにびっくり仰天な物件もまじっている。たとえば植垣節也『文章表現の技術』である。生まじめな書名に似合わない、ユニークな練習法。この本には各章に「近代俳優術」とやらにもとづいた「練習問題」がついている。「想像力を伸ばす」の章の練習問題はこんな感じだ。

文例❻ 手許にある国語辞典の或るページを任意に開き、そこにある単語の一つを読む。次にまた別のページの単語一つを読み、この二つを組み合わせて物語の題名を作る。たとえば「多感な号笛」「共存する花園」「気温と餅網」「前借りを賛する」など。意味の通らないこれらのことばに無理に意味を見出し、どんな物語が作れるだろうかと考えてみる。「多感な号笛」ならば、運動会で先生の吹く笛が、ある日ふと必要以上に強弱や高低のある音色で鳴るようになって、それもとくに先生の無意識な感情の流れを反映して鳴っていることに気づいた生徒があり……といった具合。

ええっと、これは本気なのだろうか。いったい何が悲しくて〈多感な号笛〉や〈共存する花園〉や〈気温と餅網〉の物語を私たちは捏造しなければならないのか。「近代俳優術」では、いつもこんなにケッタイな練習をやっているのか。この課題には、しかもまだ先があるのだ。

文例❼「女は××である」という文の欠字部分にいろいろな名詞をあてはめ、そのことばに合った解釈を考える。たとえば「女は鋼鉄である」(強いなあ、女は。おれはいつも叩きのめされているよなあ)。「女は湖水である」(冷ややかに水をたたえて、わたしの溺れるのを待っている)。「女は短編である」(一人一人が物語を持っていて、読めばこちらの胸に残る)。「女は舞踏である」(動いて行くほうへ、わたしの眼が移っていく)。「女は繃帯である」(おれの傷口を優しく包んでくれる)など。

〈「女は……」というのが気に入らない人は「男は……」で練習してもよい〉というけれど、そういう問題ではなかろう。品位がない文章とは、こういうのをいうのかもね。練習＝修業とは、げにおそろしきものなり、である。素朴な疑問を呈すると、こんな練習問題をプログラムに従って実践する人が、この世に本当にいるのだろうか。この手の練習問題を一生懸命つくっている著者は、読者にたいする想像力が欠落してやしないか。『日本語練習帳』がミリオンセラーになるのだから、練習好きな人も世の中にはいるのだろう。だがそれは、よっぽど暇か、よっぽどクソまじめな(融通が利かないとも いう)マゾヒストだけじゃないのか。宿題や受験や締め切りといった外圧がないと、人間、ふつうは文章など書かないし、書く必要もない。逆に、外圧がなくても書きたい人は、お仕着せの練習問題などでは満足できまい。

目的と手段がゴチャゴチャになっていくのが文章読本のおもしろいところである。気張れば気張るほど、文章読本はなにか妙な穴にはまっていくのである。

「達意の文」という不思議

妙な穴にはまっていく例を、もうひとつあげてみたい。文章読本は文章の技術を学ぶための本である。ところが「では、あなたは何のためにそんなご本を書いているのでしょう」と疑問を投げかけたくなる場面に、遭遇することがあるのだ。

文章読本には「どこかで見たぞ」な引用文がときどきある。印象的なひとつの例は、野口英世の母シカが、アメリカにいる息子・英世に宛てた手紙文である。再録しよう。


おまイの。しせにわ。みなたまけました。わたくしもよろこんでをりまする。なかたのかんのんさまに。さまに。ねんよこもりをいたしました。べん京なぼでもきりかない。いボしほわこまりをりますか。おまいか。きたならば。もしわけかてきましよ。はるになるト。みなほかいドに。いてしまいます。わたしも。こころぼそくありまする。ドかはやく。きてくだされ。かねを。もろたこトたれにも　きかせません。それをきかせるト。みなのれてしまいます。はやくきてくだされ。はやくきてくだされ。いしよのたのみて。ありまする。にしさむいてわ。おかみ。ひかしさむいてわおかみ。しております。きたさむいてわおかみおります。みなみたむいてはおかんておりまする。

貧しい家に生まれ育ったシカは学校にもろくろく通えず、文章の手ほどきをまったく受けていなかった。右の手紙を、現代の表記に沿って書き直せば、このようになるだろうか。

おまえの出世には、みなたまげました。わたくしも喜んでおりまする。中田の観音様にて夜籠りをいたしました。勉強なんぼでもきりがない。烏帽子（集落名）の方は困りおりますが、おまえが来たならば、申し訳ができましょう。春になると、みな北海道にいってしまいます。わたしも、こころぼそくありまする。どうか早く来てくだされ。金をもらったこと誰にも聞かせません。それを聞かせると、みな飲まれてしまいます。早く来てくだされ。早く来てくだされ。早く来てくだされ。早く来てくだされ。一生の頼みでありまする。西を向いては拝み、東を向いては拝みしております。北を向いては拝みおります。南を向いては拝んでおりまする。

野口シカの時代は旧かなづかいだったから、正しくは「……ましょう」ではなく「……ませう」と綴らなくてはならないわけだが、それはここでは重要な問題ではない。問題はこの手紙が「達意の文」として文章読本に引用されている、そのことじたいの意味である。

シカの手紙を全文引用し、最初にその感動を伝えたのは、井上ひさし『自家製　文章読本』であった。この手紙に感銘を受け、自著に採録しているのは、しかし井上ひさしひとりではない。

文例❶　原《ウル》民話の文間の余白を書き手は埋めてはならぬ。その文間の余白は「無形文化財」なのだから。（略）野口英世に宛てた母シカの、あの有名な手紙を引くことにしよう。シカの手紙の文間の余白は猪苗代湖ほども深く広い。感動はそこに由来する。　井上ひさし『自家製　文章読本』

文例❷　だれが教えたのか、文の終わりには丸をつけるものだと聞いて、文字と同じ大きさの丸が書いてあります。判読に苦しむほどの字で間違いや脱字もありますが、何と温かい手紙でしょう。母親の子供を思う心情がひしひしと響いてきます。／私もこんな気合いのこもった文章、こんな懸命な字が書けたらと思います。／他人の借り着や、型通りの文章では、あなたの顔など見えてくるわけがありません。

高橋玄洋『いい生き方、いい文章』

文例❸

よく、とても弁の立つ人がいていろいろとまくし立てる。その脇に、あまり言葉の自由でない人がいる。僕たちはつい、言葉かずの少ない人のほうに耳をすませます。(略)言葉は、文のところと、文じゃないところ――文間――で、僕たちに何かを伝える、ということになる。二つの力の源泉をもっていることになる。／でも、そのことは、それが、言葉の大きな可能性の源泉なんじゃないでしょうか。

加藤典洋『言語表現法講義』

井上ひさしは訥々《とつとつ》とした民話の語り口に、シカの文章を重ねる。またシカの手紙の原本では、本来は「。」になる部分が「○」になっているため、野口英世記念館に保存されている原本を目にした高橋玄洋は〈私はこの手紙に感動して、しばらくはその前を離れられませんでした〉と述べる。いっぽう、井上読本からこの手紙文を再収録した加藤典洋は、シカの手紙に似た文章の例をもうひとつあげる。教え子である韓国からの留学生が書いた授業の感想文である。

〈私はこの授業がとてもすきだし、興味があるけれども、／ためかも知らないと。思う。〉

やはり句読点や濁点が不完全な教え子の短い文章を引いて、ここには不完全だが心を動かす何かがある、と加藤は述べるのである。

井上・高橋・加藤の感動は、まことにごもっともである。せっぱつまった調子で書かれたシカの手紙を読んで感動しない人はいないだろう。添削してやろうと思う人もいないだろう。けれども、ここには重大な落とし穴がある。もしこれを「達意の文」というのなら、文章のためには、文章読本で上達をめざすどころか、学校教育も受けないほうがいいのである。

さらにもうひとつ「達意の文」にからんで目にとまった例がある。

文例❹　南極観測隊のなかに、新婚まもない隊員がいた。あるとき、その隊員のところに、日本にいる新妻から手紙が来た。その便箋の上には、たった三つの文字が、あいだをあけて、やや大きめに、書かれていた。／「あ　な　た」／たった三文字にすぎないけれども、この文章の裏には、新婚まもない妻の、無量の想いがこめられている。あなたにあいたい、あなたのそばにいたい、あなたが欲しい、あなたの声を聞きたい、そういう熱い想いが、三つの文字から、にじみでている。

安本美典『説得の文章術』

文例❺　南極観測船「ふじ」に乗り組んでいる夫にあてて、日本にいる若妻から打った年賀電報は、たった三字。／「ア　ナ　タ」／であった。ここにはいくら長々と話しても伝えられない熱い思いがこめられている。第三者が読んでも、胸をしめつけられるような気持になる。　外山滋比古『文章を書くこころ』

❹が手紙だといい、❺は電報だといっている食いちがいから見ても、このエピソードは出典が明らかではなく、都市伝説くさい気がしないでもないが、まあそれはよい。注目すべきは「あ　なた」だか「ア　ナ　タ」だかいう三文字が、長い文章よりもはるかに書き手の思いを伝えているとする安本美典や外山滋比古の判断である。はたしてこれは本当なのだろうか。もしも「アナタ」の三文字で用がすむなら、しちめんどくさい文章修業などはさっさと中断し、「カネオクレ」「チチキトク」式の電報文でもたくさん暗記したほうが役に立つのではないか？

いっぽうでは技術の必要性を口を酸っぱくしていうくせに、野口シカの手紙といい、南極観測隊員の妻の手紙といい、なぜ技術論を根底からくつがえすような文章が賞賛されるのだろうか。

文章のピラミッドからいえば、野口シカの手紙は最下層に位置する文章である。小学校程度の訓練も受けていない人の文章である点では「階層外」かもしれない。であればこそ、シカの手紙は賞賛されるのである。本多勝一なら「さかしらでないからいい」というかもしれない。〈只野小葉さん。当年五五歳になる家の前のおばさんである〉が×で、〈おまイの。しせにわ。みなたまけました〉なら○がつく。前者には中途半端なレトリック意識が働いているのにたいし、後者にはそうした邪念が働く余地すらないからだ。

誤解をおそれずにいおう。シカのつたない手紙をありがたがるのは、珍獣を愛でるのと同じ発想なのである。つまりは差別の裏返し。シカがこのことを知ったら、おそらく恥と感じるはずだ。彼女だって、もっとちゃんとした手紙を書きたかったんだと思うよ、本当は。

こうしてみると、文章読本とは、内容以上に形式に特徴のあるジャンルだといってもいいように思う。つけ加えれば、あともうひとつ、文章読本には目には見えない階層構造が隠れている。文章（書きことば）は、会話（話しことば）よりえらいという価値観である。これは文章の書き方本にくらべ、会話の仕方や人前での話し方を説いた本は非常に少ない、という事実が端的に証明していよう。「話すように書くな」という戒めも、「話すのはかんたんだが、書くのはむずかしい」という価値観が投影しているように思う。

もう一度、引用・添削・練習問題等から導かれる階層構造を整理しておこう。Ａはことばの階層、Ｂは文章（書きことば）内の階層、Ｃは不特定多数を相手にした劇場型の文章内の階層である。

(A)文章(書きことば)――会話(話しことば)
(B)劇場型の文章(印刷言語)――非劇場型の文章(非印刷言語)
(C)文学作品――新聞記事(署名記事)――新聞記事(無署名記事)――素人作文

持てる者と持たざる者の差は、文章界にも歴然と存在する。落語の「代書屋」ではないけれど、文字(あるいは漢字)が書けるというだけで、尊敬された時代もかつてはあった。全体に学歴が低かった時代には、教育程度が文章力にストレートに反映しただろう。敷衍すれば、文章力とは、長い間、経済力に規定されるものでもあったのだ。野口シカは息子がたまたま出世して、記念館まで建ったがために、手紙が人目にさらされ、文章読本に採録されるまでになった。けれども、こういう「達意の文」なら、歴史上無数に存在していたはずなのである。無数に存在し、表現や伝達の機能も立派に果たしていただろう。ただし、それらはこんりんざい印刷されることはなく、したがって不特定多数の読者の目にふれることもなかったために、「正規の文章」とは認められなかったのだ。

修業の現場
——文章読本の読者

従順な「修業者」の群れ

文章読本は、印刷言語、ことに「プロの文章」に範をおく。その対極というか下方には、めったに印刷されない「素人の作文」がある。かかる縦の序列を前提に、素人さんの文章をプロの文章に近いレベルまで引き上げましょう、がどうやら文章読本の基本方針らしい。

では、「文章修業」はどこでスゴロクの「あがり」を迎えるのだろう。なんの苦もなく、すいすい、らくらく文章を書けるようになったとき？　まさか。どんな文豪になっても、そんな日は永久にこない。印刷言語至上主義が告げる「あがり」とは、印刷に耐える「劇場型の文章」を書くこと、自分の文章が印刷されて大勢の目にふれること、さらに敷衍すればプロの文章家になること、ではないだろうか。文章界の階層を上へ上へと見上げれば、いやでもそうなる。

文章読本の読者とは、どんな人たちなのだろう。

典型的な例と思われる本を読んでみよう。まず一冊は、あごら松山編『素人の素人による素人のための文章講座』。そんなにまで「素人」を強調しなくてもいいような気がするが、「あごら松山」とはフェミニズム系の女性の投稿誌「あごら」の松山支部のこと。『素人の〜』は「文章を書くことで自分育てを！」のキャッチフレーズのもと五回にわたって開かれた文章セミナーの報告書である。五人の女性講師の講演録と、受講者十数名の感想文を集めたこの本は、手作り風のまことに心温まるものではあるのだが、温まりすぎて涙が出る。中堅の文筆家らしい講師陣の説く文章論は、みごとに既成の文章読本の受け売り、というか焼き直しなのである。

文例❶　書くことの原点である「自分が一番書きたいこと」を書き始め、しかもそれが行き詰まった場合には、名文（古典でも現代文でも）を繰り返し繰り返し読んでみるのがいいと思います。できるだけ多くの作品を読み、こういう言葉をこのように組み立てると、こういう感動が伝えられるのだなあ、ということを肌身で感じていくしかないと思うんですね。

文例❷　野澤光江「いかに生きる」

短い文章は長い文章の前提となるものでして、短文がきっちりと仕上がらなければ長い文章へ移行することは難しいと思います。（略）今から書こうと志しておられる方は、まずハガキで、便箋で、自分の意志を書く訓練をなされてみるのが、一番の文章上達法でしょう。また、毎日日記を付けてみる。（略）その行為が度重なってくる中に、自ら文章のコツが会得できるのではないでしょうか。

菊池佐紀「書くことの歓び」

名文を読め。日記を書け。なんてご立派なんざましょ。ていうか、なんて従順なんだろう。具体的な文章読本の書名をあげている人もいて（たとえば❶の野澤さんは丸谷才一『文章読本』に引用された「名文」をコピーして配布している）、文章読本のヘビーユーザーはこういうところにいたのかと納得することしきりだが、講師陣が従順なら受講者も輪をかけて従順である。

文例❸　いつものことながら、彼女から受けるパワーは、強烈なものがある。あの細身の小柄な体のどこに、そんな力が（行動力が）潜んでいるのか、不思議でさえある。／（略）／『文は人なり』私の、文章修行の第一歩が、今、踏み出された気がする。

武智紀美子「講師の人柄に打たれる」

文例❹　この文章教室をきっかけにして、私は、「書かない自分」から少し脱皮できたように思う。「書くことから逃げまい」「下手から出発していいのだ」と自分流に居直ると、書くことも苦痛ではなくなった。（略）意欲のある人々の場面を共有できた体験が、少し前向きに机に向かえるようになった私を支えている。

東山久子「編集後記」

文章教室、みごとに奏功してますね。布教、大成功である。

これぞ模範的な読者の例、と思われる人の著作をもう一冊、見てみたい。渡辺弘子『主婦の文章修業』である。著者は大学教授の夫と二人の子どもをもつ専業主婦。四〇歳にして「文章を書きたい」という欲求にめざめ、九年後に著書が出版されるまでの「修業」の日々を綴ったこの本は、私的ノンフィクション、いわば体験的文章読本である。

渡辺さんの「文章修業」は、カルチャースクールの「コラム作法」教室に通うことからはじまる。四年間、彼女は宿題に出された八百字のコラムを毎日書きつづけ、そのかいあってめきめきと腕をあげ、朝日新聞「声」欄、同「ひととき」欄の常連投稿者として、たびたび採用されるようになる。〈なかなかユニークではないか、と悦に入ってわが生涯初の印刷された文章を幾度となく読み返した〉。書いたものが活字になる喜びを知った彼女は、教室の仲間といっしょに随筆集も自費出版し、ほうぼうのエッセイ賞やノンフィクション賞にも積極的に応募しはじめる。いわば「賞荒らし」である。コラム教室と並行して、小説やシナリオの教室にも手を出すが、こっちは頓挫。ただし、ノンフィクション賞の最終選考まで残った作品が編集者の目にとまり、この原稿が、後には本になって出版される。自身の「修業」をふりかえって彼女は書く。

文例❺　文章とは、何よりも作法であり技術だ。これが私の文章によせる思いのアルファであり、オメガである。／文章をこのように考えることによって、私の世界は急に大きく広がった。他人《ひと》の文章作法を観察しながら、自分の文章を研いていこうというのだ。／私は、変化のない平和な家庭の主婦である。私をとりまく世界にドラマはまるでない。変哲のない日常を描いて、人さまの目にとまるような文章にするには、そのぶんだけしっかりした技術が必要となる。

八百字の短文を書く。毎日書く。成果を発表するために投稿する。まことに文章修業の優等生であり、結果が出せているという意味でも「修業者の鑑」というべきだろう。

渡辺さんのような文章マニア、教室マニア、投稿マニア、賞マニアは、全国津々浦々にまで分布しているにちがいない。文章読本のコアな読者層も、ここにあるのだろうと推測できる。

しかし、何かがちがう、という気がしてならない。何がちがうのだろうか。

ワタシ学ぶ人、ボク教える人

『素人の〜』『主婦の〜』ほか、多数の教室型の文章読本は、興味深い事実を教えてくれる。教室に通ったり投稿に励む文章マニアには、女性と老人が多いようなのである。これはまあ、容易に予想できる事態ではあろう。仕事に追われる日本の成人男性には、修業と称して短文を毎日書きつづけるような暇もなければ、余力もない。必然的に、文章教室に通ったり、投稿に命を賭ける文章マニアは、子育てが一段落した主婦のあたりに集中する。あとは現状に満足していない「自分探し系」の若い女性と、会社を定年退職した男性が少し。

文章修業者のコアな層は女性である——これはそんなに突飛な仮説でもない。谷崎潤一郎『文章読本』には女性読者を意識した箇所があるし、三島由紀夫『文章読本』にいたっては「婦人公論」の別冊付録が初出である。谷崎や三島が想定した読者像も、かなりのところ女性だったのだ。谷崎読本、三島読本は女性誌によくある「敬体＝ですます体」で書かれている。また二人とも「女の文章と男の文章のちがい」ってなことを、おりにふれてレクチャーしたがる。

文例❶　この読本の書き方などでも、やはり私は皆さんに対して或る程度の敬語を使っております。ついては、この際特に声を大きくして申し上げたいのは、せめて女子だけでもそう云う心がけで書いたらどうか、と云うことであります。男女平等と云うのは、女を男にしてしまう意味でない以上、また日本文には作者の性を区別する方法が備わっている以上、女の書く物には女らしい優しさが欲しいのでありまして、男の子が書くなら「父が云った」「母が云った」でも宜しいが、女の子が書くなら、「お父様がおっしゃいました」「お母様がおっしゃいました」とあった方が、尋常に聞えます。で、そうするのには、女子はなるべく講義体の文体を用いない方がよいのであります。

谷崎潤一郎『文章読本』

文例❷　私は当時を空想するのですが、当時の社会では論理と感情、理知と情念とは、はっきり男女に分れていました。そして女子は感情と情念を代表し、男性は論理と理知を代表していました。これは本来、両性の性的特質に深く基いたものでありますが、平安朝時代にはこの性的特質にしたがって使われる言葉もまたちがっていたのであります。

三島由紀夫『文章読本』

いやはや耳の痛いおことばである。っていうか、いまとなっては「だから何さ」とでも返すしかないけれど、こんなアドバイスも、かつては有効に機能したのだろう。

「書きたい女たち」は明治大正の昔から山のように存在した。婦人雑誌に読者投稿は欠かせないものだったし、女性専門の投稿誌も発行されていた。誌上作文コンクールもさかんで、たとえば谷崎読本が出た昭和九（一九三四）年には、翌年の『婦人公論』創立二十周年記念事業にあわせて、賞金千円の懸賞募集（小説・詩・短歌・俳句・写真・実用記事）がおこなわれている。カルチャースクールや「公募ガイド」に文章マニアの主婦やOLが群がる光景は、いまにはじまったことではなく、女学校教育が普及した二〇世紀のはじめから連綿とつづいてきたのである。

こういう風に読者が女性に偏っているいっぽうで、文章読本の書き手はといえば、こっちはこっちで極端に男性に偏っている。ジャンルを限定した指南書（たとえば中島梓『新版　小説道場』、久美沙織『久美沙織の新人賞の獲り方おしえます』など）はあっても、文種を特定しない文章読本を女性が執筆している例はきわめて少ない。

文章読本はサムライの帝国。もしこういってよければ、圧倒的な男社会だ。他業種にくらべると文筆業界は女性の占有率が高いように思うのだが、文章読本の書き手はなぜ男性偏重なのか。ジャーナリズムやアカデミズムで働く人の男女比を思えば、さもありなんではあるけれど、文例❶❷に見られる谷崎・三島の教えからも理由の一端がうかがえよう。女はつまり（論文も小説も指導できるような）トータルな文章家とはみなされていなかったのだ。

話しことばと同じで、書きことばも、かつてはジェンダー・バイアスかかりまくりの分野であった。谷崎読本の登場以前、明治大正期の作文作法書など、男の文章・女の文章と、わざわざ分けて記されていたほどである。いささか古い話だが、名文で鳴らした樋口一葉でさえ、執筆を依頼されたのは『通俗書簡文』（明治29年）という手紙の書き方本だったし、人気作家の吉屋信子が書いているのも『女性の文章の作り方』（昭和17年）である。「女の文章」しか書けぬ女に文章の指南書なんか任せられっか、という気分があったと思うな、業界には。

村田喜代子『名文を書かない文章講座』のような例もないわけではないが（しかし、この本もカルチャースクールでの講座が元になっているので実質的な生徒は女性中心だろう）、現在でもこの習慣が完全に消えたわけではない。かろうじて女性に文章読本の執筆が許されるのは、対象が「女の文章」の場合にほぼ限られる。谷崎読本、三島読本は、女性読者をときに意識しながらも、それを忘れさせるだけ、まだましだった。最初から女性読者にターゲットをしぼった（と思われる）現代の文章読本は、書名からして読者をなめている。高橋玄洋『いい生き方、いい文章』、田中喜美子&和田好子『自分を表現できる文章の書き方』、森美笛『書いて愛される女になる』、木村治美『エッセイを書くたしなみ』『知性を磨く文章の書き方』……。「いい生き方」「自分を表現」「たしなみ」「知性」あげく「愛される女になる」って、なんじゃそれ⁉

「女の文章読本」の特徴は、第一に、レポートや論文といった「伝達の文章」ではなく「表現の文章」に的をしぼっていることである。投稿やエッセイや自分史などの「わたしを表現する文章」が、「女性用」であるらしい。男は「伝達の文章」、女は「表現の文章」、とそんな棲み分けが暗に想定されているのかもしれない。第二に、小うるさい心得や禁忌は最小限にとどめ、それじたいが女性誌に載っているエッセイみたいな筆致で書かれていることである。

書名もおもしろいけど、中身はさらにおもしろいぞ。

文例❸　あなたの文章を美しくする方法は、あなたが美しい生き方をする以外にありません。あなたが美しい生き方をし、美しい人になった時、あなたの文章はえも言えぬあなたならではの芳香を放つのです。それがあなたの文章です。／（略）／美しい生き方が美しい文章を産むように、美しい文章を書こうと努めることが、あなたの目を開かせ、あなたを美しく輝かせてくれるのです。

高橋玄洋『いい生き方、いい文章』

文例❹　自分が（皆に）分かられるのを恐れていた人が、（皆に）分かってほしい人に変わる様は、ちょっとドラマチックで、その心の変化が女性の場合には、美しさに結びつく。それもただの美しさでない、なにかくすみや濁りがとれてスキッとした、透明感のある美しさ。／表現して、自信を持てば人は美しくなるのだ。これは多くの書きたがる人々をみている私からいえば、丸ごと真実だ。／短絡的かもしれないが、綺麗になりたかったら、書くことなのだ。

森美笛『書いて愛される女になる』

書いて美しくなれるなら、女性ライターは全員美女のはずだが、むろんそんなことはない。書くのはむしろ美容の敵だ。目は血走る、肌はボロボロ、髪はボサボサ、運動不足で足腰はガタガタ、ろくなことはない。しかし『女の文章読本』は、書くことで心も癒されると教える。

文例❺　一篇のエッセイを書いたことで、永年悩ませられ続けていた悪夢から解放され、こころの平安をとりもどしたひとがいる。つまり、書くことにより、自分で自分の精神分析をし、カウンセリングをしてしまったという素晴らしいケースである。／記録する、伝える、あるいは、懸賞に応募するなど、書く意図はさまざまであろうが、窮極的には自分をみつめる手続きにほかならないと思う。多忙で、情報過多で、便利な現代の生活の中で、自分をみつめる作業は、文章を綴るプロセスによってしか、なしとげられないような気がするのだ。

木村治美『エッセイを書くたしなみ』

文例❻

もちろんプロが書く文章ですから、一応読むに堪える文章ばかりです。／しかしそういう文章のなかに、『わいふ』のなかにあるような、「真実な文章」を発見することはめったにありません。／いったいどうしてでしょうか。／(略)／プロのもの書きの文章には、編集者の依頼に応じて書かれたものが多く、自分が心から「書きたい！」と思って書いたものが非常に少ないのです。もちろんプロである以上、巧みに書いてはいるのですが、たいていは知的な努力だけで——つまり頭だけで書いており、その人の全人格を傾けて書いたものがめったにないために、どうしても迫力に欠けるのです。

田中喜美子&和田好子『自分を表現できる文章の書き方』

❺がいうように、文章を書く行為に、自分を見つめなおしたり、精神の安らぎを得る

セラピー効果があることは、だれしも認めるところだろう。けれどもそれは密室型の文章（日記やノート）や対面型の文章（手紙や交換日記）でもすむはずの話で、「文章作法」や「文章修業」とは次元の異なる問題であろう。まして❻のように〈プロのつまらなさ、アマの迫力〉を強調しながら、同じ本の後半で既存の文章読本と寸分たがわぬ「作法」を説き、プロのライターになる方法まで伝授するのは、どうも解せない（ちなみに❻の文中にいう「わいふ」とは、「あごら」同様、フェミニズム系の投稿誌である）。素人作文を最下位に置くのがイデオロギーなら、プロの文章は技巧だけだと決めつけるのもイデオロギーだ。素人さんを激励しようとするあまり、職業的なライターを侮辱しているということに、こういう人は気づいていないのであろう。

こうしてみると、文章界のヒエラルキーは、単純なピラミッド構造ではなく、さまざまなねじれやゆがみをふくんでいるように思われる。文章読本がいう「一般的な文章」とは、じっさいには論文、レポート、企画書、報告書、エッセイ、投稿などを指すのではないかと、いちばん最初に推論した。けれども、印刷言語を上位に非印刷言語を下位に、文学作品を頂点に素人作文を底辺におくピラミッド構造のなかでは、文種は「横の差異」から「縦の序列」にすりかわる。しかも、ピラミッドの内部には、プロとアマチュア、表現文と伝達文、はてはジェンダーによる棲み分けまで、複雑にからみあった迷路が隠れているらしいのだ。

人文一致主義の欺瞞

話をもとに戻そう。文章修業の「あがり」とは何か、だった。

女性に文筆家志望者が多いのは、自己実現の機会が限られていた（限られている）ことも関係していよう。結婚して家庭に入った主婦がもう一度社会参加をしたいと思っても、再就職は楽ではない。そんな人が家事のあいまに自宅でペンを握る（ワープロの前に座る）のは、ちょっとステキな人生の再スタートではある。投稿雑誌の常連になって、やがて女性誌からエッセイの依頼などが来、そのうち著書が出版される。悪くない話、かもしれない。

しかしながら、問題は、そううまくことが運ぶのかどうかである。先に紹介した『主婦の文章修業』は「夢」を実現させた希有な事例といえるだろう。しかし、誤解をおそれずいおう。プロのライターは、彼女たち（とあえていうが）文章マニアの優雅な文章修業を、どこかで片腹痛しと感じるはずだ。投稿欄の文章を指して本多勝一が〈ヘドの出そうな文章〉といったのも、「素人エッセイは片腹痛し」の本音が思わず出てしまったのかもしれない。

アマチュアの文章マニアは、なぜ片腹痛いのか。それは彼女らが、文章界のヒエラルキーを疑うどころか無批判に受けいれて、その内部での出世をいじましく画策しているように見えるからだ。組織の論理に忠実なサラリーマン的というか、小役人的というのか、つまり貧乏くさいわけ。こういうのにちょうどいい表現があったっけな。そうそう、奴隷根性、だ。

アマチュアの強みは、プロの凡庸な文章作法をゲリラ的に破壊することにある。ところが彼らは既存の階層構造を肯定し、その内側でのステップアップをめざす。ここに文章修業界のパラドクスがある。文章読本はプロの手になる印刷言語をお手本として提示する。読者はそこで「プロの技」を学び、いずれは自分もプロにと夢想するだろう。だが皮肉にも、その教えに従っている限り、プロのライターになるのはむずかしいのだ。

第一に、彼ら彼女らが作家やエッセイストのような「表現の文章家」をめざす場合、破綻がない上手なだけの文章には、なんの魅力も価値もない。じっさい、当代の人気作家やエッセイストは、文章作法を守るどころか、むしろそうした規範に逆らうことで、頭角をあらわした人たちがほとんどである。「正しいこと」と「おもしろいこと」は両立しない。読む側になって考えてみればすぐにわかる。無難で上手なだけの文章なんか、これ以上、読みたい？　私たちが求めているのは、常識をくつがえすような、新鮮な文章でしょう？

第二に、彼女ら文章マニアは「プロ」の意味をたぶんはきちがえている。文章のプロとは名のある作家やエッセイストのことではない。出版業界では「ライターさん」などと呼ばれる職人的な「伝達の文章」の担い手たちである。文章の「プロ」とは「プロフェッショナル」ではなく「プロレタリアート」の略語と考えるべきなのだ。名もない雑誌の記事だって、新聞の折り込み広告の文章だって、だれかが書いているんだよ。わかる？　とつい居丈高になってしまうのは、彼女ら文章マニアには、こういったライター軍団の現状が視界に入っていないと思われるからである。文章プロレタリアートは優遇されているとはいいがたい。安い原稿料、不安定な雇用形態、お仕着せの仕事、不条理な書き直し。彼らが書くのはたしかに「劇場型の文章」だが、無署名の原稿を大量にこなす彼らの役目は、あくまでも労働者であり黒衣である。

文章におけるプロとアマの差は、文章が上手か下手かではない。人のために書くのがプロ、自分のために書くのがアマチュアだ。いつも締め切りに追われてかりかりしているプロ（レタリアート）の目から見れば、奥様方の文章修業は「文章ブルジョワジーの優雅な休日」以外の何物でもあるまい。文章読本の欺瞞のひとつは、こうした「プロ」の実態を無視して、修業をすればあなたも文章の力で出世できますよ、という幻想を読者にふりまくことなのである。

余談だが、もしもあなたが本気で「表現の文章」のプロ（フェッショナル）をめざすなら、練習なんかしている暇にさっさと斬新な作品を書いて、文学賞にでも応募すべきだろう。あるいは「伝達の文章」のプロ(レタリアート)になりたければ、さっさと履歴書を書いて、どこかの編集プロダクションにでも潜り込む算段をしたほうがよい。

もっともそれは「劇場型の文章」に格別の価値を認めれば、の話である。文章読本に浸っていると、文章が書けるのはたいへんに偉くて誇らしいこと、書けないのは恥ずかしくて情けないこと、のように思えてくる。これがそもそものまちがいかもしれない。

まちがいを助長する一因に、「文は人なり」という有名な格言というか呪文がある。この格言というか呪文を発明したのは、一八世紀フランスの博物学者ビュフォンであるとも、明治のジャーナリスト高山樗牛であるともいわれる。ビュフォンのほうは、正確にいうと、文ではなくて「文体は人である(Le style est l'homme même.)」。博物学者であったビュフォンは、いまの感覚でいえば理科系の人物である。晩年、知識人の殿堂であるアカデミー・フランセーズの会員に推挙されたとき、彼は「こんな神学かぶれの爺さまどもに余の先端科学の話などをしてもわかるまい」と考えた。そこで入会演説の演題に「文体論」を選んだのだともいわれている。「文体は人である」はその演説の中の一節である。もともと文体の構造は人体の構造に似ているというくらいの意味だったのが、どこでどう誤解されたのか「文には人格が投影される」という話になって、いまに伝わっているらしい。

こんな「人文一致主義」はとっくの昔に廃れたのかと思いきや、文章読本の世界では、まだまだ「文は人なり」が生き残っている。

文例❶　いくら飾ろうとしても、偽ろうとしても、文章には書いた人の人格が正直に反映してしまうものだ、文章ほど人間そのものを正直に示してくれるものはない、こうした考えが「文は人なり」という言葉になったものでしょう。／そうすると、文章の始まりはペンで紙の上に文字が書かれたときである、とはいえなくなります。その前から、すでに文章は始まっているのです。では、いつからでしょう。／生まれたときからです。毎日々々が文章を書くことなのです。　葉山修平『新しい文章作法』

文例❷　明治の名言だが、「文は人なり」という。その意味は、文章には書く人の個性、品性、能力がにじみでてくるものだ、ということである。私がはじめてこのことばに接したのは、明治の文人・高山樗牛が、日蓮上人の文を評した評論を読んだときであった。現代のビジネス社会で使われる報告書・レポートといった、日常業務の書きものにも通用する至言だ。ビジネス文章も、「文は人なり」なのである。　佐々克明『報告書・レポートのまとめ方』

文例❸　「書く」という行為を「頭脳労働」だと思っている人がいるが、実は書いている人の「人間」が丸ごと出てしまうという意味で「全身労働」なのである。／(略)／「文は人なり」という古い言葉があるけれども、その意味まで古くなってしまったわけでは、決してないと、わたしは思っている。

大倉徹也『「超」文章読本』

文例❹ ことばの表現は心であって、技巧ではない。胸の思いをよりよく伝えるには技術があった方がよい。しかし、この順序を間違えないことである。心のともなわない技巧がいくらすぐれていても、ことばの遊戯に終る。ことば遊びが目的の場合は別として、ひとの心を打つ文章を書くには(略)／つまり、文章を書くには、心を練る必要があるということである。そのように考えると、かの有名なビュフホンのことば／「文は人なり」／の新しい意味に到達する。

外山滋比古『文章を書くこころ』

品位だ修業だといっていれば、最後はこういう話になるのも必定であろう。しかし、「文は人なり」ほど読者をあざむく妄言もない。

第一に、文と人が一致しない例などは山のようにある。山崎浩一『危険な文章講座』は、人と文が一致しなかった例として、一九九七年の神戸小学生殺傷事件の際に「酒鬼薔薇聖斗」名で書かれた犯行声明文をあげている。犯人像をめぐってメディアは騒然となったのだったが、結局わかったのは、文から人物像を割り出すのは不可能だという当たり前の事実だけだった。それでなくとも、優秀な文章家はＴＰＯごとに何人もの人格を書き分ける。文章プロレタリアートにいたっては、オリジナルの人格（というものがあればだが）を消すことが、むしろ求められるのだ。

第二に「人文一致」であれば、文章の訓練などはしょせん虚しいものである、ということになってしまう。「人文一致」は文章のテクニック＝レトリックを否定し、書く楽しみ、工夫する楽しみを奪う。つまり書き手にとって、なんにもいいことはないのである。「文は人なり」が人口に膾炙したのは昭和期前半ではなかったかと私は類推するのだが、ともあれこの妄言が、人々をどれほど惑わせ、文章論の世界をどれほど堕落させたかしれない。「文は人なり」派の人は、「文章読本」ではなく「人格読本」をお書きになればよいのである。

実用性でまさる準文章読本

視点を少し変えてみよう。文章読本は、文章の書き方を教える本である。ところが、文章の書き方を教える本は、文章読本だけではない。似ていて微妙に異なる物件が、その周辺には存在しているのである。仮に「準文章読本」と呼んでおこう。これらと比較すると、文章読本というものの非実用性、曖昧模糊とした性格が、改めてきわだってくる。

文章にヒエラルキーがあるように、文章の指南書にもヒエラルキーがある。準文章読本は書店での扱いからして文章読本とはちがっている。いわゆる文章読本が文芸批評や文学史関係の近辺に置かれているのに対し、準にはそれぞれ別の定位置がある。本そのものの入れ替わりも激しい。準にとって著者名はさほど重要ではなく、もちろん大仰な挨拶文もない。おそらく、文章読本は「著書」だが、準文章読本は一ランク落ちる「実用書」ないし「参考書」なのである。

準文章読本とは、たとえばつぎのようなものを指す。

【A】手紙を書くための実用書

「手紙の書き方」のたぐいである。文章読本の書き手はみな文章フェチだから、三島由紀夫『レター教室』、井上ひさし『十二人の手紙』のように、手紙の本を書いている人も少なくない。が、ここでいうのは、あくまで「実用書」としての手紙本である。こういう本は、文章読本とは見るからに毛色がちがう。文章読本が理屈と文例（引用文）とで成り立っているのに対し、手紙本はおおむね形式と文例（お手本）で構成されている。ペン習字とセットになった本も多い。理屈は最小限にとどめ、決まりはこうですからこのように書いてください、と有無をいわさず指示を出す。

文例❶　前文で、頭語の次に来るのが時候のあいさつ、その後にくるのが相手の安否を気づかい、繁栄を祝福するあいさつです。さらに続いて、自分の安否を述べるあいさつが続きます。また、久しく手紙を出していない相手へは、無沙汰を詫びるあいさつを書きます。／末文で、手紙の締めくくりとしてあいさつを書きます。例にあげたもの以外に、今後の指導や交際を願うあいさつなどもあります。　生活ネットワーク研究会『すぐ役立つ手紙の書き方』

文例❷　主文はいわば手紙の骨格といえる部分です。骨格がしっかりしているということは、何を言おうとしているかがはっきりとわかるということです。「さて」などのような起こし言葉に続けて、用件を切り出す形が一般的です。／一方、末文はおいとまするときの挨拶のようなもので、内容を締めくくる文章もあれば、お礼やお詫び、別れの言葉もありますし、返事を求めたり、伝言の言葉であったりすることもあります。　主婦の友社編『手紙の書き出し文例12カ月』

手紙本の文例は、文章読本の引用文とちがって実用一本槍である。文例を模倣したり、剽窃したり、単語を代入したり、一部を差し替えたりすれば、どんな文章音痴でも、何とかなるようにできている。参考までに❶『すぐ役立つ手紙の書き方』は「相手の安否を問うあいさつ」の例として、いかがお過ごしですか、いかがおしのぎでしょうか、その後お変わりございませんか、お健やかにお暮らしでしょうか、ご様子はいかがでしょう、などを、❷『手紙の書き出し文例12カ月』は「起こし言葉」の例として、さて、ところで、さっそくながら、ついては、実は、このたび突然ですが、つきましては、ほかでもありませんが、このたびは、などをあげている。

文章読本が「考えて書くための本」であるなら、手紙本は「考えずに書くための本」なのだ。したがって、書店での定位置は、冠婚葬祭マナー集、健康、育児、子どもの名前のつけ方、ペットの飼い方といった本が並ぶ生活実用書のコーナーである。

【B】受験用の小論文攻略本

受験参考書である。「レポート」「論文」等のタイトルがついた文章読本と大差ないように思えるかもしれないが、ちがいは一目瞭然である。いかにも受験参考書的なタイトルと装丁、太字や二色刷りを多用した紙面。目的は、あくまで決められた時間内に、決められたテーマ、決められた枚数の文章を書いて試験に合格することだから、主張にも迷いがない。

文例❸　小論文とは、ひとことでいえば、ある命題に対してYESかNOかを答えるものだ。／文章が少々へたでもかまわない。気の利いた表現もいらない。（略）YESかNOかという問題にきちんと論理的に答えることが、小論文では最も重要なのだ。／（略）／われこそは論文の天才だと自負している人は、有名評論家と同じように型をくずしてみるのもいいだろう。だが、そうでないかぎりは、はっきりとYESかNOかで答えること。それが無難である。

樋口裕一『本番で勝つ！　小論文の「超」合格講座』

文例❹　先に結論を言ってしまうと、／小論文は試験当日書くものではないということです。小論文の解答は試験の前に書いておけるものであり、試験当日はあらかじめ書いておいたものを、課題にあわせて手直しをして写せばいいのです。／このように試験の前にあらかじめ書いて、本番での解答のために準備しておいた文章を、TVゲームなどで使われる言葉を借用して、この本では／小論文の「アイテム」／ということにしましょう。

平山三男『平山三男の国公立大・有名私大　書ける小論文』

「無難」という表現がでてくるのは、文章読本にはありえないことだろう。原稿用紙の書き方や時間配分に目配りするほか、一般むけの「小論文作法」との大きなちがいは、じっさいに出題された過去の例題や、予想されるテーマを示して「傾向と対策」につなげていることである。❹にいう「アイテム」もそういう意味であり、たとえば医大受験生には、新聞の縮刷版で、脳死法案、臓器移植、遺伝子操作、終末医療、エイズ問題の項などを、あらかじめ読んでおけとすすめる。

原則論をこねくりまわす文章読本にはないスピーディーな展開。文章技術をあげるなんて大それたことは考えず、その場さえ「無難」に乗り切ればよしとする態度がすがすがしい。書店での定位置は、もちろん学習参考書、受験参考書のコーナーだ。

【C】日本語学習者のための教科書

最近とみに増えてきた日本語学習者のための本、コンポジションの教科書の日本語版だ。書店での定位置は外国語学習書のコーナーである。日本語の基本的ないいまわしを学ばせる、単語をふやすといったことが目的だから、日本語ネイティブスピーカー用の文章読本とは、おのずとちがった構成になる。英語、中国語、韓国語などの解説がついていたり、漢字にすべてルビがふってあったり、簡単な辞書の代わりになる単語集がついていたりするものも多い。

文例❺　わたしの国《くに》はインドネシアです。／インドネシアに、スマトラやボルネオやジャワなど、島《しま》がたくさんあります。／ジャワには、首都《しゅと》のジャカルタがあります。ジャカルタは人《ひと》や車《くるま》が多《おお》いですから、とてもにぎやかです。高《たか》いビルもたくさんあります。／インドネシアの人口《じんこう》は1億《おく》9、000万人《まんにん》ぐらいです。1年《ねん》で4月《がつ》がいちばん暑《あつ》いです。10月《がつ》から3月《がつ》まで雨《あめ》が多《おお》いです。／インドネシアで有名《ゆうめい》な所《ところ》はバリです。外国《がいこく》からたくさん人《ひと》が旅行《りょこう》に来《き》ます。／インドネシアはとてもいい所《ところ》です。皆《みな》さん、遊《あそ》びに来《き》てください。

門脇薫&西馬薫『みんなの日本語初級　やさしい作文』

文例❻　事実をいきいき伝えるのは、大切なことです。擬声語・擬態語をいろいろと使うと、各々の思い思いのことがいきいき伝わることがあります。あなたは、今、おなかがぺこぺこではありませんか。のどがからからではありませんか。それとも、日本語を勉強しすぎてくたくたになったところですか。明日デートがあるのでわくわくしている人もいるかもしれませんね。

羽田野洋子&倉八順子『日本語の表現技術―読解と作文―中級』

❺は〈わたしの国《くに》・町《まち》〉という自己紹介の項目に出てくるモデル文。「〜は」「〜には」「〜が」等、「てにをは」のルールを学ぶための練習問題がついている。「いきいき」

「ぺこぺこ」「わくわく」といった重ねことばを多用した❻は、オノマトペや重ねことばを教えるための例文である。日本語ネイティブ用の文章読本みたいに、オノマトペを最小限にしないと品性が落ちる、なんて小うるさいことはもちろんいわない。清水幾太郎『論文の書き方』や本多勝一『日本語の作文技術』には、母語だからといって気をぬかず、外国語を学ぶように日本語を学べという教えが出てくる。いいたいことはよくわかる。しかし、ほんとうに日本語を外国語として学ぶ人たちは、右のようなレベルから作文の練習をはじめるのだ。

【D】児童生徒のための作文指導書

小学生の子どもたちに作文や感想文の書き方を教える本である。いわゆる文章読本とちがうのは、読者が子どもである点と、学校教育と密接なつながりがある点だ。これに類するものとしては、作文の授業をするための教師用の指導書がある。書店での定位置は児童書や学習参考書コーナー。子ども用の作文作法書はこんな感じだ。

文例❼　ブンちゃんは、作文がきらいです。「作文を書かなければならない。」と思うだけで、きゅうに頭がいたくなってしまうほどです。／なぜ、きらいかって？　作文を書くには、考えなくちゃならないから、めんどうくさいし、時間がかかってたいへんだからです。それに、先生やお母《かあ》さんは、みんな、／「もっと長く書きなさい。くわしく書きなさい。」／というからです。

三島幸枝『作文を書こう（4・5・6年生）』

文例❽

夏休《なつやす》みの宿題《しゅくだい》、ほんと、いやになっちゃうよね。／「あしたから学校《がっこう》が始《はじ》まるのに、どうしよう～！」なんて／あせっているコ、多《おお》いだろうなあ。／みんながとくににがてなのが、読書感想文《どくしょかんそうぶん》。／だれでも、「本《ほん》を読《よ》んだだけじゃダメなのかな？」って、／きっといちどは思《おも》ってしまう。／「感想文《かんそうぶん》って、何《なに》を書《か》けばいいの？」って、／考《かんが》えこんだりしてね。／ところが、感想文《かんそうぶん》だけは、パパもママもお手上《てあ》げ。／工作《こうさく》やドリルは手伝《てつだ》ってくれるのに……。

宮川俊彦『2000年度版　課題図書感想文おたすけブック』

子どもむけの文章読本は、作文嫌いの子どもに興味をもたせようと、やっきになっている点に特色がある。嫌いな子でも作文や感想文を書かなければならないのが、学校教育のつらいところだ。内容的には、書き出しに気を配れ、構成を考えろなど、意外にも大人むけの文章読本と重なる部分が多いのだが、子ども相手の本だと、口調が「話すように書け」に近い調子になっているのがおもしろい。❽などは、軽薄嫌いの文章読本が「悪い例」として出しそうな文章でさえある。

以上のような準文章読本は、ここまで見てきた文章読本とどこがちがうのだろう。第一に、準文章読本は「未熟な文章家」を相手にしているということである。AとBは文が苦手な人でも難局を乗り切れるよう手助けするハウツー本、CとDは日本語学習途上者のための本である。準文章読本は、素人作文よりもっと「下」に標準をあわせる。

第二に、準文章読本は印刷言語とは切れた文章を対象にする。読者の目的は、手紙、受験、語学習得、宿題と、それぞれにはっきりしている。べつにいうと生活に密着しているのだ。

文章の書き方本から、以上を除外したものが「文章読本」であるとしたら、文章読本というのは、なんとあいまいな、目的の定まらない、不可思議なジャンルなのだろう。

文章読本がお茶をにごしている件に、ちょっとだけふれておこう。「能力差」の問題だ。

文章は努力しだいで上達するのか、それとも「才能」に左右されるのか。文章読本中、これは最大のタブーである。けれども、ほかの分野に置き換えれば答えはすぐ出る。練習すればだれでも野球は上手になるが、だれもがイチローにはなれない。歌はだれにでも歌えるし、練習すれば上達するが、だれもが美空ひばりにはなれない。文章だって同じに決まっているではないか。義務教育を修了していれば、だれでも文章は書けるのだ。しかし、それでも書くのが得意な人と不得意な人、好きな人と嫌いな人とはいる。「才能」なのか「環境」によるのか、決定要因は定かではないものの、得意科目に差があるから世の中はおもしろいのだ。

ひとつの極端なタイプは文章音痴、すなわち「文痴」の人である。音感がメロメロな「音痴」や運動神経ゼロの「運痴」の人がいるように、「てにをは」が飲みこめない「文痴」の人も一定程度は必ずいる。どんな能力にも個人差がある以上、そんなことは当たり前なのだ。文痴であることは、したがって恥でも不名誉なことでもない。文痴の人が書くことを職業にしたら悲劇だけれど、そうでもないのに無理して文章修業をする必要なんかどこにもない。必要が生じたら、たかだか文章ごとき、書くしか能のない家来に任せりゃいいのである。

もうひとつの極端なタイプは、最初から書くことに特化した「文才型」の人である。一クラスに数人はいたでしょう（そのくらいの率でいるのだから、しょせん小才にすぎないということでもある）、作文だけは妙に上手だっていう人が。有名無名を問わず、文章で生計を立てているのはたいていこの種の文才型、というか書くこと以外には能のない人々である。文章読本の書き手もこのタイプと考えたほうがいい。いったん仕事になれば、いやでも書くから、いやでも技術は磨かれる。彼らは体系的に文章を学んだだろうか。長い経験の中から編み出した自分なりの法則を披露できるからこそ、みなさん「ご機嫌」なのじゃない?

となると、文章読本てのは、だれの役に立っているのか、ますます不可解なジャンルということになる。本を何冊か読んだくらいで、そう簡単に文痴は治癒しまい。逆に文才型の人は、文章読本に書かれている程度のことはとっくにクリアしているか、コケにしているだろう。そして、唯一、文章読本が役に立ちそうな従順な修業者=文章マニアの人たちに、文章読本がいい影響を及ぼしているとは、あまり思えないのである。

しかし、そうはいっても文章読本は懲りずに書かれ、飽かずに読まれている。文章読本にそれだけのニーズがあることは、認めなくてはなるまい。

文章読本は「よりよく書く」ための本である。しかし、その前段階にはただ単に「書く」という段階がある。この段階を担当しているのは、もちろん学校教育である。

文章読本にニーズがあるのは、ちゃんとした文章の訓練を自分は受けてこなかった、という漠然とした不安が読者の意識のなかにあるためではなかろうか。

とりわけ私たちがビビるのは「伝達の文章」である。レポート、報告書、企画書、あるいは依頼状、督促状、断り状、礼状……。社会生活の中で求められることが多いのは、圧倒的に「伝達の文章」である。ところが「伝達の文章」を書く練習を体系的にした記憶が、私たちにはほとんどないのだ。学校教育が重視してきたのは、目的のはっきりしない作文のための作文、あえていうなら身辺雑記に近い「表現の文章」だった。「あるがままに書け」「見た通りに書け」「思った通りに書け」も、「表現の文章」を前提に出てきたスローガンである。

文章読本がなぜこうなのかを考えるには、これ以上、文章読本のなかに閉じこもっていても埒《らち》があかない。しばし「よりよく書く」ではなく「書く」の段階、すなわち学校作文の歴史に目を向けてみよう。歴史的に俯瞰すれば、文章にも、文章読本にも、作文教育にもその時代時代の流行がある。文章指導の方法は、ずっといまのようなスタイルだったわけでもないのである。

Ⅲ　作文教育の暴走

形式主義の時代

――明治の作文教育

いざ、一瓢を携え梅園へ！

中高等学校の国語という教科は、ごく最近まで、古文・漢文・現代文の三本立てで進められてきた。おかげで私たちは、受験で苦労もするかわり、「春はあけぼの　やうやう白くなりゆく山ぎは　すこしあかりて……」だの「故人西のかた黄鶴楼を辞し　烟花三月揚州に下る……」だのといったフレーズを丸暗記している自分に気づき、やだ、あたしってけっこう教養あるじゃないの、と思わず感動したりするわけだが、では古文や漢文で作文してみろといわれたら、ふつうはまあ、お手上げだろう。しかし、そういうアクロバティックな芸当も、なんなくできた（できなければならなかった）のが明治のインテリゲンチャたちだった。自然にできるようになったのでは、もちろんない。できるまで地獄の特訓をさせられた、のである。

こういう時代に、文章読本＝作文作法書というようなものはあったのだろうか。もちろんあった。山ほどあった。ただし、それは現代の文章読本とは、おのずとおもむきを異にする。

明治三〇年代までの作文指導は、内容軽視、形式優先。文章の型を学ぶ「形式主義」に支配されていた。文章といえば、お習字同様、お手本をまねして書くものであり、文章作法書の主流は、お手本となる文章を集めた「文章範例（文範）」と呼ばれるものだった。「名文を読め」は現代の文章読本につきもののお題目だけれども、名文の模倣がすべての世界では、文字通り「名文を読め」こそが唯一絶対の作文術。「話すように書くな」こそが作文の要諦だったのである。

明治前期の作文作法書は、大きく三つのタイプに分けることができる。

①書簡文や日用文の作法書
②漢作文の作法書
③学校作文の指導書・独習書

①②は近世の文章作法書の流れをついでいる。①は「往来物」などと呼ばれる寺子屋に通う子どもたちのための本、②は武士や僧侶の子弟の教養のための本がルーツだ。また、女子には和文（古文・雅文）を学ばせる女子用の作法書が別に出版されていた。こ

うした江戸期の習慣は、時代が明治にかわっても基本的にはそのままの形で受け継がれた。③はちょっとちがって明治の学校教育の影響下に生まれた本であり、後には①②③を合わせたような作法書も作られた。

子ども用の文章作法本だからといって甘く見てはいけない。お子様用の文章などは存在しなかったこの時代、文章とはそもそもが大人のものであり、子どもたちは将来に備え、幼いうちからせいぜい背伸びをして文章修業に励んだのである。もう少し詳しく見てみよう。

【A】書簡文（日用文）

手紙が書けるようになりたいという願望は、庶民が文字や文章を学ぶ動機としては、もっとも現実的なものである。とりわけ郵便制度が整った明治期、手紙の需要は飛躍的に高まった。けれども、手紙とは定型にのっとったむずかしいものという固定観念が強かったから、人々は文範にある書簡文例を子どものときから学び、必要に応じて文範をひっぱりだしてきては、これをまねしたのである。小学四年生むきの書簡文範から文例をひろってみよう。

文例❶　本月（幾）日大酔ノ上貴殿へ失礼致シ申シ訳ナキ次第厳重ノ御処分之レ有ル

可ク候処御寛宥下サレ候全ク意趣遺恨等差含ミ候儀毫末モ之レ無ク今更先非後悔致シ候間（氏名）殿ヲ以テ御詫申入候処格別ノ御勘弁下サレ忝仕合ニ存シ奉リ候以来必ズ相慎ミ失敬ノ儀致ス間敷後日ノ為ノ仍テ件ノ如クニ候也

『小学中等作文教授本 上』（明治14年）

漢字マニアのごとき難解さ。手紙といっても、当時のそれは候文、つまりは漢作文の一種である。しかもこれ、内容をよくよく読めば「こないだは大酔っ払いをこいて、貴殿に失礼をしてしまい……」なんていう、酔ってあばれたことを謝罪する詫び状なのだ。途中「幾」とあるのは日付の数字を、「氏名」とあるのは先方の名を代入しろという合図。

こんな調子で、賀状、礼状、見舞い状、招待状、詫び状くらいならともかく、ときには借金の催促状から離縁状の文例までが、木版印刷による習字のお手本も兼ねたかたちで書簡文範にはおさめられていた。ものによっては借用書、領収書、各種届け出などの書式も含んでいたというから、さしずめビジネス文・商用文マニュアルの原型といえるだろうか。

【B】漢作文（記事文）

お手本を暗唱してそれを元手に作文するという点では、漢作文も同じであった。が、こちらはさらに思わぬ方向に発展した。青少年の作文を募集する専門雑誌が明治一〇年代から二〇年代に続々と創刊され、投稿少年たちの間に空前の作文ブームを巻き起こしたのである。明治一〇年創刊の「穎才新誌」を皮切りに、「小国民」「少年園」「少年文林」「小学教文雑誌」「学生筆戦場」、すべて少年むけの投稿雑誌である。週刊で発行されていた「穎才新誌」への投稿は日に五十通、ひと月で千五百通にもおよんだという。投稿者のなかには、尾崎紅葉、山田美妙、田山花袋、内田魯庵といった後の名だたる文章家もまじっていた。少年たちにとって、自分の作文が雑誌に載ることは、たいそうな名誉と目されていたらしい。彼らが好んで綴ったのは、記事文と呼ばれる漢文読みくだし体の美文、たとえばこんなやつである（滑川道夫『日本作文綴方教育史1〈明治編〉』より引用）。

文例❷　余友人ト数名某地ノ梅花ヲ見ント欲シ瓢ヲ携ヘテ共ニ至ル見レバ数百株ノ梅樹蕾ヲ破リ遠ク望メバ雪ノ如シ清香馥郁トシテ鼻ヲ撞ツ此景色実ニ言フ可カラズ、是ニ於テ携フル所ノ瓢ヲ解キ、共ニ飲ム。酒酣ニシテ或歌ヒ或舞イ既ニシテ太陽西山ニ没セントス。　個人蔵の作文帳（明治15年）

すこぶる調子はいいけれど、調子がいいだけの文章である。いやその前に、これまた驚くべきは内容だ。「余は友人数名と某地の梅花を見んと欲し、瓢箪を携えてともに見れば……」。どこぞの爺さまじゃあるまいし、瓢箪に詰めた酒を腰に梅見に出かけ、酔っ払ってあるいは歌い、あるいは舞った？　もちろんこれはフィクションである。というか文範の定型句を模倣し、紋切り型の美辞麗句を適宜アレンジしては「観梅の記」「雪中探梅の記」「月夜船遊びの記」「潮干狩りの記」といった観花遊山の記事文をでっちあげるのが、彼らが熱狂した作文の定石だった。「一瓢を携へて山に登れば」「忽ち酒を酌み白を挙げ」「盛に盃を飛ばし、或は吟じ或は歌ひ」「是に於て一小亭に息ひ、酒を命じ肴を呼び」といった飲酒の記述はその筋の常套句。「一瓢を携へ」は、当時の作文熱を知る人の定番のギャグになっているほどだ。

もっとも、見よう見まねでこういう形式的な美文をでっちあげるのも、一種の才ではある。当初は知識階級の子弟に限られていた漢作文の流行も、投稿雑誌の作文ブームにともなって、やがてはあらゆる層の青少年へと広がってゆく。投稿マニアの中には小学生にして四書五経を暗唱している強者もあれば、漢文塾に通って腕を磨く者もいたという。いまどきの子どもたちがゲームに血道をあげるのと、あるいは似たような感覚だったのだろうか。

【C】学校作文（論説文）

学校作文の常套は、「○○の説」と題された定義文や論説文と呼ばれるもの。すなわち〈筆ハ、字を写し、又画を写す具なり〉〈算盤ハ、物を数ふる、用に供す〉〈文庫ハ、書籍を納る、箱なり〉（田中義廉編『小学読本巻之一』明治6年）のたぐいである。これは文例❶❷とはちがい、小学校の国語読本を手本にした文章と考えられる。明治の小学校国語読本には「筆とは○○なり」「机とは○○なり」といった文章が、じつにまあ多いのである。

文例❸　水は、動物、植物の養液にして、地球上、尤要用のものなり、水なきときは、万物生育することを得ず、水に、止水、流水の別あり、池水、湖水を、止水といひ、河水を流水といふ、／湖水は陸地、全く四面を環り、中窪なる地に、停まるなり、／河水とは、山間の谿谷より、湧き出で、、海に注ぐをいふ、

（略）　　　　『小学読本巻之三』（明治6年）

泥酔の詫び状や一瓢を携えての観梅の記よりは、いくぶん子どもらしい感じ。こういった定義文中心の文章教育には、単語の意味を学ばせる意味あいもあったよう

だ。書簡文とちがっておよそ実用的とはいえず、ゲーム感覚で漢作文に熱をあげる投稿少年にとっては簡単すぎて物足りなかったかもしれないが、これも文題によってはかなり高級な作文になる。じっさい、教科書をまねた子どもの論説作文のなかには、いっちょまえに「礼の説」「国の説」「立志の説」といった大風呂敷な内容に及ぶものや、「禁酒の説」「忍耐の説」「怠惰を戒むるの説」といった説教をたれるものが少なくなかった。一〇歳かそこらの聞きかじりで天下国家を論じ、あるいはじじむさい人生訓をたれるのだから、まったく明治の立志少年というものは、である。

というわけで、明治の投稿雑誌には小学生が書いたこんな作文が満載であった（原文は句読点なしのカタカナ表記だったりするのだが、これでは読みにくいこと甚だしい。これ以降はすべてひらがな表記とし、適宜句読点を補ったのであしからず）。

文例❹　書簡文の例（「人に別る、時遺す文」）

兼て御承知の通り、私儀尋常中学校入学仕可き筈之処入学試験明日有之候に付、今朝出発仕候。貴君との御交際は他人と異りて、一朝一夕の事に無之候処、今御分れ申事の悲しさ口惜しさ言語に尽されず候。

『小学作文書』（明治17年）

文例❺　記事文の例（「梅花を観るの記」）

亀井戸は亀井戸村に在り吾が住を離る。蓋し東北に十余町にして、古来梅花を以て名あり。是を以て今茲三月、親友三、四名と倶に遊ぶ。幸にして天晴れ長空一青頗る遠く、遊ぶに適す。園の広さ凡そ数頃、梅林其間に叢茂す。祠あり、菅公を祭りし所と伝ふ。堂宇質素毫も彫刻鏤営の跡なし。然れ共閑雅逸俗の態あり。

「小国民」第七号（明治26年）

文例❻　論説文の例（「馬車記」）

馬車は人力車と同しく人を乗する者なり。然れとも馬車は馬に牽かせ人力車は人力にて動く者なり。故に馬車の速なること人力車の能く及ふ所にあらす。其馬車は大にして車四つ有り其上に屋を設く。人力車は車輪二つなり。然して便は馬車にあり。何んとなれは大にして通常六人を乗す。人力車は之に反して二人以上の乗せ得さるなり。

『秀華文鈔』（明治10～11年）

これがみんな小学生の作文だなんて信じられます？　お察しのにしても、いったい彼らを文章道へと駆り立てたのは何だったのだろうか。通り、答えは明治の立身出世主義である。福沢諭吉『学問ノス、メ』が説くごとく、明治の青少年にとっては学問の力で「身を立て世に出る」ことが人生最大の目標だった。読み書きが「学問」の基礎中の基礎であることはいわずもがなだろう。「文章が書ければ官員さまにもなれる」といわれた時代、実際問題としても、小学校を出たらすぐ奉公に出る庶民の子弟にとっては文章（書簡文などの日用文）こそが就職に有利な条件だったし、上級学校へ進む上流の子弟にとっては文章（漢作文）こそが受験競争にも匹敵する立志のための基礎教養だった。文章を書くことが特殊な訓練を要するスキルであった以上、文章を自由に操れるようになることは、それじたい、きわめて実利的な「選良のあかし」であり、「エリートへの道」だったのである。

立身出世主義と関連して、もうひとつ注目しておきたいのは、投稿少年における劇場型文章への指向性である。書いたものをたくさんの人に読ませたい。自分の文章をしかるべき読み手にほめてもらいたい。――彼らの文章意欲をうながしたのが、活字メディアの興隆、その前提となる印刷技術の発達であったことはいうまでもない。

日本における近代活版印刷術は、明治三（一八七〇）年、長崎で創業した新町活版所にはじまり、「横浜毎日新聞」以来、続々と創刊された新聞雑誌と手に手をとって、明治一〇年ごろまでに飛躍的な発展をとげた。余談ながら、活字をひろう文選工にはある程度の文字の知識が必要である。活版印刷所は維新でリストラの憂き目にあった旧士族階級の人々に、格好の仕事場を提供したという。『想像の共同体』のベネディクト・アンダーソンではないが、近代の国民国家が形成される過程で、印刷と出版資本主義がはたした役割にははかり知れないものがある。明治の人々は、紙の上に筆と墨で文字を書きつけていた。それが活字となって投稿誌に載り、全国の同好の士の目にふれる――これは少年たちにとっても「想像の共同体」へのデビューを意味する。今日につながる「印刷言語至上主義」は、明治一〇年代の作文投稿少年に端を発するといっても、おそらく過言ではあるまい。

とはいえ、小学生の作文に「一瓢を携へて山に登れば天気晴朗にして」ってな表現が頻出しては、さすがに「これでよいのか」と思案する人も出てくる。関係者も一瓢の流行にはいらだっていたらしく、数々の投稿誌を主宰していた博物学者の石井研堂などは苦々しげに苦言を呈している。

文題にして最も多かりしは、観梅、観桜、遊山の記、惰生を戒むる文、忍耐、立志、惜陰、案山子《かかし》、不倒翁《だるま》の説等なり。而して、旧套を墨守せる者多く、新機軸を出したる者稀なり。／(略)／遊記文にして、「一瓢を携へ」「縦飲放歌」等の句ある者甚だ多し。試みに、記事体の第一章より、追次之を検せしに、五十七章の中、飲酒の記事ある者二十七にして、殆んど半数に達せり。文を作りて、世道人心に益なくば、文を作らざるに如かざるなり。幼年にして、飲酒泥酔等の文を作るは、果して世道人心に益あるか。予甚だ惑ふ。

「紅顔子」第二集（明治24年）

「ござる体」から「かッた体」まで

さて、とまあこのように、巷の青少年が架空の梅見や飲酒に酔っていたころ、文章界の上層部では大きな地殻変動が起こりつつあった。いわずと知れた言文一致運動である。かみくだけば「話すように書くな」から「話すように書け」への一大方針転換である。この件については、山本正秀の労作『近代文体発生の史的研究』をはじめ膨大な研究がなされているので、ここではざっと復習する程度にとどめたい。が、その前にひとつだけ不満を述べておくならば、文章読本といい、日本史の教科書といい、言文一致問題はどうしていつも「文学の問題」として語られるのだろうか。たとえば、前にもあげた丸谷才一『文章読本』の次のような一節。

現代日本文においては、伝統的な日本語と欧文脈との折合ひをつける技術がとりあへず要求されてゐるわけだが、それが最も上手なのはどうやら小説家であつたらしい。宗教家でも政治家でもなかつた。学者でも批評家でもなかつた。歴史家でも詩人でもなかつた。小説家がいちばんの名文家なのである。当然のことだ。われわれの文体、つまり口語体なるものを創造したのは小説家だつたし、それを育てあげたのもまた小説家なのだから。

あるいは中村真一郎『文章読本』の次のような一節。「口語文の成立」「口語文の完成」「口語文の進展」「口語文の改革」の四章からなるこの本は、文章作法本かと思って手にした人が知らずに近代の文章史を学んでしまうという巧妙な仕掛けの本であるが、中村真一郎もまた、文章の変革に関心があったのは文学者だけだったと思い込んでいるかのようだ。

　そうして、考える専門家である学者と異って、感じる専門家である文学者が、自分たちの表現に適した文章を、感じたままを口にしている庶民の話し言葉のなかに求めるようになって行ったのは当然です。／これは既に、江戸の後期の小説家たちが試みていたもので、前に挙げた式亭三馬の文章などは、その好例です。／そこで明治の作家たちは、「言文一致」というスローガンをかかげて、様々の実験に取り掛ることになります。／前にも触れたように、その最初の文学的成功は、二葉亭四迷の翻訳文であると、一般に云われています。（傍点原文ママ）

一般に流布しているこの説がマユツバだという気はもうとうない。トップデザイナーがファッション界をリードしてきたのと同様に、小説家が文章界をリードしてきたのは事実である。事実だが、文学中心の文章史には、ストリートファッションをいっさい無視し、パリコレの出品作だけ見て服飾史を語るような馬鹿ばかしさがある。

明治二〇年代に、山田美妙が「です体」を、尾崎紅葉が「である体」を、嵯峨の屋お室が「であります体」を、二葉亭四迷が「だ体」を開発して言文一致体が完成した、といった文学史的話題は興味深くはあるけれど、日常の手紙や作文の課題に四苦八苦している下々の者にとっては「暇な芸術家が、なんやゴチャゴチャやってるわ」という程度の話だろう。現代の文章読本が「一般的な文章術を伝授する」と宣言しながら、いつのまにか著名な文学作品の引用に傾くのも、ハイファッション中心の歴史観にからめとられているせいかもしれない。私たちは、小説家中心の「文学主義」的文章史観からひとまず抜け出したほうがいいのである。

さて、「文体」とは、おおむね文末詞＝語尾の問題に還元できる。

近代における文体改良の提唱者としてまっさきに名前があがる国語国字改良派のリーダー、それは「郵便制度の父」として知られる前島密である。一円切手になっている、あの肖像写真の人物だ。前島が提唱した近代にふさわしい日本語の語尾、それは「です、ます」でも「だ、である」でもなく、「ござる」ないしは「つかまつる」だった。彼が第十五代将軍徳川慶喜に言上した「漢字御廃止之儀」の中に左記のような一文が見つかる（原文は濁点なし）。

国文を定め文典を制するに於ても必ず古文に復し「ハベル」「ケルカナ」を用る儀には無御坐今日普通の「ツカマツル」「ゴザル」の言語を用ひ之れに一定の法則を置くのと謂ひに御坐候　言語は時代に就て変転するは中外皆然るかと奉存候　但口舌にすれは談話となり筆書にすれは文章となり口談筆記の両般の趣を異にせさる様には仕度事に奉存候

国のことばを制定する場合も、古文式の「はべる」「けるかな」を用いる必要はござらぬ。今日一般的な「つかまつる」「ござる」を用い、これに一定のルールを設けようではござらぬか。言語が時代によって変転するのは、どの国とても同じでござる。口にすれば話しことばとなり、筆記すれば書きことばとなる。両者がなるべくたがわないようにしたいのでござる。とまあ進言しているわけでござるな。ちなみに文中の「無御坐」は漢文式にひっくり返して「ござなく」、「奉存候」は「ぞんじたてまつりそうろう」と読むのでござる。

近代の国語国字改良運動の嚆矢として非常に有名なこの文は、幕末の慶応二（一八六六）年に建議されたものでござる。維新前、前島は外国語の能力を買われ、幕府の開成所で翻訳方を務めていたのでござった。残念ながらこの文書は、将軍慶喜のもとに届くことなくひねりつぶされたのでござるが（幕府のえらいさんにしてみたら、倒幕派との戦いで大騒ぎのかかる時世にかような寝言につきあっている暇などないわとの気持ちだったのでござろう）、もしもこのときの前島案がめでたく採用つかまつってござれば、現代の新聞も論文も小説も小学生の作文も、むろん本書もあるいは「ござる体」で書かれていたものでござろうか。忍者ハットリくんのごときこの語尾も、試してみればオツなものでござる。いや、まこと癖になりそうでござる。

じっさい、明治の初期には、「ござる体」の開化啓蒙書なども出版された。たとえば、西洋のことばを訳して山のような漢字熟語をこしらえた名コピーライター西周の一文。

文例❶　然らば、御説の一致と申すことを承はり度いものでござる。僕などは、いと浅見陋識で候ひつる故に、皆区々《まちまち》のことと思はれ、如何にも一致とは申し難きかに存ぜらるゝでござる。今の世で申さば、御国にては神道と云ふ教がござり、漢土には孔子の教、又老荘の教、其一変した所では道家の教などがござると承り、又天竺の古教には婆羅門の教がござりて、又釈迦の教（略）は反て本土には行はれず、西蔵韃靼漢土より反て御国などにこそ行はるれ、若し教が一致のものでござるならば、盛衰も隆替もない訳ではござらぬか。

西周『百一新論』（明治7年）

話を戻そう。前島密が〈今日普通の〉と述べる「ござる」「つかまつる」は、私たちの感覚でいえば時代劇のせりふ、近世武士階級の話しことばの語尾である。前島はつまり言文一致の必要性を説いているのだ。また、タイトルが「漢字御廃止之儀」である点からもわかるように、前島文書のそもそもの力点は「漢字を廃止してしまおう」という部分にあった。なぜそんな大胆な主張を彼はしたのか。理由は簡単。当時の日本の常識では、「文章」といえばそれすなわち漢文や和文のことであり、日常の話しことばとはあまりに隔たっていたからだ。

　読み書きをする能力のことを、ちょっと気取ったことばで「リテラシー」という。識字率が百パーセントに近いいまの日本ではもはやピンと来ないけれども、「発展途上国」では国民のリテラシーのレベルを引き上げることが、急務となる。近代国家においては、民衆が日常生活をおくるうえでも、彼らを産業と軍事に駆り出したい為政者の都合に鑑みても、読み書きは最低限必要な能力だからである。その際、むずかしすぎる文字づかいや、話しことばとかけ離れた文章作法上のルールが学習の障害になると考えるのは自然のなりゆきだろう。

　江戸で英語を学んだ前島密は考えたのであろう。あちらでは話しことばと書きことばがいっしょでござる。しかるに、わが国はいかがでござろうか。両者がこうも異なっては、しかもかようにむずかしい文字を覚えねばならぬようでは、近代化に遅れをとるに相違ないのでござる、と。

前島だけではない。日本語の書記方法に改良が必要だとの認識は、西洋かぶれの「進んだ」インテリ青年の間に広く共有されていた。話しことばと書きことばが近似するうえ、二十六文字ですべてを表記できるヨーロッパ語の書法は、幼少のみぎりより漢文相手に地獄の特訓をさせられてきた者にとっては、相当なカルチャーショックだったにちがいない。

もちろん、西洋の言語とて昔から言文一致だったわけではない。言と文は、海のむこうでも、かつてはやはり乖離していた。英語、フランス語、ドイツ語、イタリア語などは、話しことば（口語）に限定されたいわば方言であり、インテリ階級が独占的に使用する古典的な書きことば（文語）は、むろんラテン語であった。人々がそれぞれの母語＝口語体で文章を綴るようになったのは、ルネッサンス以降、一四〜一六世紀のことである。各地の方言がしだいに標準化され、国家語として成立する過程では、グーテンベルクが発明した印刷術が大きな役割をはたしている。なんせかんせ近代の書きことばは印刷との関係が深いのでござる。

文体革命はしかし、一朝一夕になるものではない。なにせ明治の日本（どの国でも事情は同じだったと思うけれども）では、言文一致以前に階級や地域によって話しことばもまちまち、「言言一致」さえ実現していなかった。片づけなければならない問題は山積み状態であった。「標準語」の制定にかかわる問題、言（話しことば）と文（書きことば）のどっちを主軸にするかという主導権の問題、表記やかなづかいの問題。

文学者が実践的にそれぞれの言文一致体と格闘しているいっぽうで、国策にかかわる学者の間でもさまざまな試行錯誤があり、侃々諤々の議論がおこなわれていた。漢字廃止論者（たとえば「かなのくわい」の人々）や、ローマ字表記論者（たとえば「羅馬字会」の人々）も少なからずいたのだから、文末詞をどうするかどころの騒ぎではない。もっとも、実際に漢字を全廃したり、ローマ字表記に一本化した場合の不便さ不自由さは、「にわにはにわにわとりがいる」「きしゃがきしゃできしゃした」といった例文を持ち出すまでもなく、だれにも想像しうることではあり、もともと勝ち目は薄かったかもしれないのだが。

前島密の進言から四十年、日本の教育制度の中で言文一致体が採用されたのは、二〇世紀のはじめ、日清戦争と日露戦争に挟まれた明治三六（一九〇三）年のことである。小学校令の改正にともなって有象無象の教科書が国定のそれに一本化され、と同時に新しい国定教科書は言文一致体＝口語文の全面採用にふみきったのだった。

もっとも、こうなるまでには紆余曲折があり、明治三〇年代になっても国語国字問題はしばらくガタガタしていた。おもしろいものをかいつまんで紹介しよう。

文例❶　若松賤子の「かッた体」

セドリックには、誰も云うて聞かせる人が有りませんかッたから何も知らないでゐたのでした。おとッさんは、イギリス人だッたと云ふこと丈は、おッかさんに聞いて、知つてゐましたが、おとッさんが、おかくれになつたのは、極く小さいうちの事でしたから、よく記憶えて居ませんでしたが、大きな人で、眼が浅黄色で頰髯が長くッて、時々肩に乗せて、座敷中を連れ廻られたことの面白さ丈しか、瞭然とは、記憶えてゐませんかッた。

『小公子』（明治23年）

これは『女学雑誌』に発表された、若松賤子による有名な翻訳文である。はじめてこれを目にした人は、だれもが驚くはずである。こんな日本語は見たことがありませんかッた、である。「ありませんでした」が定着する以前には、こんな試行錯誤があったのだ。

さらに明治三三（一九〇〇）年には、小学校令の改正にともなって、文部省は教科書の国字表記にかんする原案を提出した。上田万年や沢柳政太郎ら進歩的な官僚の後押しもあったとはいえ、この文部省案は、いまの私たちが読んでも「これは過激だわ」というようなものである。児童の負担を軽くするため、かなの字体を一定し、「ゐ・を・ゑ」などを廃止し、漢字を千二百字程度に節減する、というあたりはまだ理解できるとして、そこにはさらに「字音仮名遣を表音式に改正」の条項が含まれていた。「ヲ」は「オ」に、「ワ」と発音する「ハ」は「ワ」に、「エ」と発音する「ヘ」は「エ」に。また「ケフ」は「キョー」に、「ハウ」は「ホー」に。この表記法にのっとって書かれた文章の実例を見てみよう（イ・ヨンスク『「国語」という思想』より引用）。

文例❷　保科孝一の「棒引きかなづかい」

一体、禁酒禁煙とゆーことわ出来るが、節酒節煙わ出来ないとおなじで漢字の節減わどーも六かしい。これで、従来の障害お、一洗しよーとゆーことわ、国語教育百年の大計でない。単に過渡時代における一時の方便に過ぎないものである。真に国語教育百年の大計おおもーなら、漢字わ全く廃止して、しまわなければならん。

『国語教授法指針』（明治34年）

内容的にわ前島密と同じ「漢字廃止論」だが、当面の驚愕わそーゆーことでわない。保科わべつだんふざけているのでわない。を→お、は→わ、へ→え、にする云々とゆー原則にしたがえば、おのずとこーゆー書き方になるのである。音引きの「ー」お多用したこのかなづかいわ「三三年式かなづかい」またわ「棒引きかなづかい」と呼ばれる。表音表記に近いとゆー意味でわ、戦後の新かなづかいよりいっそー革新的だとゆーふーにいえるのでわなかろーか。

漢字廃止論者や、ローマ字表記論者も少なくなかったこの時期、いまとなってわ突拍子もなく思える右のよーな珍文章・珍表記も、前島密の「ござる体」同様、口語文としての可能性だけわ持っていた、と考えるべきだろー。

採用寸前までいった「棒引きかなづかい」わ、教育界の期待をよそに、保守的な貴族院議員らのもーれつな反対にあって最終的にわ流れてしまい（遺憾なことにこの案お支持した官僚や学者らもそろって保守回帰してしまった）、明治四一年には旧来の「字音かなづかい」＝歴史的かなづかい」に戻るのであるが、もしもこの案がめでたく採用されていたら、女子高生の交換日記のよーなこーゆー表記で、むずかしー論文わもちろん、うつくしー詩さえ書かれるよーになっていただろー。それもよかったなーとゆーふーにもおもー。こーしてみると文章の原則なんてゆーものわ、どこえころぶかわかりゃしない、たいそー恣意的なものなのである。

表記の面では頓挫したが、明治三三年の小学校令改正は、国語教育や作文教育の流れを変えた。それまでの「読書」「作文」「習字」を一本化する「国語科」という教科ができ、カリキュラムの一環として「作文」にかわる「綴り方」の名称が登場した。また、その数年後には、国定教科書の編纂に際し、小学読本のほとんどすべての単元が言文一致体＝口語文を採用した。

国家が介入する言文一致運動や国字国語改良運動は、「ことばの国家管理」と「ことばの民主化」の両方の側面をふくんでいる。印象だけでいうと、一般に、文字表現をなりわいとする（あるいは言語的なエリートである）作家などの表現者は「国家管理」の部分に着目してこれを批判し、音声表現を重視する（あるいは言語的非エリートと接する機会の多い）言語学者や教育学者は「民主化」の部分を評価する傾向が強いように見うけられる。が、どっちにしても、この時期の「国語改良」が、文章の大衆化に貢献したことはまちがいないのではなかろーか。

明治は文語文の完成期

というわけで、明治の末には言文一致体＝口語体は広く認知されるようになった。とりわけ文学業界では、夏目漱石『吾輩は猫である』（明治38年）、島崎藤村『破戒』（明治39年）、田山花袋『蒲団』（明治40年）などの作品名をあげるまでもなく、明治四〇年代にはすでに口語体が主流になっていた。しかし、あらゆる文章が口語体一色になるのはまだ先のこと。明治の文章史というと、とかく私たちの関心は「言文一致運動＝口語文の完成」に向く。けれども、文学業界をべつにすれば、明治の四十数年は、むしろ文語文の完成期といったほうがいいのである。

文語体から口語体への移行期にあたる明治末から大正初期は、新旧いりまじった文章見本市時代の観がある。口語体への道をいち早く開いたのが小説だとしたら、もっとも遅くまで文語体にしがみついていたのは大新聞と官庁である。東京日日、読売、東京朝日などの社説が口語体にかわるのは、大正一〇年をすぎてからだし、官庁の公文書や法律文が口語体にふみきるのは、なんと戦後になってからである。「口語体とは俗なものなり。格調高き文書は文語体にて記すべし」という観念は、そうとう後まで残っていたのだ。

私たちはふつう「口語文」「口語体」にたいするものとして「文語文」「文語体」ということばをつかう。しかし、そもそも文語体とはなんだろうか。

いまでいう「文語文」「文語体」は、明治の後半には「普通文」「文章体」などと呼ばれていた。「普通文」の定義は明確ではないが、漢字かな混じりで書かれ、和文（雅文・擬古文）と漢文直訳体とを折衷した文章だと説明される。そういわれてもわけがわからぬが、雅文とは文末が「なり」「おり」「はべり」で終わるナヨナヨ調、漢文直訳体は例の「一瓢を携へ」式のゴツゴツ調といったらいいだろうか。明治末期の文章指南書『作文講話及文範』に紹介された例を引いてみよう。

文例❶　雅文体の例

中ひと日おきて十三日の午後、マラアは例の如く人を遠ざけて一間に籠り、あすの新聞の社説をぞ書いたりける。この日郵便の書状幾つか届きぬ。取り続《つ》ぎたるシモンヌは、そが中に女の手して書いたるが一つまじれるを早くも見出して、一たびは焼き棄つべきかとおもひぬ。

森鷗外『水沫集』

文例❷　漢文体の例

新聞先生有り、天朝を以て親玉と為し、万民を友達と為し、士族を厄介《やくかい》と為し、華族を間抜と為す。着るに衣服無く、食《くら》ふに皿鉢無し、社を家とし飯を貰つて命の活《いき》て有るを楽む。聴けば則ち本を糺し、末を抉り、書けば則ち肝を潰させ、沫を吹かせ、唯訳《わけ》を是れ諭す。

成島柳北「新聞の頌」

読みくらべてみても、やはりいまいちピンとこない。でも、悩むことはない。こういう純度の高い雅文体や漢文体は、明治の末にはほぼ絶滅してしまったからである。書き手によって雅文臭、漢文臭のちがいこそあれ、右のような文体を折衷したのが明治の「普通文」たる文語体である。

口語文が支配的になっても、文語文を学ぶ者は減らなかった。文範や文章作法書も、ほとんどが口語文と文語文を併記している。作文少年の投稿熱もますます高まるばかりであった。文章の群雄割拠時代に、文章への関心が集まるのは、まあ必定であろう。

ところで、ここで想起したいのは谷崎潤一郎『文章読本』が提出した、〈文章に実用的と芸術的との区別はない〉というテーゼである。谷崎潤一郎だけが唱え、三島由紀夫から井上ひさしまで、谷崎以外は御三家・新御三家のだれひとり支持しなかった、あの爆弾発言である。

「実用文」「芸術文」を同列視する谷崎の新しさは、いま見たような明治の作文を前にしたとき、はじめてはっきりするのではなかろうか。

書簡文範は、これ以上ないというほどの「実用的な文章」である。いっぽう、投稿少年が血道をあげた漢作文は、中身は空っぽ、外づらオンリーの超「芸術的な文章」だ。谷崎読本のなかにも漢文調の美文の例が引かれているが、明治一九年生まれの谷崎は、幼年時代、当然このような作文教育をまのあたりにしたはずである。というか、谷崎自身、投稿少年の一人だった。その彼が、後年自らの文章作法書を編むにあたり、心得の第一番目に〈文章の要は何かと云えば、自分の心の中にあること、自分の云いたいと思うことを、出来るだけその通りに、かつ明瞭に伝えることにあるのでありまして〉と述べたのは、けっしてたんなる思いつきではなかったはずだ。

谷崎読本が書かれた昭和期には、もはや明治期のような形式主義は廃れていた。しかし、ほんの少し前までは、実用文・芸術文の双方ともが「自分の心の中にもないこと、自分の云いたいとも思わないことを、できるだけねじ曲げて、かつ装飾的に伝えること」を要諦としていたのである。

個性化への道
——戦前の綴り方教育

サルまね作文はもう古い！

明治三三（一九〇〇）年の小学校令改正を期に「作文」は「綴り方」に名前をかえた。それは名称の変更だけにとどまるものではなかった。お手本をまねて文章を作る「作文」から、生活体験を綴る「綴り方」へ。言文一致運動は文章意識そのものも、ゆさぶったのである。

その移行期にあたる明治末期には、「筆とは〇〇なり」式の明治作文お得意の定義文にも、微妙な変化があらわれる。左は小学二年生が書いた牛にかんする定義文の一例。

文例❶　牛は馬などとちがひ角二本ありてわらなど食ひて生長す。牛にはおすめすあり、そしてめすには乳ありて、それを人々は食いなどするものなり。牛はおとなしき毛物なれども、おこりし時は角にて、つきなどすることもあれど、又になどになひて道をあるきなどして人のためになることをし、はなはだよき毛物なり。

樋口勘次郎編『統合主義新教授法』（明治33年）

定義文は定義文でも、なんとなくかわいい感じがする。

この作文を自著に採録した樋口勘次郎は、右の作文を、四年生が書いた同題の定義文、すなわち〈牛ハ人家ニ飼フ獣物ニシテ体ハ大キク頭ニハ二本ノ角アリ又オモニヲ負ヒテトウキ道ヲ歩ミ又其乳肉等ハ人ノ滋養ノ功アリ〉と比較して、四年生のは〈思想及び文章語の整頓せる点に於てまさ〉るけれども〈発表の自由なる点〉では二年生のほうがまさる、と記している。

この樋口勘次郎という人は「自由発表主義」を唱え、ことば中心の「作文教育」から表現重視の「綴り方教育」への橋渡しをした人物として知られている。「自由発表主義」とは、児童の自発的な表現意欲を伸ばしてやるべきだという考え方のこと。

大正期に入ると、樋口が唱えた「自由発表主義」路線は、さらに拡大、発展する。よく知られているように、大正期は子ども観が大きく転換した時期である。子どもは大人のミニチュアであり、子ども時代は大人になるための準備期間である——それが明治期の子ども観だった。作文教育と称して小学生に泥酔の詫び状や梅園での遊興を書かせていたのも、そんな子ども観のゆえだったともいえよう。大正時代に入ると、こうした考え方は一掃される。ペスタロッチやフレーベルなどの教育論が輸入され、子ども（児童）には子ども（児童）独自の世界がある、それを尊重すべきである、という考え方が普及したのだった。エレン・ケイ流にいえば「児童の解放」、フィリップ・アリエス流にいえば「〈子ども〉の発見」である。

児童中心主義は、作文教育にも少なからず影響を与えた。大正末期から昭和初期にかけて進行したドラスティックな方向転換は、構造改革というより、ほとんど「革命」といったほうがいい。百年一日に思える学校の作文教育も、これでなかなか「激動の歴史」なのである。いや、ほんと。

表現意欲か、伝達技術か

さて、「激動の歴史」の陰には、いずれ坂本龍馬か高杉晋作か、というような立役者が必ずいる。大正綴り方教育界のスーパースターをまずひとり紹介するなら、先にあげた樋口勘次郎の弟子筋にあたる芦田恵之助であろう。といっても「だれだそれ？」だろうけれど、業界内に名をとどろかす大物が、どんな業界にも五人や十人はいるのである。

彼は皇民化政策の一環として植民地むけの「国語読本」を編纂したことでも知られるが、その話はここでは措く。この芦田恵之助こそ、綴り方教育界に「思った通りに書け」を導入した最初の一人だった。彼はこんなふうに主張する。

児童の実生活に精神生活の伝達・記録の必要があり、時に娯楽のためにも文を綴るといふことが明かになれば、綴り方教授の意義は最早動かない。即ち児童の実生活より来る必要な題目によつて、発表しなければならぬ境遇を作り、こゝに児童を置いて、実感を綴らせるのである。かの児童が「先生うそを書いてもよろしいか。」といふやうな綴り方教授は、余の主張する意義の中には存在することを許さぬ。

『綴り方教授』(大正2年)

「実感を綴らせる」ことこそが重要である——こんなことは、いまとなっては「耳にタコ」の作文教育の定石だが、悲壮な調子の芦田の文面からも感じられるように、当時は無謀な主張であった。実際それは、すんなり受け入れられたわけではない。

大正七(一九一八)年から五年間にわたり、先の芦田恵之助と友納友次郎の間で起こった有名な論争がある。「綴り方の目的は自己表現だ。したがって好きなテーマ(随意選題)で書かせるべきだ」と主張した芦田に対し、友納は「綴り方の目的はあくまで書く能力の育成だ。したがって教師が与えたテーマ（課題）で書かせるべきだ」と反論したのである。「随意選題論争」と呼ばれるこの論争は、衆人（といっても高等師範学校系の教師だけだが）環視のもとでプロレスなみに白熱し、大正一〇年には九州小倉を舞台に二人そろっての「立会講演会」が催される。芦田恵之助は東京高師附属小学校の訓導（教諭のこと）、友納友次郎が広島高師附属小学校の訓導だったため、争いは教育界を二分する「東西対決」の様相をおび、小倉対決は宮本武蔵と佐々木小次郎の巌流島の決戦にさえたとえられたという。こうなると国語の先生も命がけである。

一般に「随意選題（または自由選題）vs課題主義」とまとめられるこの論争は、今日まで尾をひく長い長い戦いの幕開けだった。意欲が先か技術が先か。両者の意見を比較してみよう。

・芦田恵之助の表現意欲優先論

余は随意選題といふ思想を何処から得て来たか。それはたゞ自分が幼少の頃から現在に至るまでの、文を綴る場合を追想して、かくなければならないと考へたまでである。吾人が全力を傾倒して、文を綴つた場合は、常に綴らうとする想の内に力強く湧いた時であつた。決して他の命令・依頼等をうけた場合ではなかつた。想の内に力強く湧いた場合は、書かでやまれず、説かでかなはざる時である。人は自己の生に強くふれた時のみ、か丶る状態になるものである。（略）／随意選題による記述を、綴方教授の根本作業と認めると、この作業に従事する児童に対して、教師は何をなすべきかが問題になつて来る。余はこ丶に教育上の重大問題が潜んでゐると思ふ。まず児童の綴らんとする心を、いかにして培ふべきか。この解決のつかぬ間は、綴方教授は行はれない。

『尋常小学綴り方教授書　巻二』（大正8年）

・友納友次郎の伝達技術優先論

所謂自由選題論者はよく態度を養へ心を培へといふ様なことを申しますが、（略）態度其の物は出来ても技能はそれに伴ふものではないと云ふ事であります。（略）／所謂自由選題論者は、表現欲の高潮したものを捉へて綴らせさへすれば文は自ら出来るといふやうなことを申すのでありますが、（略）それは相当の技能を備へた者にして初めて期し得られると云ふことを忘れてはならないのであります。（略）斯様に考へますと表現欲の高潮したものを捉へさへすれば文は自から出来ると云ふやうなことは実際に於て一考を要すべき所でありまして、それには卓絶した技能を伴はなければならないと云ふ必要条件が伴つて居ることを忘れてはならないのであります。縦し又一歩を譲つてそれが事実であると仮定いたしますと、とりもなほさず其れは一種の綴方無用論でありまして、必要に迫りさへすれば必ず文が出来るといふやうな工合に申しますならば何も骨折つて綴方を課する必要を認めない様にも考へられるのであります。

「自由選題論」(「学校教育」大正8年7月号)

文章読本界の御三家・新御三家のいいぶんを思い出そう。清水幾太郎が「あるがままに書くな」といい、三島由紀夫が「特殊な職業的洗練」といい、本多勝一が「話すように書くな」といい、丸谷才一が「思つた通りに書くな」といい、井上ひさしが「透明文章の怪」といった、あの論点である。彼らの主張をまとめれば、ようするに「修辞意識を持て」ということになろう。ひとり谷崎潤一郎を除き、戦後の主要な文章読本は、みな修辞派・技術優先派だ。彼らに芦田vs友納論争を見せたら、全員、友納友次郎を支持するにちがいない。

しかし、実際の芦田vs友納論争で勝ったのは、芦田恵之助のほうだった。というか、二人はもともと綴り方教育の向上という共通の志で結ばれた朋友同士でもあり、論争そのものはあいまいに終わったのだが、その後の作文教育界は圧倒的に芦田の側に傾いたのである。戦後の文章読本が攻撃してやまない「話すように」「思った通りに」「あるがままに」という学校作文のテーゼは、そもそもここからはじまった、といっても過言ではない。

意欲が先か技術が先か――この命題は、文章の二つの機能である「表現」と「伝達」のどちらを重視するかという話である。芸術文と実用文のどちらを先に学ばせるかという話でもある。その後も形をかえ、舞台をかえて、このテーマはくりかえし変奏されることになるのだが、それはまた後の話。明治末期の言文一致運動によって「話すように書け」の道へとふみだした作文業界は、大正期に「思った通りに書け」を新しいスローガンに加え、さらに前へと突き進む。

突き進むだけでなく、大正から昭和初期には綴り方教育理論が百出した。写生主義綴り方、生命主義綴り方、形象理論綴り方、昭和に入ってからは、生活させる綴り方、土の綴り方、村の綴り方、科学的綴り方、役に立つ綴り方、調べる（調べた）綴り方……。これらは書名ではなくて、派閥というか理論の名称。まさに群雄割拠状態である。

そのいちいちを詳説している余裕はない。次なるスーパースターの紹介に移ろう。各派のなかでも、とりわけ後世に大きな影響をおよぼした人物、鈴木三重吉である。三重吉の「赤い鳥綴り方」こそ「あるがままに書け」を普及させた大元締めだった。

「赤い鳥綴り方」の文学至上主義

「赤い鳥」は大正七（一九一八）年に鈴木三重吉が創刊した、ご存じ、童話雑誌である。著名な作家に創作童話や童謡を依頼し、「児童芸術」「児童文化」の向上につとめた雑誌というイメージが強いけれども、「赤い鳥」のもうひとつの柱は、読者投稿と三重吉自身によるその選評にあった。途中数年の休刊期間をはさんで、昭和一一（一九三六）年にこの世を去るまで、三重吉は綴り方教育に異様なまでの情熱を燃やした。それが「赤い鳥綴り方」である。

三重吉の指導方針はどんなものだったか。「赤い鳥」創刊の辞で〈真の意味で無邪気な純朴な文章ばかりを載せたいと思ひます〉〈空想で作つたものでなく、たゞ見た儘、聞いた儘、考へた儘を、素直に書いた文章を、続々お寄せ下さいますやうお願ひ致します〉と呼びかけた彼は、初期の「通信欄」でも重ねて書く。

みなさんの綴り方を見て第一にいやなのは、下らない飾りや、こましやくれたたとへなぞが、ごた〳〵と使つてあることです。私がいつも選ぶ綴り方を見てごらんなさい。みんな、ただ、あつたことを、ふだんお話しするとほりの、あたりまへのことばでお話したものばかりではありませんか。　「赤い鳥」第一巻第三号（大正7年）

「話すように書け」「あるがままに書け」の思想に加えて、修辞嫌い、文章意識嫌いの傾向がはっきりと見てとれる。鈴木三重吉は、漱石門下生として「写生文」から出発した作家である。作為を嫌い、作り物を排し、「見たまま、ありのまま」を「写生」するのが彼の文学観に根ざした信念だったとはいえるだろう。が、三重吉が愚痴りたくなるほどに、大正の文章教育界では、まだ「話すように書くな」「あるがままに書くな」の美文が猛威をふるっていたし、巷では実用文と芸術文の分類などにこだわる綴り方指導書、文章作法書が主流だった。一部の進歩的な教師の間では「随意選題論争」が注目を集めていたとはいえ、全国の小学校数・教師数がどれほどかを考えてみれば想像がつくだろう。古い習慣はそう簡単には払拭されないのである。

というわけで三重吉は、国語読本、文部省式の綴り方、あるいは市場にあふれる少年投稿雑誌や副読本をことごとく「敵」と見さだめ、これを完膚なきまでに叩きのめすことで、わが「赤い鳥綴り方」の優位性を強調するという戦法に出た。彼が攻撃してやまない大正式の綴り方とは、たとえば左のようなもの。三重吉が後にまとめた『綴方読本』（昭和10年）に掲載された例である。

文例❶ 火のついた線香を一本、電燈にかざして何げなく見てゐた。ゆら〳〵と立上る煙が、なよやかな曲線を描いたかと思ふと、パッと崩れて、恰度夏の雲の様にむく〳〵と湧いて出る。ふうはりと拡がると、薄衣の様に青く透き通つた綺麗な色だ。天女の羽衣とはこんなのか知らん。まるで舞でもしてゐる様に、軽く静かに上つてゆく。三筋に分れた。流れのまにまに藻草がゆらぐ様に揃つてゆれるうち、又もつれ出した。細い幾筋かに岐れて跡をからませつゝ、思ひ〳〵の方向に行くのを、じつと見てゐたが、夢の様に消えてしまつた。／僕は吸ひとられる様な、或強い感動を受けて、思はずほつと一息ついた。　「煙」（高等小学校二年・男子）

文例❷　指導教師による講評（を鈴木三重吉がまとめた概要）

たつた一本の線香から出る煙が、これほどまでに立派な文章になるのかと思ふと、流石に人の力の偉大さを思はせられる。原文で推賞すべきは、何を措いても、まづ、作者の観察の緻密さと鋭どさである。そこを十分味ふべきである。

三重吉は明記していないが、この作文と講評の出典は田上新吉『綴り方指導原論』（昭和2年）であるらしい。広島高師附属小学校の訓導であった田上は「生命主義綴り方」を唱えるなど、じつは綴り方教育界に大きな足跡をのこした人物である。しかし、「文学者・鈴木三重吉」にとって、教育者系の綴り方理論はミソもクソもいっしょに全否定だった。かくて三重吉は、たまたま目にとまったこの作文を俎上にのせ、酷評の限りをつくすのである。

文例❸　私に言はせれば、これなぞは、無用な扮飾と誇張とに充ちた、全然排斥すべき悪どい駄文である。線香から立ち上る煙を、これほどまでに、さま〴〵に見つめたことに価値がないとは言はない。併し、いけないのはそのあくどい、又はうそらしい誇張的な表現である。くはしくいふと、表現中の比喩の不適切と、比喩の踏習《ママ》と、表現の言葉の厭味と、わざとらしい感激的表現の挿入とである。／まづ煙がなよ〳〵した曲線になつて延びたとおもふと、ぱつと崩れて、またむく〳〵と立ち上るのを、夏の雲のやうだと言ひ、ふうはり広がつた、まるで薄衣のやうにすきとほつた、青い奇麗さを、天女の羽衣のやうだと言ひ、軽くしづかに上つていくのを舞をでもしてゐるやうだと言ひ、流れのまに〳〵ゆらぐ藻草のやうだと、しつッこく重ね上げた表現には、観察の細かさといふよりもむしろ、こね上げてかいた作為があり、比喩もすべて陳腐で、ごて〳〵とうるさい。中でも、煙が薄くてすき通つて、きれいで、なよ〳〵して、軽々してゐるのを見て「天女の羽衣とはこんなのか知らん」と言つたのは、第一仰々しくもある。「立ち上る煙がなよやかな曲線を描く」だの「流れのまにまに藻草がゆらぐ如く」「夢のやうに消え入つた」も、やにッこい、気取つた言葉である。／その煙をしまひまでながめて「吸ひとられるやうな或力強い感動をうけ」ただの「思はずほつと一息ついた」などといふ表現も、誇張的で、真実感に乏しい。どういふ意味からどんな感動が来たのであらう。あれだけの過程を見守つたつて、何も強い感動なぞが湧き得る理由があり得ようともおもへない。これがたゞ素直な表現でもつて煙の諸相をこまかく描いたと言ふのならば、少くとも厭味はないが、これでは鼻もちがならない。／論者はかういふものを目して、人間の偉大さを感じる、立派な名文章だといふのである。本当の真実な、叙写といふものは決してこんなものではない。（傍点原文ママ）『綴方読本』（昭和10年）

そういわれれば、たしかにそうであるかもしれない。しかし、たかだか子どもの作文を、ふつうここまで〈しつッこく重ね上げた表現〉でネチネチ罵倒するだろうか。分量だけを比較しても、三重吉の批評文はもとの小学生の作文の三倍近くあるのだ。だが、この執拗さ、ねばり強さこそ、「赤い鳥綴り方」の名声を全国に轟かす原動力だった。他の綴り方教授書に載った「駄文」の例と、良質な「赤い鳥綴り方」の例文とを載せたパンフレットを携えて、三重吉は全国を行脚する。彼が得意満面に披露した作品とはどんなものだったか。「赤い鳥綴り方」の作品は全体に長い（原稿用紙五、六枚はざら）ので、一部をかいつまんで紹介しよう。

文例❹　でんぽうはいたつが、じてんしゃできました。とうちゃんは、そのでんぽうを、ぼくによんでみろとわたしました。／「よめない。」とゆったら、「ばか、よんでみろよ。」とゆうので、みたら「六ジ、ヒヨコオクッタ、ナゴヤ」とかいてありました。／とうちゃんが、はあ（もう）、ついたとおもって、てんしゃば（ていしゃば）さひよこをとりにいきました。はあ、かいってきっ（かえってくる）ころだとおもって、まってゐたら、むこうからきたから、ぼくはかけていって「こうだ（こんな）、はこさ、はいってきたの。」と、ゆいました。はこには、いくつもあながあいてゐて、ぴよ〳〵なくのが、なかからきこえます。／とうちゃんは、うちのまへさ、きてから、なはをきって、はこのふたを、あけました。そして「一ぱも、しがねえ（しなない）よ。」とゆったら、かあちゃんが、／「どれよ、まづ、ほんとにさ、よくしがねえもんだねえ。」と、そばさきてゆいました。

松井文男「ひよこ」（茨城県西茨城郡穴戸小学校・尋常一年）

文例❺

鈴木三重吉による選評

一年生の作としては、めつたに得られない程度の傑作です。（略）対象の把握（うつし出す事象のつかみ方）が、しつかりしてゐるので、表現の単純さそのものが、まるでフランスあたりの大作家が、感覚的に言葉をふるひ〳〵して簡朴の勝利をねらつた、極致的な技巧と同じやうな光をもつてゐます。

児童の純性の貴いことが、こゝにも、しみ〴〵と感じられて頭が下ります。／配達夫が自転車でもつて来た電報を、お父さんが、わざ〳〵松井君によんで見ろとわたされたのは、電文は片仮名ばかりで、且つ、みじかい文言なので、一年の松井君にも読み得られる、読めて事が通じれば松井君も得意になれる、お父さんも、それが又うれしいわけです。／(略)／かうしたすべての意味とそれ〴〵の気持と、その場面の空気とが、あのわづかな、簡単な叙写の中に感じられます。

鈴木三重吉『綴方読本』

コチコチの明治作文と比較したときの、この変わりよう！　にも驚くが、選者三重吉のデレデレの褒めちぎりようにも、いささかたじろがざるをえない（右の選評は長文のほんの一部。こんな調子でまだ延々とつづくのである）。さっきの酷評とくらべてみてほしい。

「赤い鳥」の特質として、しばしば指摘されるのは「童心主義」である。童心主義とは、子どもは自由で率直で純真で無垢で善良で汚れなきもので……という考え方のこと。いわば「子どもは天使だ」論である。「赤い鳥」に載った文学作品を見ていると、必ずしも童心主義一辺倒とはいえないような気もするのだが（たとえば芥川龍之介の『蜘蛛の糸』の初出は「赤い鳥」である）、少なくとも綴り方の選評における三重吉は、童心主義の虜である。とはいえ、会話や方言を自在にまじえ、日常生活を生き生きと綴った「子どもらしい」作品の数々が、文学青年くずれの田舎教師たちに新鮮なショックを与えたことは想像にかたくない。「赤い鳥綴り方」の特色をまとめておこう。

・綴り方を「児童の純芸術」と考えて、その文学性を称揚すること
・写生文としての「リアリズム」を重んじたこと
・純朴で飾り気のない「子どもらしさ」を重んじたこと
・方言や訛りを積極的に取り入れさせたこと

「文学者・鈴木三重吉」の考える「赤い鳥綴り方」は、リアリズムに傾斜したきわめて「文芸主義的」な綴り方だった。それは文部省の国語教育とは、たしかに対立するものだった。文語文や候文を排撃し（随意選題を唱えた芦田恵之助でさえ、高学年の綴り方では基本的な文語文くらいは書けるようにしなければならないと説いていた）、子どもに実用文を教える必要はないといい（学校では書簡文や公文書の書式なども教えていた）、方言の価値をこんこんと説く（当時の学校は標準語教育にやっきになっていた）。形式ぎらい。規範ぎらい。なのはいちおう理解できるとしても、三重吉のやり方は「作文の趣味化」といえなくもない。明治の漢作文が規範なら、方言多用の写生文もひとつの規範。「子どもは大人の小型版」という考え方がイデオロギーなら、「子どもは子どもらしくあれ」もイデオロギーである。

しかし、インテリを自認する人は、いまも昔も「学校のやり方」にとかく不満をいだくのが通例である。文章読本界における学校作文不信の伝統しかり。大正昭和の文学青年くずれの学校教師しかり、である。文部省には危険視され、高等師範系の教育界からも黙殺されていた「赤い鳥綴り方」は、文学かぶれで新しもん好きの反骨教師にじわりじわりと支持されて、昭和の初期にはかなりの影響力をもつようになる。それはまた都市の中間層から、全国の農山漁村へと三重吉の理想が伝播していく過程でもあった。

「赤い鳥」の児童芸術運動として、もうひとつ補足しておきたいのは「児童自由詩」という新ジャンルの開発である。「赤い鳥」は、創刊当時から創作童謡の募集もしていた。この部門の選を受けもったのは「♪うみはあらうみ、むこうは佐渡よ〜」や「♪からたちの花が咲いたよ〜」の作詞でも知られる、歌人で詩人の北原白秋であった。募集は当初、成人を対象にしたものだったが、しだいに児童の童謡作品が集まりはじめる。そのなかから、白秋は韻律にとらわれない「詩」を発見し、やがて「児童自由詩」という独立したジャンルを提唱したのだった。

文例❻　夜明けの草履作り、／だまって聞いてると、／だまって作ってると、／夜つゆの落ちる音、／はずんでるやうだよ。

内田豊司「草履作り」（埼玉県秩父郡原谷小学校・高等科二年）

文例❼　北原白秋による選評

内田君の、「草履作り」は二行三行の「だまつて聞いてゐ《ママ》ると」「だまて作つてゐ《ママ》ると」がしみじみさせる。同じやうに二度つづけたのがいいのである。

夜つゆの落ちる音、と名詞で次の行を留めて「はずんでるやうだよ」と附けたのがいい。はずむのでかへつて寂しさが集つてくる。

「赤い鳥」（昭和2年3月号）

いかにも白秋節（特に末尾の「よ」のあたりが）という感じの詩でしょ。

小学校の国語の授業を思い出していただきたい。作文といえば、身辺雑記というか体験手記というか、必ず「お母さんが『うんたらこうたら』といいました。そして……」式の私小説的ノンフィクションだった、という覚えがないだろうか。低学年のときには、わけのわからん「詩」も唐突に書かせられた覚えがある。あれらがすべて「赤い鳥」のせいだった、とはいわないまでも、その一端に「赤い鳥」が深く関与していることはまちがいない。

ついでにいえば、子どもに好きな画題で絵を描かせる「児童自由画」というジャンルを普及させたのも「赤い鳥」である。それまでの図画の時間は、作文教育と同様に、お手本の模写が主流だったのだ。児童自由画の選と指導にあたったのは山本鼎。近代創作版画や農民美術の普及につとめた人物である。綴り方の三重吉・自由詩の白秋・自由画の鼎——この三人は、在野から教育界に新風をおくる「カリスマ芸術家」三羽がらすだったといえるだろう。

「赤い鳥」に掲載された綴り方の優秀作品は、のちに三重吉の作文指南書『綴方読本』（昭和10年）におさめられた。同時に、常連投稿者であった小学生の作文集も空前のベストセラーになるのだが、その話は後で改めてするとして、昭和初期の綴り方教育界を席巻した、もうひとつのムーブメントについて先に見ておきたい。「生活綴り方」である。

「生活綴り方」の生活指導主義

生活綴り方運動——名称くらいはどこかで聞いたことがあると思う。

芦田恵之助の随意選題→田上新吉の「生命主義綴り方」→鈴木三重吉の「赤い鳥綴り方」、と進んできた大正昭和の綴り方教育は、日常に根ざした自己表現、「あるがままに書け」のリアリズムを基調にしてきた。この路線は、子どもたちの家庭環境や生活実態を、いやでも明るみにひきずり出す。家が貧しいとか、父が借金苦の果てに家出したとか、母が病気で死んだとか、兄ちゃんが泣く泣く進学を断念したとか、姉ちゃんが出戻ってきたとか……。

綴り方を介して子どもたちの現実をまのあたりにした熱血教師が、芸術家然として「苦労が絶えないお家のようすが生き生きと活写されていてすばらしい作品ですね」などと評してニコニコ笑っていられるだろうか。現場の教師は（文学青年であっても）文学者ではない。である以上、綴り方が「文芸作品」としての優劣を超えて、全人格的な教育のツールとなっていくのは、ある意味、当然だったかもしれない。しかも昭和初期の日本社会は、きびしい現実に直面していた。金融恐慌、米価の暴落、失業者の急増、小作争議、労働争議、娘の身売り、一家離散。もはや大正デモクラシー時代の自由な雰囲気、童心主義のロマンチシズムにのんびり浸っていられる時代ではなかった。文学界はといえば、プロレタリア文学の最盛期だった。

と、このような現実を背景に誕生したのが「生活綴り方」である。これは官主導でもなく、「赤い鳥」のような芸術運動でもない、教師の自発的な活動だった。三重吉のワンマン体制に支えられていた「赤い鳥」とちがって「生活綴り方」は船頭が多いから、その主張、方針も一様ではない。

極端な例を見てみよう。次に掲げるのは教師むけの生活綴り方雑誌「綴方生活」誌上（昭和４年）に載って物議をかもした四年生の綴り方とその選評である。

文例❶

僕が大塚へ行くと、たいていカフエーの家の中に、モダンボーイが女にちくをんきをかけさせてゐる。時々は大学生もゐるが、お父さんやお母さんにはないしよかしら。どうしてあんなところにはいるのだらう。そして女にからかつてゐながら、ビールやソーダ水などをのんでゐる。どこの家のものだらう。あんなやつはおつぱらつてしまつた方がいい。日本にはあんな人はゐない方がいい。／よそへ行くとき汽車に乗ると、一等二等三等があるが、あれはみんなおんなじに、三等なら三等、二等なら二等にして、みんならくにした方がいいと思ふ。お金さへたくさん出したからいいのにのれて、らくに行けるといふのはよく考へると、ほんとにつまらないことである。お父さんの話にアメリカではこんな区別はないといふ話があるが、日本はまだ発達してゐないからだらう。／どろぼう、ごうとう、すり、不良少年など悪いやつが沢山ゐる。これはお金がないからである。みんなでお金を出してやればいい。十銭づつも出したら一万人で千円にもなる。そしてみんなおなじになればよい。げいしやなんかおつぱらつちやつてしまへ。何もならないで、お金をつかはせるだけだ。／僕はわりあいに体が丈夫だからうれしい。世の中には丈夫な人ばかりはゐない。日本人より西洋人の方が平きんして長生をするといふことだ。日本人はもつと運動してからだを強くしなければならない。／日本は国がせまい。もし日本が、アメリカ、イギリス、支那などのやうに国が大きかつたらいいが。　　　　樒原富士夫「今の世の中」（尋常小学校四年）

文例❷

上田庄三郎による選評

何という驚異的な傑作であらう。その文章がきび〳〵して簡潔直截、十分の迫力を持つばかりでなく、その内容は殆んどわが国思想界の尖端をゆく思ひがあるではないか。樒原君こそは、輝く吾等の闘士の風格がある。尋常四年生である彼の思想は、カフヱーのブルジョア性の看破、モダン消費青年の排撃、汽車無階級論、金の共産論、公娼廃止論、さうして無産者の唯一の財産たる身体論——大塚の高師の先生方の思想よりも遥かに進歩性を内包してゐるかも知れない。兎に角、既成のブルジョア的芸術至上主義の標準からはみ出た作品である。私はこの作品を標型として、今後の綴方の進むべき動向を検討したい。

「赤い鳥綴り方」の文芸趣味とのこのちがい！　だが、それ以上におもしろいのは、この作文に添えられた選評である。昭和四（一九二九）年はプロレタリア芸術運動の嵐が吹き荒れた年だった、という時代的な背景も考慮しなければならないが、評者の上田庄三郎はこの小生意気な都会っ子小学生の作文に「階級意識」を見いだし、「プロレタリア綴り方」として賞賛するのである。もちろん上田のはしゃぎっぷりに「ちょっと待った」をかける人もいたのだが（たとえば「村の綴り方」を唱えた木村文助は〈大胆な発表であるが、右傾的であるかと思ふと左傾的であり、統一がない。プロの見方に立つならば、モダンボーイも、女も芸者も、それぞれに自由を許さなければならない。これは一時の思ひ付か、大人の受売であらう〉と述べている）、作文教育界という場所はどうもオッチョコチョイな人材にはこと欠かなかったようだ。

もうひとつオッチョコチョイ、というか極端な例を見ておこう。都会的な右の作文とは正反対の例。富原義徳『土の綴り方』（昭和3年）に載った三年生の綴り方である。

文例❸　昨日僕が学校からかへってくると、うちのし（人たち）が「至、ぶたを出すからぶたのこもりをしろよう」といひましたから、ぼくが「うらぁ（僕は）、ぶたなんかおんぶうと、ぶたがあばれるからやだ」といふと、うちのしがわらひながら「さうずら、至みたいなちんぶくて（小さく太って）力のないやんぢやあころばつちまあ（ころんでしまう）かもしれねやあ」といひました。／さうしたらお父さんが「ひんじや（それじゃあ）おんぶはなくてもいいから、となりの方へにげさうになつたら、にがさないやうにばんをしてゐればいいや」といひましたから、ぼくが又「うらあ子をおんぶつてゐるから、ぶたがにげはじめたつて、はやくつてつかまんねやあからやだ」といふと、おかあさんがそばにゐておこりましたから、しかたなしに子をおんぶつて、ぶたのばんをしてゐました。　勝又至「ぶたのばん」(尋常小学校三年)

文例❹　富原義徳による鑑賞

いかにも素朴な田園児の創作である。文にあふれるこの魯鈍なユーモア、それから観方にいかにも土臭がある。田園の素地のまゝを持つてゐる。魯鈍のやうではあるが、でつぷりとした力といふやうなものを底に湛へてゐる。かうした作にも土の綴り方の美しい特質がある。

富原の唱えた「土の綴り方」は、「赤い鳥」の童心主義をベースに、大正期に流行した田園主義や、昭和初期に台頭してくる郷土教育思想を、いわば接ぎ木したものだった。右の評言はまだしも冷静な感じだが、富原義徳のオッチョコチョイさかげんは、同じ『土の綴り方』におさめられた有名なマニフェスト「田園児の創作」にあらわれている。

田園児の創作は田園からうまれる。／いまだに田園児の創作を補導する田園の指導者が、田園児の生活の実相を凝視しないで、徒らに都会児の文の表現の流麗繊細、華やかな情調にあこがれるのあまり、田園児の素地として芽ぐむ土の綴り方の培養を忘れてゐるのは嘆かはしいことの極みである。／田園児！／彼等は土の子である。乱舞する太陽の精である。颯颯たる大気の光の嵐の中になりひゞく純真さを以つて自然の生活を生活してゐるではないか。生活してゐる所に綴方の生れない筈はない。

いやはや、この手放しの「田園児」讃美。あまりにもロマンチック、文字どおり牧歌的な富原の主張は、それゆえに批判の対象にもなったのだが（たとえば先の上田庄三郎は〈都会人が別荘をたて、喜ぶやうに、農村人は『土の綴方』をふりまはして喜んでゐたにすぎないのだ。結局、同じセンチメンタリズムだ〉と述べている）、そうであればこそ、これが農山漁村の小学校に勤務する熱血教師らを勇気づけただろうことも想像がつく。

ちなみに上田庄三郎は教育ジャーナリスト、富原義徳は詩人として、当時それぞれ健筆をふるっていた。オッチョコチョイといったけれども、彼らの綴り方観からは「赤い鳥綴り方」にはなかった視点が感じとれる。階級意識、郷土意識、芸術至上主義にたいする生活至上主義、中央にたいする地方の復権などである。「生活綴り方」はこのへんを起点に、「赤い鳥綴り方」につづく新しいムーブメントとして、日本の凶作地帯＝東北地方をはじめ、全国津々浦々の小学校教師のあいだに広まっていった。「生活綴り方」の特色をおおまかにまとめてみよう。

・生活体験を書く「生活表現」であること
・地域に根ざした発想を育てること
・綴り方を「生活指導」の一環と考えること
・「書かれた結果」以上に「書く行為」を重んずること

この時期(大正から昭和初期)の綴り方興隆の背後には、ハード面での後押しも忘れるわけにいかない。筆記用具の革新である。明治の作文は筆と紙、または石盤と石筆をもってするのが常態であった。それが大正初期にノートと鉛筆が普及し、消しゴムが導入されたことの意味は大きい。書く手間が簡便化し、書く時間が短縮されたことで、子どもたちは長文を綴れるようになったのである。「思った通りに書け」「あるがままに書け」と命じられ、筆でサラサラ書くというのは、漫画に出てくる戯画化された文豪みたいに山のような紙クズを出さない限り、ちょっと無理な相談である。それは当時も同じこと。まして紙が貴重だった時代である。字を習いたての子どもたちにとって、書いたり消したりできる筆記具は偉大な発明品だったことだろう。

もうひとつ、「生活綴り方」に多大な恩恵をもたらしたのは、謄写版印刷=いわゆるガリ版印刷機(と下級洋紙=いわゆるワラ半紙)である。謄写版印刷機の発売は明治四三(一九一〇)年にさかのぼるが、これが全国の学校に普及するのは関東大震災後のことである。「生活綴り方」は、教師みずからガリ版で手作りした学級文集、学年文集、学校文集を舞台に花開いた昭和の文化だったといってもいい。学校の綴り方教育にはなにせ教科書がなかったから、私家版の文集は授業の教材であると同時に、学校と家庭をむすぶ通信として、あるいは遠く離れた学校・学級どうしの交流の材料として、大きな役割をはたしたものと思われる。

こうしてみると、作文教育にとって、舞台＝メディアの存在は予想外に大きかったことがわかる。明治の少年投稿誌や、大正期の「赤い鳥」は、子どもの作文を掲載する全国規模の雑誌として人気を博した。大舞台に名前と作品が載ることは、子どもたち、あるいはその指導者である教師にとってはたいそうな名誉だったにちがいない。ガリ版刷りの文集という小舞台で展開し、その内容と規模から「貧乏綴り方」と揶揄されることもあった「生活綴り方」にも「大舞台への道」は開かれていた。優秀な綴り方作品を選んで載せる「鑑賞文選」（のち「綴方読本」→「新生綴方読本」と改題）のような綴り方専門の雑誌もあれば、学年別に編集された『年刊児童文集』『全国小学校児童文集』のような書籍も多数発行されていた。全国から送られてきたガリ版刷りの文集のなかから優秀作を選んで編む。辺境の地でくすぶっている熱血教師にしてみれば、指導の成果を形にできる張り合いあるシステムだったのではないだろうか。

そのように「見せる場所＝舞台」が用意されるいっぽうで、しかし、「生活綴り方」はもっぱら「生活指導」「生活建設」のツールとして特化してゆく。生活指導と一体になった綴り方は国語表現にとどまらない「人間形成の場」と化す。ここまでくれば、現代の文章読本でもおなじみの人文一致主義（文は人なり）とほとんど同じだ。サルまね作文との訣別からはじまった綴り方教育は、芦田恵之助の「思った通りに書け」からたった二十年で「文は人なり」の域にまで達したのだった。

ベストセラーになった私小説＝綴り方

さて、「赤い鳥綴り方」式の文学至上主義と「生活綴り方」式の人文一致主義を足したらどうなるか。あるいは、「文は人なり」の発想を綴り方教育の現場に持ちこんだらどうなるだろう。手品みたいな話だが、作文が私小説に化けるのだ。私小説なんて大仰な、といわれるかもしれないが、子どもの作文が、学校という領域を大きくこえ、まさに私小説として多くの読者を獲得した実例がある。『綴方教室』（昭和12年）である。『綴方教室』といっても柳亭痴楽ではない。この本は、大木顕一郎＆清水幸治の連名で出版された。二人は小学校の教師であり、「赤い鳥綴り方」の信奉者であった。前半は豊田正子という一児童の作文を集めた「個人指導篇」、後半は学年別の「学級指導篇」。本のつくりからすれば、『綴方教室』はある小学校の綴り方実践例、鈴木三重吉『綴方読本』の姉妹編ともいうべき教育書なのである。ところが、これが七十〜八十万部にも達する破格のベストセラーになり、山本嘉次郎監督で映画化はされる（主演は高峰秀子）、築地小劇場で舞台化はされる（主演は山本安英）。作文が上手な東京下町のブリキ職人の娘・豊田正子は、日本一有名な小学生になってしまった。

それも道理というべきだろう。四年生の新学期に提出された凡庸な短文にはじまって、家族の日常をつづった習作、「赤い鳥」の入選作などを時系列で編んだ『綴方教室』は、ひとりの小学生の作文の上達の記録であると同時に、けなげな少女の目から見た貧しい職人一家のリアルな生活記録となっている。下手な小説などより、ずっとおもしろいのだ。しかも、作文のあいまには、担任教師の大木による作品解題が折り込まれる。これがまた、作家のバックステージを覗き見するようで、ワイドショー的興味をそそるのである。彼女の家はド貧乏。不況のあおりで正子の父が仕事にあぶれ、一家は年を越せそうにない。左はそのようすを綴った作文の一部である。

文例❶　父ちゃんと母ちゃんが、／「お雪、困つちやつたい。うか〳〵してゐると、向うのかんぢようが、あぶねえぜ。いくらいつたつて、も少し〳〵で、なか〳〵くれさうもないもの。」／「大へんだね。もし、くれなかつたとしたらどうしようね。」／「おれ、はじめつからへんだとは思つたのよ。はなに三円くれる時、これでいゝんですねといつたんだろ。いゝ、なんて、へんだとは思つちやゐたがな。」／「あ、さうだ。きつと、みんなかんぢようをつかひこんでしまつたんだよ。それで、い、かげんのこといつてるんだな。どうしようね。これぢや、年もとれやしないよ。」／などと話し合つてゐるのをきいて、私は、くやしいやうな、かなしいやうな気持で、頭がくちや〳〵になつてしまひさうでした。そのお金で、私の着物を買つてくれるつもりなのでした。

豊田正子「困つてゐた頃のこと」

文例❷

担任教師（大木顕一郎）による解題

作の出来栄えから云へば、前の入選作には及ばないであらう。（略）／しかし、作品としての上手下手なぞを論じてゐる場合ではない。——と「自転車」の作に就いて私はさう言つたが、此度の二篇に対しては、更にその感を深うするのである。僅か尋常四年の子供が、こんな作品を綴らなければならないといふことは、何といふ傷ましさであらうか。困つてゐた頃のことを書きなさいなぞとは、私は決して要求しはしなかつたのである。／（略）そこには何の誇張もない、虚飾もない、たゞ純情そのもの、素朴な叫び声だけが聞かれる。一字一句真実そのものである。実に貴い人生記録である。教壇に立つ私たちの、何人《だれ》にこの真実が綴れるであらうか。私たちは、静かに首を垂れて、この幼い作者に教へを受けなくてはならないのだ。

豊田正子の才筆が光るのは、なんといっても「　」で囲われた会話の部分だ。父母をはじめとする大人どうしの会話から、舌ったらずの四歳の弟が発する片言の日本語までが、『綴方教室』にはリアルに再現されている。下町のべらんめえ調を生かした、右作文における父母の会話など、ほとんど小説を読んでいるような気がしないだろうか。

しかし、こんな週刊誌記者みたいな子が身近にいたら、家族や近所の大人は戦々恐々である。じじつ、『綴方教室』には、ずるい大人や滑稽な大人が多数登場し、ときならぬ「モデル問題」さえ起こっている。「赤い鳥」の佳作入選作に、近所の家の悪口めいた部分があったため、「これはどういうことだ!」と怒鳴りこまれた両親と教師は立ち往生。ショックを受けた正子は「つゞり方」と題した作文でその経緯を告白し、スランプに陥って筆を折りかけさえする。

こういうところにも『綴方教室』の私小説性があらわれているわけだが、注目すべきは、担任教師だった大木顕一郎の解説である。鈴木三重吉に私淑していた大木は「赤い鳥綴り方」の信奉者でありつづけたが、正子の家の窮乏に直面して〈最早、単に綴方としてのみ考ふべきではなさゝうである。この作の作者を如何に指導していくか、これはもう、教育全般の仕事である〉と述べてもいるように、気分はすでに「生活綴り方運動」の域に突入していた。だが、〈そこには何の誇張もない、虚飾もない、たゞ純情そのもの、素朴な叫び声だけが聞かれる〉という大木の評言はほんとうなのだろうか。バックステージまで包みかくさず報告した『綴方教室』は、まさにそれゆえに「あるがままに書け」「思った通りに書け」の嘘もあぶりだしてしまった。『綴方教室』には、正子が最初に書いてきた作文と、大木の「指導」のもとに書き直した後の作文を並べて提示した箇所がいくつかある。二編を比較すれば、あきらかに後者のほうが出来がいい。だがしかし、指導によってレベルが上がるということは、子どもが「あるがまま」「思った通り」に書いただけではダメだ、ということの証明ではなかろうか。技術的な洗練があって、はじめて作文は「作品」に昇華する。童心主義的なスローガンとは裏腹に、『綴方教室』が体現している事態とは、じつはテクニックを磨くことの重要性なのだ。

しかも、後世の書誌学的調査は、『綴方教室』の裏に隠された事実まであばいてしまった。一九八四年に刊行された木鶏社版の『綴方教室』は、残っていた分の豊田の原稿とつきあわせ、初版の『綴方教室』に改竄があったことを明らかにした。復元された作文は、いまは岩波文庫版『新編 綴方教室』で読むことができる。改竄の一例をあげておこう。

文例❸　光男は、よそのをぢさんだの、をばさんだの八百屋さんだの、よその人がくると、おもしろいことをいふのです。それは、そのきた人たちに、「をぢちやん、…………」といふことです。をぢさんたちや、をばさんたちが、「…………………」とわらひながらいひますと、「うちよだよ」といひます。さういふ時には、母ちやんはぶつか、ぶつまねをしますが、みんなが大笑ひするので、母ちやんも笑つてしまひます。

「光男」（中央公論社版『綴方教室』昭和12年＝一九三七）

文例❹　光男は、よそのおじさんだの、おばさんだの、八百屋だの、くる人には、おもしろいことをいうのです。それは、そのきた人たちに、「おじちゃん、おまんこ、ちた」ということです。おじさんたちや、おばさんたちが、「としよりだからしないのよ」とわらいながらいいますと、「うちょだよ」といいます。そういう時には、家中お笑いをいたします。
「光男」（岩波文庫版『新編　綴方教室』一九九五年）

岩波文庫は新かなづかいに統一されているので表記がちがうけれども、問題はむろんそんなことではない。「……」の部分に注目されたし。子どもの作文に伏せ字！そして最後の一文における母の態度の改変。どこが「あるがまま」かである。

しかし、ちょっと冷静に考えてみよう。この程度の「教育的指導」あるいは「社会的配慮」は、当時、頻繁におこなわれていたのではなかろうか。

印刷メディアに作品が載るということは、いかに子どもの作文でも、そのときどきの社会規範から自由ではいられない。まして子どもの作文は、印刷されて読者の目にふれるまでに、指導教師、編者、選者等、幾重にもふるいにかけられる。どこでどう手を入れられたかは、たしかめようもないのである。著作権など、どこ吹く風の時代である。七十～八十万部にも達した『綴方教室』の印税は、共著者である二人の教師に独占されて、生活苦にあえぐ豊田正子の手には一銭も入らなかったと、後年豊田は記している（山住正己・岩波文庫版『新編　綴方教室』解説）。

豊田正子の例は、綴り方教育界のなかでも例外中の例外である。けれども、『綴方教室』のヒットによって、綴り方教育の認知度はあがり、全国の教師や児童にやる気をうながしたことはたしかだろう。綴り方をがんばれば、年端もゆかぬ子どもでもベストセラー作家になれることを、『綴方教室』はともあれ証明したのだった。

「赤い鳥綴り方」は『綴方読本』の翌年に鈴木三重吉が鬼籍にはいると同時に幕をとじた。いっぽうの「生活綴り方運動」は反体制運動とみなされて、昭和一五（一九四〇）年以降、多数の検挙者を出す。全国で逮捕された綴り方教師は百名をこえ、表だった活動はしにくくなる。

だが、皮肉にも、教育の成果は戦時中、国民学校時代の作文に十分生かされた。「兵隊さんのおかげです」式の軍国少年的な作文は、綴り方教育の達成だったといえよう。「あるがままに」「思った通りに」は、環境によって、いかようにでもフレキシブルに変化する。戦前戦後の作文教育界の重鎮のひとり田中豊太郎が、戦時体制下でおもしろいことを書いている。

国民学校の綴り方も、児童の真実を書かせたらよいのである。けれども、動物のやうな真実つまり本能的、衝動的、無教養のものを書かせてよいといふのではない。／皇国の少国民としての真実な心持でなくてはならない。「おなかがすいたらひもじい。」と感ずるのは、当然であるが、主君のためならば、「おなかがすいてもひもじうない。」といふのも真実である。／どちらも真実であり、どちらも児童の生活の現実であるが、国民学校の教育として考へる綴り方、わけても大東亜戦下の国民教育にあつては、本能的、衝動的、無反省、無教養、無努力のことなどを真実などとは言って居られないのである。

田中豊太郎『国民学校国民科綴方精義』(昭和17年)

ひもじくても、ひもじくないと「思え」。これが「思った通り」の内実でもあったのだ。

豊かさの中で

戦後の作文教育

歴史的かなづかいか、現代かなづかいか

戦後の文章界は、久方ぶりの(といっても水面下では明治以来ずっとくすぶりつづけていた)国語国字問題からはじまった。敗戦の翌年の一九四六年、内閣の訓示・告示の形で「現代かなづかい」「当用漢字表」が公布される。また、その直前には最後まで文語文にしがみついていた公用文の世界にも、とうとう言文一致体=口語文が登場した。いわずと知れた日本国憲法である。あの憲法は、内容もさることながら、口語文で書かれているという点で、日本語文章史の転換点に立つ文章でもあったのだ。

漢字制限の問題も含意するものとして、かなづかい問題を中心に考えてみよう。生まれたときから現代かなづかいで育った私たちにとって、歴史的かなづかいに固執する心

情は理解しにくいものがある。けれども、制度の改変期には必ず強硬な反対意見が出てくるもの。言論界にも、学者や評論家のあいだで、かなづかいをめぐる論争がまきおこった。反対論者の代表選手は小泉信三、福田恆存、高橋義孝ら。対する支持者は桑原武夫、金田一京助らである。『中央公論』『知性』誌上でくりひろげられた福田と金田一のやりとりは秀逸なものだった。内容もさることながら、ただの応酬として見物するだけでも、歴史に残る言語プロレスといっていい。

・金田一京助の現代かなづかい擁護論

私どもの平素崇敬措かない先生の高説（略）、最大の期待と熱望をかけて再読、三読しました。溢れる愛国のまこと、漲る国語愛、その一言一言には、慈父の訓戒のように胸にせまる響があつて、深く深く心を打たれました。／殊に／「近年、文化財の保護といふことが重視されるが、吾々の護るべき第一の文化財は、日本語そのものでなければならぬ」／ずばりと言いすえられた冒頭の御立言、よくぞおつしやつて下すつたと、頭がさがります。／（略）／ただし、「仮名遣の問題については、私は多くの疑問を持つて居り、広く専門学者の説を聴きたい」とあるのは、何という謙虚なお言葉。先生の前には、吹けば飛ぶような存在でしかありませんけれども、このお言葉にすがり、専門の端くれに立ちます責任上、失礼ながら、一言を申し上げさして頂くことになりました。みずから、はからず、ありがたい光栄に存じて、私は謹んでこの筆を執ります。 「現代仮名遣論」(『中央公論』一九五三年四月号)

これは小泉信三の現代かなづかい否定論に対する反論として書かれたものの冒頭である。慇懃無礼の見本みたいな、この口調。これにカチンときたのが、早くから新かなづかいに懐疑の念を表明していた福田恆存である。彼は金田一の文章を延々と引用して反撃した。

・福田恆存の現代かなづかい否定論

なんと厭味たつぷりな文章でせう。(略)かういふことばづかひをする言語感覚で国語問題を論じられたのではかなはないといふ気がします。私はかうおもひます。現代かなづかひはすでに小学校教育で施行されてゐる。新聞もそれを用ゐてゐる。相手がなにをいはうと、こちらは勝つてゐるのだといふ優越感から、それも権力と数を笠に着て、なるべく相手を憫笑すべき道化役に仕たててやらうといふ意識――それがこの陰険な、爬虫類のやうにぬめぬめした文章を生んだのではないでせうか。/(略)実質的な反論を展開できぬための自信のなさが、右のごとき悪しき扮飾を必要とするのです。これはもう諧謔などといふものではありません。姑根性まるだしの意地わるさです。

「国語改良論に再考をうながす」（『知性』一九五五年一〇月号）

両者がっぷり四つに組んで、一歩も引かない。この後もつづく二人の応酬は血わき肉おどるレトリック合戦にみちているのだが、あまりながながと観戦してもいられない。現代かなづかい（以下、新かなと略す）支持者と、歴史的かなづかい（以下、旧かなと略す）支持者の意見とは、いかなるものだったか。ざっとまとめてみよう。

【A】新かな支持派の主張

①発音と乖離した旧かなはむずかしすぎる
②国民の知識水準をあげる上で、旧かなは、学習上のエネルギーの無駄である
③旧かなは一千年前の表音にしたがったもの。歴史的に見ても表記は変えるのが当然
④古典を読ませるために、いまを犠牲にするのはインテリの奢りである

【B】旧かな支持派の主張

①旧かなはむずかしいと誰が決めたのか
②新かなになったところで、学習が容易になるという証拠があるのか
③日本語は表音に忠実でなければならないという理由はどこにあるのか
④旧かなを捨てるのは、古典を読むための道筋を断つことである

こうしてみると、新かな支持者は日本語表記の民主化を促進する革新派、旧かな支持者は知識人寄りの守旧派というように見える。人脈的にいってもまあそうなのだけれども、ことは「革新vs保守」で片づけられるほど、簡単ではない。

たとえば論点③を考えてみよう。新かな派の代表選手＝金田一は、旧かなが一千年前の平安朝の口語であったことを強調する。「きょう」「きゃう」「けう」「けふ」等は、かつては表音に忠実な表記であった。けれども、江戸の初期の時点では、それらもすべて現在と同様「キョー」の発音になった。そうした変化が認められる以上、現代語の発音にしたがった表記法にすべきである、というわけだ。そりゃそうだろう、と私たちは考える。

これに対する旧かな派＝福田の意見は、たしかにちょっとわかりにくい。しかし、英語のスペルと発音の関係を思い出そう。「けふ」は「けふ」であって「きょう」ではない。発音が同じでも単語ごとに綴りがちがう言語は世界中にいくらでもある。表音表記に固執するのは、それこそ一千年前からつづく日本語の破壊行為である、というわけだ。そういわれれば、たしかにそうかも、という気がしてこないだろうか。発音とかけ離れた文字づかいを「よくない」「むずかしい」と決めつける論拠は、いっけん自明のようでいて、じつはあいまいなのである。

くる。①②④で表明された新かな派の一見「民主的」な立場も、そうなるとあやしくなってくる。旧かなはむずかしいというのは、「民衆は馬鹿だから、こんなややこしい文字づかいをマスターさせるのはかわいそうだ」という主張である。古典に固執するのはインテリの奢りだという説も「無教養な大衆が古典文学なんか読むわけねーだろー」という話である。彼らのいう民主化は、いわば大衆の能力を「なめた」ところで成り立つ日本語表記簡便論なのだ。

漢字制限と新旧かなづかいをめぐるこの論争は、インテリ層／非インテリ層、知識人／大衆、支配者層／被支配者層、なんでもいいけれども、深いところで階級論とつながっていた。〈知るに任せて数多のむずかしい漢字・漢語を濫発することは、金持が、あるに任せた贅沢をするのと同じ社会悪である〉と書く金田一京助に、福田恆存はこう返している。〈たくさんの漢字を知つてゐる人間が、その苦労を一般人から解除してやらうといふ善意は、金持ちが貧乏人に向つて、金ゆゑの不幸を説いて聴かせるのに似てゐはしませんか〉と。

金田一ら新かな派の主張がいわば全員一律の「リテラシーの共産主義化」をめざすものだとしたら、福田ら旧かな派が主張したのは、自由競争による一定の階級差をみとめた上での「リテラシーの自由主義経済化」だった、といえるかもしれない。

もっとも、この論争は、現代かなづかいが実施されてから十年も後のものであり、福田らの旧かな派はすでに少数派であった。〈古典からの距離は個人個人によつて無数のちがひがある。その無数の段階の差によつて、文化といふものの健全な階級制が生じる。それを、専門家と大衆、支配階級と被支配階級、といふふうに強ひて二大陣営に分けてしまひ、両者間のはしごを取りはづさうとするのは、おほげさにいへば、文化的危険思想であります〉という福田の意見は、いまも傾聴にあたいする部分があるけれども、すでに実効性はもたなかった。

『知性』(一九五六年一〇月号)の読者投稿特集によれば、新かな支持派三十一名、旧かな支持派五名、中立派三名である。水は低きへ流れる。というか、強固な反対論をよそに、新かなはさしたる抵抗もなく人々に受け入れられた。政策として強制されたといえばそれまでだが、前にもいったように、表記法なんてどのみち恣意的なものである。よほどの反対理由がないかぎり、人々はそれに従う。新かなの導入によって国民的なリテラシーが上がったか落ちたかは計測のしようがないけれど、戦後、識字率が百パーセント近くにまで上がり、高度経済成長期を境に高校・大学進学率もめきめき上昇したことを思えば、少なくとも「急激に落ちた」とはいえまい。

生活綴り方か、作文教育か

さて、言論人がかなづかい問題でもめていたころ、かなづかい問題の最前線に立っているはずの国語教育界は何をしていたか。新かなづかいのごときはいともあっさり受け入れて、ぜんぜん別の論争をやっていたのだった。「綴り方・作文論争」である。教科書の墨ぬりからはじまった戦後の教育界は、そうとうなダメージを受け、一からの再スタートをせまられた。作文教育のありかたも大きく変わった。直接の契機は一九四七年に発表された文部省の「学習指導要領国語科編（試案）」である。一九〇〇（明治三三）年の改正小学校令以来つかわれてきた「綴り方」という教科名はここで消え、明治期に先祖返りしたような「作文」という名称に統一される。しかも新しい「作文」は、独立した一教科ではなく、「国語科」という教科の中の一単元（＝単元学習）へと格下げになった。

さらに注目すべきは、新指導要領にいう「作文」は、実用文寄り、技術論寄りの方針をうちだしていたことである。一九五一年に改訂された「学習指導要領国語科編（試案）」は、作文の目標として「自分の考えをまとめたり、他人に訴えたりするために、はっきりと、正しく、わかりやすく、独創的に書こうとする習慣と態度を養い、技能と能力をみがく」ことをうたい、「書くことの経験」として、通信文（手紙）を書く、日記・記録・報告を書く、掲示・広告・ポスターを書く、創作をする、編集をする、といった項目をあげている。もちろんこれは、ややっこしい候文の手紙を見よう見まねで練習させた明治の作文教育と同じではない。ないがしかし、生活表現「だけ」を重視する「赤い鳥綴り方」「生活綴り方」の方向性ともちがっている。

①単元学習で、②技能寄りで、③国語科の枠の中に限定された「作文」教育は、①独立した教科で、②生活表現寄りで、③生活指導や人間教育と結びついた戦前の「綴り方」教育に、格別の愛着と誇りをもっていた熱血教師の猛烈な批判をあびることになった。

ちなみに戦後の熱血教師の心をとらえたのは、戦後民主主義教育の目玉として新設された「社会科」である。そっちに目を奪われているうちに、なんだ、この作文教育はっ！という話になったのかもしれない。じっさい、指導方針だけは出ていたものの、現場の教師はどうしていいかわからず、独立した教科でないのを幸い（かどうかはわからぬが）、作文の授業は低迷していた。「赤い鳥」の精神を継承する媒体として戦後に創刊された少年少女むけの投稿雑誌——川端康成監修の「赤とんぼ」、「子供の広場」（後に「少年少女の広場」と改題）、山本有三主宰の「銀河」など——も、一九五〇年前後には、のきなみ廃刊に追いこまれている。

現行の作文教育への批判と反省から出てきたもの、それはまたかというか、やはりというか「生活綴り方」の復興だった。この方面のリーダーは、教育評論家の国分一太郎である。山形師範を出、山村の一教師として戦前の「生活綴り方」を体験し、綴り方教師の大量検挙に連座して学校をクビになったという輝かしい経歴の持ち主である。鈴木三重吉『綴方読本』のむこうを張る実践的教育書、『新しい綴方教室』(日本評論社・一九五一年。翌年、新評論から再刊)のなかで、彼は綴り方の復権を情熱的に訴えた。

作文とは、なんという殺風景ななまえであろう! 作文とはなんだ。文を作ることだ。できた作品は何というんだ。作文だ。(略)「作文する」には、どうにも、ガマンのできない匂いがこもっている。つくりごとをするという気分がこめられている。「生活を綴る」といったときのうれしい気持は「生活を作文する」といったのでは、ぶちこわしになってしまう。綴方でよいのだ。よかったのだ。なにも、わざわざ作文といいかえる必要はなかったのだ。

読む人を思わずたじろがせるようなこの気迫。筋金入りの元綴り方教師であった国分の主張には、古きよき綴り方時代への郷愁がたぶんにまじっている。とはいえ、〈わたくしたちは、いまこそ、リアリズムと、ヒューマニズムと、そして、すこやかなロマンティシズムにたつ綴方教育の効能を、発揮しなければならない〉と力強く説く『新しい綴方教室』は、低迷していた戦後の作文教育界に活気をもたらした。それだけではない。ちょうど豊田正子の『綴方教室』が鈴木三重吉『綴方読本』との相乗効果でベストセラーになったように、同じ一九五一年には、児童生徒の作文（綴り方）を集めた本があいついでベストセラーになった。戦死した教え子の詩を指導教諭が編んだ、さがわみちお（寒川道夫）編『大関松三郎詩集　山芋』。山形県の中学生の詩文集、無着成恭編『山びこ学校』である。「子ども電話相談室」で知られる無着成恭先生は、もとはといえば、この本で名声を馳せたのである。

『山芋』は戦前の作品だから、ここでは『山びこ学校』を見ておこう。この本は山形県南村山郡山元中学校二年生の学級文集「きかんしゃ」がもとになっている。子どもの作文集は作文集でも、この本は豊田正子の『綴方教室』と同じではない。まず、できのいい子も悪い子も含め、クラスの四十三人全員の作文や詩を載せていること。そして、無着があとがきで〈私は社会科で求めているようなほんものの生活態度を発見させる一つの手がかりを綴方に求めたということです〉と述べているように、国語ではなく社会科の授業から生まれた綴り方だったことだ。

したがって、その書きようも文芸的とはかぎらず、社会派ノンフィクション風あり、調査にもとづいた研究論文調ありで、バラエティにとんでいる。全国作文コンクールで文部大臣賞も受賞した江口江一の「母の死とその後」など、家計費をこまごまと計算していることから、「生活綴り方というより生活算数だ」とまで評されたほど。国語という教科の枠を超えた綴り方であった点、まさに国分一太郎の理念と合致していたといえよう。参考までに二人の生徒の作品を引いてみたい。

文例❶　あらゆる少年雑誌を見よ！／あらゆる少年新聞を見よ！／あらゆる本を見よ！／それがどうであるというのだ！／そこにはまったく一日を自由に使える子供たちのために、「五日制の土曜日は、こんな計画を立てて」とか、「日曜日はこんな計画でたのしくすごそう」等々、遊びと勉強の計画があるだけで、私たちのような山の子供たち、年中労働にかりたてられている子供たちがどんなことを勉強すればよいのか、どんなことを考えればよいのか、ちっとも書いていないじゃないか！／私が今までよんだ小説だってほとんどそうだ。ただ国分一太郎の『少し昔のはなし』と、徳永直の『はたらく一家』だけが、勉強しようと思っても家が貧乏でできないことが書いてあっただけだ。そこにあらわれた子供たちは、私たちよりもっともっとひどい生活をしていたような気がする。しかし、先生にいわせると「働くことが勉強だ。」という。おれには、それがどうしてものみこめないのだ。

佐藤藤三郎「ぼくはこう考える」（抜粋）

文例❷　夜、飯をくってから、みんないろりばたに集った。そのとき、／「おらだ（私たちは）、いろりばたていう題で、みんなつづり方書くんだぜ。」と云ったら、／「いろりばたていう題のつづりかたあ?」とおっつあ（父）が変な顔して聞いた。／「ン。ンだ。」と云ったら、／「になさ（お前）の、つづり方なの（なんか）書ぐえっだが（かけるか）。」と兄さんがわらじをあみながら云った。／「書ぐえがらあ（かけますよ）。」と私が云ったら、／「どれ。おれ、おせっかなあ（おしえてやるかね）。」とおっつあが云ったのでみんなげらげら笑った。私は、まじめなつらをして、／「ンだが（そうか）。ンだら、おせろ。」と云ったら、／「兄《あん》つぁ、わらず（わらじ）作るす。姉《あね》はんは縄をなう。おっかあはいもをふかしている。おっつぁは、それを見ながら腹あぶりしている。カツ子あ、おっつあからつづり方を聞いてるす。豊七は早くてねだす。すずがな（しずかな）夜で、いろりの火あぼんぼんもえでいる。みんなだまって仕事をしったて（していたと）書いてやれ。」とまじめなつらをして云ったので、みんなゲラゲラでんぐりかえるほど笑った。／そんな話をしているうちにさつまいもがふけたので、さつまいもを食いながら、／「ほだごど書いて、みんなから笑ろわれんべっ。」と私が云ったら、／「馬鹿ほに。えま（今）の話しは本当のことだどれず（ではないか）。本当のこと書いたのを見て笑ろう人なのえねっだな（なんかいないよ）。」とおっつあが云ったので、笑ろう人いるかいないか、このとうり、つづり方書いたのです。

長橋カツエ「いろりばた」（全文）

後に答辞をよんでいるほどだから、佐藤藤三郎はクラスきっての秀才だったのだろう。❶は四百字詰めに換算して十五枚にもわたる長文のほんの一部。村の暮らしが向上していることを書きつつ、学校の勉強と家の仕事の手伝いの板ばさみになる村の子どもたちの現状をなげき、〈ほんとに、学校教育がすばらしくなるというのは、どんな貧乏人の子供でもその親たちにさっぱり気がねしないでくることができるようになったときでないだろうか。こういう問題はいったい誰が解決するんだろう〉と、困難な問いに頭を痛めている。いっぽう長橋カツエ（文中ではカツ子と呼ばれている）の❷は、中学生にしては幼い感じの、しかし思わず頰がゆるむような作文だ。彼女にかぎらず、地の文もふくめて方言が頻発するのは『山びこ学校』の特色のひとつである。発音のなまりも忠実に写しとっているのは、（あの山形弁の）無着先生の指導によるものだろうか。

ともあれ、『山びこ学校』は読者の絶大な支持をうけて、あっというまに十万部を売り、『綴方教室』同様、映画化・舞台化されるにいたった。ここに「生活綴り方」は完全復興をとげる。というか、生活綴り方系の子どもの作文は、この時期、思いがけず「商売」になったのだった。個人の作品を編んだもの、コンクールの優秀作を集めたものなど、一九五一年には小中学生の作文集がつぎつぎ出版され、繊維産業の興隆にひっかけた「いとへん景気」ということばさえ生まれている。

出る杭はやはり打たれるのか。そんな空前の作文/綴り方出版ブームのさなかに「綴り方・作文論争」は起こった。論点をひとことでいえば「生活綴り方か作文教育か」、あるいは「綴り方か作文か」となろう。もちろん、「綴り方/作文」とは名称の差異ではなく、子どもの文章指導をめぐる理念の対立を指す。論争の口火をきった新聞記事はこんなふうにはじまっている。

〝ありのまゝに〟書かれた子供のつゞり方をめぐって、いまさらのように大人たちが「考えさせられた」りしているが、これはもう廿年もむかし、豊田正子氏を頂点とする〝赤い鳥〟つゞり方が流行した時すでにぶつかった問題で、少くともつゞり方指導の面では、有能なつゞり方教師の間で、一応解決したはずのものであった。にもかかわらず、親や教師に抗議したり、夜の女の生態をかいた子供たちのそれが、なお今日の問題として世間の関心をひいているのは、大きなつゞり方の歴史の流れからみても、なおざりにできない何かをふくんでいるからであろう。

(「『つゞり方』か作文か—学校作文への反省—」(朝日新聞一九五二年三月一日)

いかにも中立ぶった新聞らしく「両論併記」風に書かれた記事は、作文教育界の対立をさも既定の事実であるかのように並べてみせる。〈(『山びこ学校』は) 戦後開かれた「社会科」のマドから社会批評にむかい、現実を深くさぐって生活をたて直そうとする若い情熱的な教師たちを、生活つゞり方指導に走らせる後盾になった〉と報告するいっぽう、〈子供たちにはとてもたえられないような大人の世界の重荷を背負わせた感じ〉(壺井栄) という生活綴り方への懐疑論を紹介するといったぐあいである。はたして作文教育界の内部では、記者の目に映ったほど、激しい対立が顕在化していたわけではなかった。が、大新聞で報じられてしまった以上、当事者もこれを黙殺するわけにはいかない。かくて教育雑誌を舞台に、作文指導のありかたをめぐる論争は、作文教育界はじまって以来のバトル・ロイヤルに発展したのだった。

一九五二年から、だらだらと五〜七年にもわたってつづいたこの論争は、論者・論点ともにかなりこみいっている。が、あえて両派の主張をまとめれば、こういうことになろう。

【A】生活綴り方派の主張

①綴り方の目的は、ものの見方や考え方を含めた総合的な生活指導であり人間教育である

②生活指導と一体化している以上、綴り方は国語科の枠をこえた学習活動でなければ

ならない
③したがって、いずれは多様な文章の訓練が必要であるにしても、最初は子どもの生活経験を表現することからはじめるべきである

【B】作文教育派の主張
①作文の目的は、あくまでも書く技術の向上である
②書く技術の鍛錬である以上、作文教育は国語科の単元内で十分に扱える
③文章には表現と伝達の二つの機能があるのに、表現指導に偏るのは問題がある。実用文もふくめたさまざまな文章の訓練をさせるべきである

ここで思い出すのは、芦田恵之助と友納友次郎のあいだで争われた「随意選題論争」である。表現意欲が先か、伝達技術が先か、という大正初期のあの論争だ（二一二頁参照）。芦田以降、戦前の作文（綴り方）教育界の流れは、「赤い鳥綴り方」から「生活綴り方」へと、表現意欲をのばす方向へ傾斜した。それを実用文寄り・技術寄りにひきもどそうとしたのが、戦後、文部省が打ち出した「学習指導要領」だった。それに国分一太郎らの生活綴り方派が反発し、さらにそれへの反発から作文教育派の主張が出てきたわけ。ぐるっとひとまわりして、いわば作文教育界は、もう一度「表現意欲か伝達技術か」という論争の原点に戻ったのである。

とはいえそこは、綴り方教育半世紀にわたる「激動の歴史」を経た上での論争である。通信文、日記・記録・報告、掲示・ポスター、創作と多彩な課題をかかげた文部省案は、その案じたいに問題があったというよりも、ノウハウの蓄積がなかったために現場の混乱と停滞感をまねいた、といったほうが当たっている。いっぽう生活綴り方のほうは、戦前戦中を通じて、すでにかなりの蓄積をもっていた。生活綴り方運動には、官製教育の打破という意味もふくまれていたから、ことは官vs民、保守vs革新、文部省vs日教組というイデオロギッシュな色彩もおびることになったのだったが、客観的に見て、どっちが作文教育界の「体制派」であるかはあきらかである。「権威」はすでに生活綴り方派の側に移っていたのだ。

生活綴り方派の急先鋒・国分一太郎と、生活綴り方への批判をもっとも鋭く展開した倉沢栄吉の主張を見ると、これはもう永久に交わりようがないや、という気がしてくる。

・国分一太郎の生活綴り方擁護論

われわれの相手は子どもである。かれらにはまだ系統的な知識も乏しいのだ。ものごとを合理的に思考する力も貧弱なのだ。いや、そのような力や知識を順序をへた手続で養ってやるためにこそ、われわれは、具体的な事物の把握からはじめて、抽象化、概括化、一般化への空虚でない道をたどらせようとつとめているのだ。それには、辛抱強いしごとのしかたをしなければならない。

「生活綴方のねらうもの」(『生活綴方と作文教育』一九五二年)

・倉沢栄吉の作文教育推進論

作文教育は、最近、技術を重んじすぎて、すじがねがはいっていなかったという反省があるけれど、はたして、技術への偏向は事実であろうか。偏向どころか、最も基本的な思考の技術において、ほとんど手を付けられていなかったのではないか。その盲点への自覚が、実際家をして、子どもの文学制作の疑い、取材構想記述批正という公理への疑い、生活即作文への疑いとなってきたのではないか。

「作文教育と言語教育」(『生活綴方と作文教育』一九五二年)

とはいうものの、はたして『山びこ学校』大ヒットの陰で、子どもの作文をめぐるこんな闘いがくりひろげられていたなんて、当時の人々はどれほど知っていただろうか。

「綴り方・作文論争」は、本章の冒頭で見た「現代かなづかい論争」とも似た側面がある。「新かなは大衆のための表記法である」という金田一京助ら新かな派の主張は、リテラシーの民主化である半面、大衆の能力をなめた日本語表記簡便論である。「子どもには子どもの能力に合った作文教育がある」という国分ら生活綴り方派の主張も、すべての子どもに平等に書くことを解放した半面、子どもの能力をなめた指導の一元化だとみなせなくもない。当たり前だが、子どもの作文能力だって、ほんとうはいろいろなのだ。

その後、生活綴り方派と作文教育派は、妥協点を見いだせぬまま、原水禁と原水協よろしく二手に分かれ、独自の会を拠点にそれぞれの道を歩むことになる。そして、少なくとも高度経済成長期以降、「生活綴り方」ということばはあまり聞かれなくなった。理由は二つあるように思う。ひとつは鮮度の問題である。芦田恵之助の随意選題からまたたくまに四十数年、「あるがままに書け」「思った通りに書け」はすでに作文教育界のすみずみにまで浸透していた。「話すように」にも「あるがままに」にも「思った通りに」にも、いや、私ノンフィクション風の作文じたいに、人々はそろそろ飽きていたのではなかろうか。

もうひとつは経済の問題である。国分一太郎は〈いわゆる生活綴方は、しいたげられた農民や労働者の子弟に対する愛情のいとなみであった〉と記している。『山びこ学校』が反響を呼んだのも、東北の貧しい山村の子どもたちという背景があったからこそだった。坪田譲治が『山びこ学校』の巻頭に寄せた推薦の辞を読んでみよう。

そこにある何ともいわれない数々のりっぱな作文より、それらの作文の中に顔を見せている子どもたちの、何と良い子どもたちなのでしょう。純朴で、無邪気で、正直で、しかも寒さに堪え、暑さに堪え、あの宮沢賢治の「雨ニモマケズ」の詩の中にある「ソウイウ人」のような子どもばかりです。いやいや、あのような純朴心から立ち上って、次の時代を築き上げようとしている、それはそれは、たのもしくて、りっぱな子どもたちばかりです。

こんな評言が、はたして戦後生まれの現代っ子(ということばが流行したのは一九六二年である)にあてはまるだろうか。戦後の生活綴り方運動は、学校から職場や家庭へと波及して、鶴見和子らによる「生活記録運動」につながったりもした。だがそれは、「運動」というくらいで、貧しさとわかちがたく結びついた表現活動だったことも否定できない。日本社会が貧しさから脱皮していくのに呼応して、生活綴り方運動も歴史的な使命を終えたのではなかったか。「お父さんのボーナスで、うちは電気洗たくきを買いました。つぎのボーナスが出たら電気冷ぞうこを買うそうです」(これは私の捏造だが)なんていう作文、べつだんだれも読みたかないだろう。

ポスト生活綴り方としての読書感想文

かくして子どもの作文教育は、高度経済成長期以降、また新たな段階をむかえた。

よくまあつぎつぎ、作文教育界も新手のワザを開発するものである。人々が私ノンフィクション的作文＝生活綴り方に飽きていたころ（と勝手に決めてしまうが）、待ちかまえていたかのように、作文界を担う次代のスターが誕生した。読書感想文である。

読書感想文と聞いただけでゾッとする、という人も少なくないにちがいない。「読書の深化とひろがりをはかり、読書生活の習慣化を育てる」というスローガンのもと、全国学校図書館協議会と毎日新聞社が主催する「青少年読書感想文全国コンクール」がスタートしたのは、一部知識人が「現代かなづかい論争」に情熱を燃やし、国語教育界が「綴り方・作文論争」に明け暮れていた一九五五年のことだった。一冊の本を読んで感想文を書き、全国規模のコンクールを催すというこの方式は、作文授業の新しいツールを求めていた教師に光明をあたえたとみえ、一九六〇年代の高度経済成長期を通じて、作文教育の大きな柱のひとつに成長していく。現場の先生たちにとっては、明日の理想よりも今日の教材、ということだろうか。

生活綴り方の「貧しさ」にかわるキーワードは「商業主義」であろう。とりわけ、教育界と出版界に大きな波紋を投げかけたのは「課題図書」という制度である。同コンクールが過去の「名作偏重」を改めるため、課題図書制度をもうけたのは一九六二年のことだった。選考委員は覆面、選考過程は非公開、というわりに、本の売り上げを大きく左右する課題図書選定制度は、もともと弱小なところが多い児童書出版社をおおいに翻弄し、作品の質にかかわる問題から事前の売り込み活動まで、さまざまな疑惑や不審をまねくことにもなった。

昭和の初期から長らく貧しい農山漁村の熱血教師の手中にあった作文教育は、ここで一転、都市の商業資本と手をむすんだのである。商業資本といったって、たかだか弱小出版社だとはいえるけれども、学級文庫に置かれた一冊の本をクラス全員で大切にまわし読みしていたような時代には、やはり成り立たなかった作文指導の方法である。

じっさい、読書感想文コンクールは、またたくまに浸透していった。同コンクールへの応募点数は初年度（一九五五年度）には五万三千編、翌々年の五七年度には、三十一万編、以後も年々ふえつづけ、東京オリンピックが開催された六四年には百万編を突破、大阪万博が開催された七〇年には二百万編を突破する。ちなみに、設立から四十五年を経た二〇〇〇年の時点では、じつに四百万編以上。全国の児童生徒の四人に一人は応募している計算になるというから、その浸透度たるや、生活綴り方運動の比ではない。

問題はしかし、読書感想文が「作文」としてどんな性質のものか、である。これを知るには実例を読んでみるのがいちばん早い。一九九五年度のコンクール応募作から、小学校高学年の部と低学年の部の感想文を一編ずつひろってみよう（『考える読書』一九九五年より）。ちなみに❶の対象図書は、松本恵子編『少年少女世界の名作文学11 アメリカ編2』（小学館）。❷の対象図書はエリザベス・ショー、ゆりよう子訳『こひつじクロ』（岩崎書店）である。

文例❶外には雪が音もなく降りしきり、暖炉の火が赤々と燃えている。静かで落ちついたアメリカの風景、そんな事を思いながら私は、十二月のクリスマスの日から始まるこの物語を読んだ。（略）／四人姉妹の中で誰が一番魅力的だろうか。私は、夕食の話題にしてみた。父も母もジョーが好きだという。明るく活発で他人への影響力もあるため一番印象に残るらしい。確かにジョーは魅力的だ。物語では主役というところか。しかし、私はベスが好きだ。静かでおちついて、自分の思った事はすぐに口に出せないが、いつも自分より他の者の事を考えている。「ベスはお前に似ている。だから好きなんだろう。」と父に言われた。私はベスほどやさしくはない。強くもない。ただ内気であるところだけが似ているだけだ。私には、感染病の赤ちゃんを世話する勇気などはない。（略）／四人姉妹は数々の経験を通して、欠点を少しずつ取り除きながら自分の良さを認め合い、成長してゆく。原点には両親の愛情がある。（略）私も自分自身を成長させるため、そして周りの人を少しでもやさしい気持ちにさせるため、家族を大切にしてゆきたい。そうすれば書くだけが自分の心を伝える唯一の手段である私も、言葉や行動でやさしさを表せるかもしれない。

文例❷

「『若草物語』を読んで」（小学六年・女子）

「ぼくは、白いひつじなのかなあ。」／『こひつじクロ』を読んで、ぼくは、何となくそんな気がして、ちょっぴり、くやしいような、なさけないような気もちになった。／どうしてかと言うと、ぼくは白いひつじたちのように、先生やお母さんにいつもたよっていたからだ。／「ちゃんと、言うことを聞いて、しっかりやろうね。」／と言われて、そのとおりにするとほめられたし、いいことをしていると思っていた。（略）クロのような子はいままでいけないと思っていたんだ。／だけど、みんなの中で、自分だけちがうって、とてもさびしいことなんだね。（略）／あらしの日、クロがなかまのいのちをすくうことができたのは、ちえとゆう気があったからだね。クロは、いつも自分の力で考えたり、こうどうしたりしていたからなんだ。／「ぼくはどうだろう。」先生やお母さんの言うとおりにしていれば、あんしんだった。（略）だけど、いつまでも白いひつじじゃだめなんだね。言われたからするんじゃなくて、自分で考えてみる。そうすれば白いひつじじゃなくなるね。「ぼくにできるかな。」むずかしいけどこれからがんばってみようと思うんだ。

「ぼくの中の白いひつじ」（小学二年・男子）

いかにも優等生の感想文、という感じである。それもそのはず。右の二編は内閣総理大臣賞受賞作、何百万編にもおよぶ応募作の頂点に立った読書感想文なのである。

これを読むと、教育界（感想文業界？）が、子どもたちに何を求めているかがよくわかる。二つの感想文には同じ特徴がある。第一に、読書体験と「自分の生活体験」を重ね合わせていること。第二に、読書体験によって自分は変わった（変わろうとしている）と述べていること。これは同コンクールの入賞作すべてに共通した特徴だといってもいい。

「読書感想文」は書評ではない。あくまでも読書という「体験」を題材にとり、「私」を主人公にして綴られた、学校作文＝私ノンフィクションの一バージョンなのだ。この年の入選作を集めた『考える読書』の巻頭で、全国図書館協議会事務局長の笠原良郎はこう述べている。

私たちは、この感想文コンクールの事業を「考える読書」の運動ととらえています。本をただなんとなく読むのではなく、本を読むことで考え、考えることでさらに読みを深めることが、大切だと考えているからです。「こひつじクロ」を読んだ小学校二年生のY君（引用者註・原文では実名）は、「一人ぼっちのクロの大へんさやさびしさやかなしさ」を理解し、「いつも自分の力で考えたり、こうどうしたり」するクロからとても大きなことを学び取っていきます。Y君はこの本を読む前と読んだ後では大きな自己変革を遂げています。まさに「考える読書」の成果です。

「本を深く読むということ」

〈Y君はこの本を読む前と読んだ後では大きな自己変革を遂げています〉という部分がキモである。ちょっと考えてみよう。「自己変革」につながるような読書体験が、そんなにゴロゴロ転がっているものだろうか？　まして自ら選んだ本ではなく、与えられた本（『こひつじクロ』はこの年の課題図書である）を読んだくらいで。いや、彼らが嘘八百を書いているという意味ではない。ほんとに自己変革をとげる子どももいるだろう。しかし、全国の子どもたちがいっせいに同じ本を読み、いっせいに自己変革をとげたとしたら、そっちのほうがよほど不気味だ。

とはいえ、読書感想文が爆発的に流行した理由は納得できる。なるほどそこには、現場の教師にとって便利な要素がいくつもふくまれているのである。

①「文題」をさがす手間が省ける。

芦田恵之助が随意選題をとなえて以来、「書くことがない」は子どもたちの常套句であり、作文授業の最初の壁だった。本という題材は、子どもと教師のそんな悩みをひとまず解消する。

②効率的な指導ができる。

なにせ相手は本だから、「読み方」と「書き方」がいっぺんに指導できる。さらには個々の生活とちがって、教師はあらかじめ題材の内容を把握しておけるし、まして「課題図書」となれば、一冊で何十人分もの作文を指導できる計算である。教師だって忙しいのだ。作文にばかり時間をとってはいられない。大量生産・大量消費時代の作文教育はこうでなくっちゃ。

③子どもを平等に扱える。

「生活体験」という私生活に密着した題材にくらべると、読書という「体験」の前では、ひとまず子どもは平等である。六〇年代以降、学校の生活綴り方がすたれていった理由のひとつには、子どもたちの生活レベルの差があからさまになることを、現場の教師が避けたことがあるのではなかろうか。三島由紀夫の『宴のあと』裁判で、「プライバシーの侵害」が話題になったのは、一九六一年である。六〇年代になると、感想文以外の学校作文も「遠足」「運動会」「修学旅行」といった行事に材をとる、いわば「イベント作文」が中心となり、ときに家族の話や自らの生い立ちを書けといわれることはあっても、いわゆる「生活綴り方」的な家庭内の暴露話を求める傾向は少なくなっていく。なにもかも平等に、という日教組的な発想からしても、親御さんに怒鳴り込まれるのを避けたいと考えるサラリーマン的発想からしても、これは納得がいくことである。

かくして、読書感想文は「ポスト生活綴り方」ともいえる作文界のニューウェーブとして定着した。その結果は、先の優等生的感想文に見た通りである。課題図書とセットになった読書感想文コンクールは、国語や社会科の道徳教育化と重なる、と指摘する人もいる。毎年の課題図書に目をとおせばわかることだが、たしかに課題図書は教訓的、誘導尋問的な内容のものが多数派をしめる。読書感想文は道徳教育の先兵だったのだろうか。

というより、田中豊太郎による戦中の作文指導を思い出せばわかるように（二四一頁参照）、「思った通りに書け」「あるがままに書け」を金科玉条としだしたころから、そもそも道徳教育への道ははじまっていたのかもしれない。

明治の学校作文は、泥酔の詫び状や借金の依頼状等、「伝達の文章」を書かせていたのだった。それは大正期以来、ほとんど忘れさられた。「表現意欲」か、「伝達技術」かというくりかえしおこなわれてきた論争は、結局「表現」派の勝利に終わったのである。学校の作文教育が「伝達の技術」を軽視してきた結果、皮肉にも、子どもたちは「表現」という名目の「学校用作文」のテクニックを磨く結果になった。

戦後の作文教育に落とし穴があったとしたら、学校作文が「学校」という閉じた空間の中で特殊な進化をとげすぎたことだろう。隔離されたコロニーの中で近親交配を重ねたために、生物の形質が固定化し、適応力を失ったようなものである。逆にいうと、特殊化したがゆえに、それはかえって攻略しやすくなったのだ。「考える読書」と称する読書感想文の例でもわかるように、機転のきく子なら、教師の求めに応じて、「自己変革したふり」の感想文など書こうと思えばいくらでも書ける。「あるがままのふり」「思った通りのふり」のイベント作文も同様だ。学校作文のテクニックにひいでた要領のいい子どもはまんまと作文優等生になれ、「思った通り」「あるがまま」を馬鹿正直に遂行しようとした子どもは、いい点数が取れない。こんな虚偽にみちた作文教育を六年も九年も受けてきたら、学校作文不信にならないほうがおかしい。

大人用の文章読本は、この穴を埋めるものとして要請されてきた面が大きいのである。

Ⅳ　下々の逆襲

スタイルの変容
——文章読本の沿革

印刷言語至上主義はどこから来たか

さて、ながながと子どもの作文教育について見てきたのには、いくつか理由がある。ひとつは「あるがままに書け」「思った通りに書け」等の出所を明らかにしておきたかったこと。もうひとつは、その時代時代の文章指南書がどんな背景から生まれたのかを知りたかったこと。

文章読本が根強い劇場型文章(印刷言語)至上主義と文学至上主義に支配されていることは、前に述べた通りである(一四五頁参照)。くりかえせば、このようになる。

文章(書きことば)——会話(話しことば)

劇場型の文章（印刷言語）――非劇場型の文章（非印刷言語）
文学作品――新聞記事（署名記事）――新聞記事（無署名記事）――素人作文

右のような発想が仮に日本人の文章観そのものでもあるとしたら、それはどこから来たのだろう。印刷メディアの力？　もちろんそれは非常に大きい。けれども、これは近代の作文教育によって植えつけられた発想だった、とも考えられるのだ。

（1）劇場型文章（印刷言語）至上主義

印刷された文章（劇場型の文章）は印刷されない文章（手紙や日記）より上位にある、という気風がどこから生まれたのかは、学校作文の歴史がヒントになる。明治の漢作文の時代から、子どもの作文は、相手も目的もはっきりしない「作文のための作文」として発達してきた。別にいえば、学校の作文は教師やクラスメートや親兄弟をふくむ「不特定多数に読ませるため」の文章だった。また子どもの作文は意外にも、印刷メディアといつも軒を接してきた。少年投稿雑誌にはじまって、「赤い鳥」、生活綴り方時代のガリ版文集、戦後の読書感想文コンクールへという流れをふりかえってみよう。人間形成の場といいながら、作文はいつも衆人環視の的になる（もしくは賞賛の名誉に浴する）可能性を秘めていた。不特定多数にむけて書かれた文章が、特定のだれかとのコミュニケーションのための文章よりえらいという観念は、学校内でも共有されていたのである。

（2）文学至上主義

文学—新聞記事—素人作文という文章界のヒエラルキーは、どのように形成されたのか。これも学校作文の歴史によくあらわれている。「赤い鳥綴り方」の文芸主義を皮切りに、子どもの作文（綴り方）は洗練度を上げ、徐々に随筆的あるいは私小説的ノンフィクションへと傾いていった。つまり「表現の文章」重視主義、「作文の文芸化」であった。しかし、半面、学校作文はそれ以上の本格的な文芸作品、たとえば、童話・小説・脚本といったフィクションの執筆を執拗に拒んできた。戦後の文部省の指導要領には「創作」という一ジャンルがふくまれていたが、詩歌以外の創作は、事実上、認められなかったといってよい。限られた範囲での「文芸化」を求めながら、本格的な文学作品は書いてはいけない「聖域」として遠ざける。素人さんがやっていい範囲とやってはいけない範囲が、学校の作文教育の世界では、おのずと決められていたのである。余談ながら、「小説を書きたい」「作家になりたい」という人が近年異常に増えているのは、作文の授業でフィクションを満足に書かせなかった反動ではないかと私は思うことがある。子どもたちは馬鹿ばかしい作り話があんなに好きなのに、「思いもしないこと」「ありえないこと」を、なぜ自由に書かせなかったのか、まったく理解に苦しむところだ。

書きことばは話しことばより上位にある、という思い込みも、学校の国語教育との関連性で考えれば、なんの不思議もない。近代の国語教育は「話し方」より「書き方」にはるかに多くの時間と情熱を傾けてきた。作文教育をめぐって熱い論戦が闘わされるいっぽう、「話し方」の教育はほとんど置き去りにされてきた。言語表現能力とは書くことだけではない。日本の政治家の貧しい演説、結婚披露宴での退屈なスピーチを思い出せば、容易にわかることだろう。

と、このように考えると、大人用の文章読本の社会的な意義がひとつ明らかになる。それは学校の作文教育へのアンチテーゼ、あるいは学校作文の不備を埋めるものとして発展してきたということである。人々が文章読本を手にする背景には、学校作文への根強い不信感がある。「自分はちゃんとした文章が書けないのではないか」という漠然とした不安があるからこそ、私たちは学校を卒業してなお文章のハウツー本を手に取るのではなかったか。

学校作文、とりわけ大正以降の学校作文が排除してきた文章は二つある。

①伝達の文章（実用文）

②本格的な表現の文章（文芸作品）

である。文章読本は、じじつ、ここを補塡するものとして発達、変容してきたのである。以下、文章指南書の百年をざっとふりかえってみたい。

文範と文章読本の間をつなぐ修辞学書

明治時代の作文教育は、書簡文範、漢作文書、学校作文書の三つに支配されていたといった。しかし、本当はもうひとつ、毛色のちがった流れがある。修辞学・修辞法・修辞論・美辞学などと訳されるレトリック系の書物、インテリのための文章作法書、いわば上級編である。文体乱立期たる明治末には、このレトリック系文章作法書がひとつの頂点を迎えた。

修辞学＝レトリックとは、ひとことでいえば効果的な言語表現方法を研究する学問のこと。見せる（魅せる）ことを前提にした、いわば「おしゃれの技法」である。修辞学は、もともとは文章術ではなく雄弁術として、中国とヨーロッパで発達した。なにせ中国では漢代、西洋では古代ギリシャ（アリストテレス！）に端を発するというから、おしゃれ研究の歴史ははんぱじゃなく古い。漢文崇拝の伝統がある近世までの日本では、中国系の修辞学が力をもった。西洋かぶれの明治になると、ヨーロピアンタイプの修辞学が流入してくる。イギリスの書物を翻訳した菊池大麓訳『修辞及華文』（明治12年）はその最初期のもの。ほかには高田早苗『美辞学』（明治22年）、島村抱月『新美辞学』（明治35年）などが、比較的よく知られている。

そして修辞学の集大成、明治文章界の名著といわれる本が、明治末になって出た。まず一冊は、修辞学者にして作文教育界の重鎮である五十嵐力の『新文章講話』(明治42年)。もう一冊は、国語学者と戯作家のコンビによる芳賀矢一&杉谷代水『作文講話及文範』(明治45年)である。この二冊はたいへんなベストセラーとなり、大正昭和まで版を重ねることになった。

この二冊がロングセラーになった理由はいくつも考えられる。

・模倣を廃し、自分の頭と五感を使って書けと説いていること

・新興の口語文を中心にした文章作法書であること

・しかし、旧来の文語文や文章史への目配りもあること
・心得だけでなく、実践的な技巧がこまごまと記されていること
・本文そのものがこなれた口語体でおもしろく書かれていること

ただのサルまねから人間らしく頭を使った文章へ。明治末期の修辞学書は旧式の「文範」から新式の「文章読本」への橋渡しとなる文章作法書だった、といえるかもしれない。

だが、それよりなによりレトリック系の本を見て仰天するのは、その執拗な網羅癖、体系癖、分類癖である。これから自前の文章読本を書こうともくろむ人は、みんなこの種の本に目を通すといいんじゃないかと思う(『作文講話及文範』は上巻のみ講談社学術文庫で読める。『新文章講話』もどこかが復刊してくれないだろうか)。偏執的とさえ

いえるほどの各論の前では、文章家としての自信は地響きともに崩壊し、熱い情熱は氷のように冷え、もはや我の出る幕なしとさとって頭を丸めたくなるはずである。ちなみに私は、目次を一瞥したとたん、昏睡状態におちいって、もうこんりんざい、どんな文章も書かないようにしようと神仏に誓った。と、これは修辞学でいう「誇張法」による表現（かな？）。

【A】文範時代のトリを飾った『作文講話及文範』

発行年からいえば後になる『作文講話及文範』（明治45年）から見てみよう。この本は理論編（作文講話）と文例編（文範）の上下二巻からできている。新式の口語文の書き方を説きながら、昔ながらの文範もつけているところに「売れたい」というスケベ心が感じられるが、理論編には、後の文章読本と比較すべき論点が、さまざまに詰まっている。

まず注目されるのは、実用文（または普通文）と美文（または美術的な文章）との差異を述べるのに、まるまる一章を費やしていることである。谷崎潤一郎『文章読本』の冒頭に麗々しく太字で示された〈私は、文章に実用的と芸術的との区別はないと思います〉という一文を思い出そう。三島由紀夫以下、後世の名だたる文章読本はこぞってこれを否定したのだったが、谷崎以前の文章作法書を見るならば、谷崎のこの宣言は漫然と提出されたものではなく、満を持して発せられたのではなかったか、ということが察せられる。明治から昭和一〇年代までをふくむ戦前の文章作法書は、文章の種類とか区分とか分類とかに、むやみやたらとうるさいのだ。

たとえば幸田露伴『普通文章論』(明治41年)は、作家の手になる文章論として、またエッセイ式に持論を述べた文章作法書として、谷崎読本に先行するものだが、これなど、ほとんど全編〈美術的文章〉と〈実用的文章〉を区別するためだけに書かれているかのようである。

文例❶　そこで美術的文章と実用的文章との間には、二者の相混淆雑糅することの出来ない厳重な牆壁が自づからに立つて居て、其の牆壁が二者を明白に区劃して居る。即ち実用的文章の側から云つて見ると、実世間に於ける直接任務の有無といふ事が其の牆壁に挙示して在るのである。又美術的文章の方の側から云つて見ると、美感の有無といふ事が其の牆壁に大書して在つて、人に美感を与へないところの文章は此方へ混入してはならぬと謝絶して居るのである。此の美術的文章と実用的文章とは、其の目的が各〻異なるので、おのづから其の性質や機能や色彩や姿態が皆異なつて来る。で、二者を混同して仕舞つて一概に談論することは不可能で且つ不合理な事である。

ここまで厳格に釘をさされては、谷崎でなくとも、「うっせえなあ、そんなもん同じでいいじゃんか」と、つい反抗のひとつもしてみたくなろうというものである。『普通文章論』の影響も受けているらしい『作文講話及文範』は、〈実世間の用事を足すことを目的とする文章〉を実用文、〈読者に美感を起させることを目的とする文章〉を美文と規定し、両者の差異に言及する。ここはそれじたい、比喩を駆使したレトリカルな文章だ。

文例❷ 喩へていへば実用文は食物や衣服の如きものであつて、人間の生活上直接必要なものたることはいふまでも無い。それに比べると美文は恰《あたか》も音楽の如きもので、腹の足しにもならず歯の痛むのを止めることも出来ぬが、其代り精神に快楽慰安を与へ、疲れた神経を興奮させる。かういふ無形の仕事は外の物では決して出来ぬ。

文例❸ 露伴氏の比喩を借りていへば、前者（引用者註・実用文）は地図の如く、後者（同・美文）は風景画の如きものである。地図の方は方位から距離、標高其他何物も一々精確明瞭で無ければ役に立たぬが、画の方では山の角度が違はうと雲や霧がかゝつてゐようと、趣さへあれば一向かまはぬ。

なるほどねえ。うまいことをいうではないか。

具体的に示される〈実用文〉と〈美文〉の分類がまた細かい。

〈実用文〉は、法律・命令・訓令・告示・諮問・答案・記録・上申・報告・判決・学説・主張・評論・攻撃・弁駁・弁解・説明・釈義・訓詁・考証・講義・評釈・解題・儀軌・典範・諭告・勧誘・拒斥・契約・広告・通知・音信・紹介・その他実用を主とするもの。

〈美文〉は、歌（短歌・長歌・今様・狂歌）・俳句（発句・俳諧）・川柳・詩（古詩・律・絶句・偈）・新体詩（新体詩・唱歌）・謡いもの（催馬楽・東歌・宴曲・小歌・長歌・俗歌・童謡等）・小説・伝奇・お伽噺・脚本・歌劇・浄瑠璃・謡曲・狂言・小品文・紀行（或種の）・随筆（或種の）・その他美感を主とするもの。

こんな調子で、文章を形式から分類し（散文と律語）、国文の諸体と題してまた分類し（雅文式・漢文直訳式・折衷式・口語体・洋文直訳式）、動機別にまた分類し（知の文・情の文・意の文）、書き表わし方からまた分類し（簡約体と蔓衍体・剛健体と優柔体・乾燥体と華麗体・素樸体と巧緻体）、巻末にはかなづかい一覧や送りがな一覧までつける鉄壁の構え。

水も漏らさぬやり方で、体系的に文章を学ばせる『作文講話及文範』は、実用性が高く、読み物としてもなかなかおもしろい。だが、いかんせん、この本の思想は古いのだ。理由のひとつは、上巻の引用文や下巻の文範におさめられたお手本に、まだ文語文が多いこと。しかし、それはたいした問題ではない。もっと大きな理由、それはまさしく『作文講話及文範』の分類癖それじたいにある。古色蒼然たる文範の目次が、思想の古さを示している。そこには目的別に十二種類の項目がならび、古今の名文家の模範文例(口語文例と文語文例)が載っている。

①記事文(雑記・写生・雑報・報告・記録・紀行・日誌など)
②叙事文(叙事・物語・小説・言行録・伝記・歴史など)
③叙景文(景色の描写)
④議論文(評論・論策・攻撃・弁駁・判決・講評・評釈・考証・評伝など)
⑤説明文及び勧説文(講義・解説・解釈・凡例・註釈・紹介・趣意書など)
⑥論告文(訓示・勅諭・上諭・建白・弾劾・請願・上表・奉答・説教・忠告など)
⑦情感文(感情の表現)
⑧祝賀文(祝辞・賀表・式辞・答辞など)
⑨弔祭文(弔文・祭文・誄詞・哀悼・慰問など)
⑩序跋文附送序文(序文・跋文・緒言・送序など)
⑪広告文(広告・紹介・引札など)

⑫雑（辞・賦・碑銘・墓誌・座右の銘・題・賛・譜など）

多くの文範は、このほかに目的別に細分化された「書簡文」のページをたっぷり割いているのだが、右のようなやり方が、いわゆる「文範」のもっとも基本的な目次立てだったと思って大過はない。便利な感じがする？　もちろんそれはその通り。しかし、目的を先に掲げて、それに見合ったスタイルの文章を書けと指導するやり方は、いかにも窮屈、きわめて規範主義的だ。論文は論文らしく、物語は物語らしく書け。これは書簡文や漢作文を模倣していた時代の延長線上にある発想、全員同じスタイルでという「お仕着せ」の思想にほかならない。

それにくらべると、実用文と美文のちがいはないと乱暴にいってのけた谷崎読本の思想のほうが、はるかに自由で、新しい文章への可能性を秘めているとはいえないか。『作文講話及文範』が明治の文範の集大成ともいえる、すぐれた文章作法書であることはまちがいない。実用性では、これより三年早く出版された『新文章講話』よりおそらくは上だろう。しかし、谷崎読本にも影響を与えたにちがいない文章作法書のニューウエーブは、実用性では劣るかもしれない『新文章講話』のほうなのである。

【B】文章読本時代への扉を開いた『新文章講話』

『新文章講話』の姿勢は、序文にあらわれている。五十嵐力はそこで〈私は第一に真実を写さう、有るがまゝを写さうと思ひます〉と記す。さよう、谷崎読本の〈自分の心の中にあること、自分の云いたいと思うことを、出来るだけその通りに〉に近い、反対にいえば、清水幾太郎の〈「あるがままに」書くことはやめよう〉の対極にある主張である。けれども、この後の解説を読めば、五十嵐がいう〈有るがまゝ〉の意味が深く納得できるはずだ。

文例❶ 人間には、通じて昔を尊び強者に屈従するといふ性質があつて、古人の言つた事だ、先進国の大家の書振だといふと、それが事実に合つて居ると否とを問はず、又自分が本当にさう思つて居るのか否かをも論ぜずして、つい其の古人や先輩の真似をなし、やゝもすれば虚偽と思はずして知らず識らず虚偽を云ふといふ事になります。

あらゆる主張は時代背景ぬきには語れない。五十嵐はそんなにむずかしいことを述べているわけではない。〈有るがまゝを写さう〉とは、要するに「心にもない嘘八百を書くな」というだけの話なのである。そこを強調するために彼が出す旧時代の「作文学生」の例は秀逸である。ちょっと長い引用になるけれど、ここは飛ばさず読んでみよう。

文例❷

かくして、中学も曲りなりに卒業したから、遊んでゐるよりは東京へ上つて、何処かの学校へ出たらよからう、夏休みになつたら直ぐに帰つて来い、冬休みにも是非帰れ、といふやうな事情で上京した我儘育ちの学生も、いざ「上京の感」を書くといふ段になると、すぐに「男児志を立て、郷関を出づ、学若し成らずは死すとも還らず。」といふ風の激越な調子の文句を並べます。荷物を通運に託し、汽車に預けて、一寝入りして居る中に上野或は東京駅に着いた者でも、怪しまずに「笈を負うて東都に遊ぶ。」と書きます。一たび故郷を離れた以上は、遊び友達が何人居ても、「天涯の孤客」と書かねば気が利かぬやうに思ひます。雁を聞き不如帰《ほととぎす》を聞けば、実際何とも思はぬにしても、望郷の感を起こしたやうに書かねば落ちつかぬやうに思ひます。愉快な天地、陽気な人生も、新らしい青年としては灰色と見、やるせないと感じなければならぬものと思ひます。酒の嫌ひな幼い学生でも、野山に遊んだ記事文には、平気で「一瓢を携へ」と書きます。可なりに雲があつても「天気晴朗一点の雲なく」と書きます。船などの影さへ浮かんだことのない小流にも、立派な船を浮べて涼んだ事を書きます。寒国のさむ空の、見てもぞツとする雪に対しても、転ぶところまで見物に出かけたり、高楼《たかどの》に簾《みす》をかゝげたりして、六花繽紛とか、鵞毛鶴氅とかいふ拝借の妙文句を並べます。

やっぱり出ました、「一瓢を携え」「天気晴朗」。ちなみに「六花繽紛」「鵞毛鶴氅」とは、雪が典雅に舞い散るさまを花や羽毛にたとえた四字熟語だ。新青年は「憂い」をふくんでいなければならないものだという当時の流行なども、やんわり茶化されているのがおかしい。

ノーテンキな学生と、彼の書く格好つけた文章の乖離をおもしろおかしく指摘したこの一文は、それじたいが〈有るがまゝを写さう〉の精神で綴られていることにも注意したい。つけ加えれば、この文章は「説明文」なのに「叙事文」のように書かれている。

五十嵐力もまた分類マニアであり、〈文章の種類を巨細に挙げ来たれば日も亦足らぬ〉〈文の種類の説明だけでも、優に浩瀚なる一書を成すことが出来る〉といいながら、文章や文体の分類に筆を費やしてはいる。しかし、彼は実用文と美文といった目的別の分類には背をむけ、むしろ修飾の多寡による分類（乾燥体・平明体・清楚体・高雅体・華麗体）のほうに力を入れる。そしてそれ以上に、五十嵐が全身全霊を傾けるのは、「文章修飾論」の「詞姿各論」（修飾や形容）と題された章である。「おしゃれの技法」にあたるこの部分は、書物全体の三分の一以上をしめる。『新文章講話』の体系癖、分類癖はここに発揮されるのだ。

彼が唱えた八つの原理は、①結体の原理、②朧化の原理、③増義の原理、④存余の原理、⑤融会の原理、⑥奇警の原理、⑦順感の原理、⑧変性の原理。なんのことやらさっぱりわからない。それもそのはず。結体・朧化・増義・存余といった、あやしげな新宗教みたいなレトリック用語は、すべて五十嵐本人の造語なのである。もう少しふつうにいえば、①固め（抽象的な観念に形を与える方法）、②ぼかし（さしさわりのある事物をぼかしていう方法）、③増やし（伝達内容をふくらましていう方法）、④余し（全部をいわず読者に想像させる方法）、⑤念押し、⑥おどかし、⑦言い替え、⑧はずし、とでもなろうか。各原理の細目がまた細かい。

①結体の原理（直喩法・隠喩法・諷喩法・活喩法・結晶法・問答法・挙例法・誇張法・現写法・対照法・抑揚法・換置法・括進法・列叙法・詳悉法）
②朧化の原理（稀薄法・美化法・曲言法）
③増義の原理（引用法・隠引法・縁装法・重義法）
④存余の原理（挙隅法・側写法・省略法・断叙法及び接叙法・接離法・反言法・皮肉法・設疑法・倒装法）
⑤融会の原理（漸層法・飛移法・序次法・連鎖法）
⑥奇警の原理（警句法・奇先法）
⑦順感の原理（反覆法・頭韻法・脚韻法・畳点法・反照法・照応法・対偶法・避板法・擬態法・咏嘆法・情化法）

⑧変性の原理（方便法・遮断法・変態法・超格法）

以上しめて「詞姿＝おしゃれの技法」五十三連発！

分類は分類でも、文章の種類を列挙するのと、技巧の種類を列挙するのとでは、天と地ほども意味がちがう。目的別の文章分類は「文章」に書き手があわせていくやり方だが、技巧の分類は「書き手」のほうに文章をあわせていく方法だ。文範が幅をきかせていた当時の作文界で、これは非常に新しい発想だった。しかも五十嵐修辞学は、西洋からの借り物ではなく、西洋流の修辞学を日本語の文章にあてはめて独自に体系化したものだった。

レトリック＝修辞学という学問は、『新文章講話』を最後の花火として、大正以降は徐々に忘れ去られてゆく。それは学校作文が修辞に偏った美文作法から離脱して、「思った通り」「見た通り」を重視するようになっていく過程とも連動している。もっとも、『新文章講話』が示した書き手中心の精神は谷崎潤一郎『文章読本』の中に胚胎し、大正昭和の「作文教育」ならぬ「綴り方教育」、「文範」ならぬ「文章読本」時代へと突入するのである。

類から個への方針転換

戦前の文章作法書や作文教授書が目にふれにくくなったなか、谷崎読本だけは生きた化石のカブトガニか何かのように、ぽつんと現代に生き残っている。そうなので、私たちは谷崎読本を戦後の文章読本といっしょくたに語る癖がある。しかし、文章読本界に燦然と輝く開祖＝谷崎読本といえども、時代の影響（あるいは制約）を受けていないはずはない。

明治の文章界を思い出そう。総じていえば、そこには「類型化への意志」が強く働いていた。書簡文範はいうにおよばず、お手本に沿った美文作法しかり、文章の分類しかり、効果的な表現法を研究する修辞学しかり、である。大正期を経て昭和に入ると、かかる類型化への指向性はすっかり影をひそめる。かわって出てきたのが「個性の尊重」という方向性だ。芦田恵之助の随意選題論から「赤い鳥綴り方」「生活綴り方」へとつづく子どもの作文教育の流れは、まさに「個性の尊重」の方向ですすんできたものといえるだろう。

類から個へ。

この流れは、作文教育のみならず、ハイブラウな文章研究の分野にも共通したものだった。明治末期にピークを迎えた修辞学は大正期に入るとめっきり下火となり、それにかわって昭和初期には「文体論」というものが浮上してくる。旧来の修辞学の中にも、もちろん「文体」という語は頻出していた。「雅俗体」「俗文体」「雅俗折衷体」、あるいは「和文体」「漢文体」「和漢混淆体」などである。文章家は古来より「文体」の研究に余念がなかったといってもいい。

しかし、ここでいう「文体論」は、そっちの(類型化された)文体ではなく、いわゆるスチリスティックス、表現者個人の文章の技なり芸なり癖なりの研究のことである。類から個へ、修辞学から文体論へという文章観の転換はどうも歴史の必然であるらしく、一八世紀ヨーロッパでも、まったく同種の転換がおきている。言語学者のピエール・ギローは、この間の事情を〈近代人にとって、実在を識別し認定するものは生きた体験である。が、中世の人間にとって、それは形態である〉と説明している(佐藤信夫訳『文体論』)。真善美の規範が人間の外にあるものだった時代は、文章も理想とされる規範にあわせて作っていけばよかった。しかし、近代人にとって、行動や生活の規範が人間の外にあるという考えかたはなじみにくい。かくて文章は個人の表現となり、文体もまた思想と同じく個人に属するものとなる。「文は人なり」というビュフォンの箴言は、そこから力をもつようになったのだ、と。

国内に目をむけても、類から個への興味の転換はもっともな流れではあった。言文一致体(口語文)がひとまず普及したことで、国語国字問題や文語体/口語体問題への関心は徐々にうすれていく。いっぽうで、明治末期の自然主義文学から昭和初期の新感覚派にいたるまで、口語文で書かれたさまざまな流派、さまざまな作家の多彩な文芸作品が出現する。そうなれば、研究者の関心はおのずと「類としての文体」を離れて「作家個人の文体」へむく。

というわけで、子どもたちの作文が「生活綴り方」に傾斜していった昭和期には、大人むけの文章指南書も「個性の尊重」、いいかえれば「(あなたの)あるがままに書け」「(あなたが)思った通りに書け」を錦の御旗として、かかげるようになる。〈文章の要は何かと云えば、自分の心の中にあること、自分の云いたいと思うことを、出来るだけその通りに、かつ明瞭に伝えることにある〉という谷崎読本の教えは、もちろんこの流れにつらなっている。のみならず、昭和の文章読本は、個人中心主義をあの手この手で主張するようになるのである。（傍線部分は引用者による）

文例❶　昔から、文章は人格の現われであると云われておりますが、啻《ただ》に人格ばかりではない、実はその人の体質、生理状態、と云ったようなものまでが、自《おのずか》ら行文の間に流露するのでありまして、しかもそれらの現われるのが、調子でありますされば文章における調子は、その人の精神の流動であり、血管のリズムであるとも云えるのでありまして、分けても体質との関係は、よほど密接であるに違いない。(略)なだらかな調子を好む人、ゴツ〳〵した調子を好む人等は、恐らくそれ〴〵体質的にそうなる約束があるのでありますから、調子と云うものは、後天的に教えてもさほど効果があろうとも思われません。

文例❷

谷崎潤一郎『文章読本』(昭和9年)

全巻を通じて、いろ〳〵説明したが、文章を書く修業と云ふのは、結局人間を完成することである。雄弁など云ふことも、結局その人の人格思想を離れて存在しないごとく、文章も結局、その人の人格思想の現れである。／(略)

真に人を動かすに足るものではない。／尾崎紅葉式の文章など、たとひ存在したとしても、人格を離れての雄弁、人格を離れての文章など、たとひ存在したとしても、あつて、彫心鏤骨の文章などは、大した意味はない。六十五点の人間は、机に向つて筆を嘗めていくら彫心鏤骨しても、六十七、八点の文章しか書けないのである。

菊池寛『文章読本』(昭和12年)

文例❸

文章を書く上に、一番の敵は、うまく書かうとか、こんな風に書いては笑はれるだらうとかいふ心である。／うまく書かうといふのは虚飾である。人のおもはくを気にするのはみえである。虚飾やみえは文章にとつて一番の大敵である。／実際以上によく見せやうとか、人はどう思ふだらうとか、かういふ邪心が邪魔をすると、心がありのまゝに書けなくなるから、真心の現れた文章を書くことが出来ない。／(略)／心に思つた通りを書くと文章になるのであるが、人を動かし、永く記憶に残るやうな文章は、何よりも先づ誠の心

を表したものでなければならぬ。　久米正雄『文章の作り方』(昭和23年)

文例❹　ステイルは個性の匂いの強い、絶対的性質のものであるから、外的手段によって得られたり得られなかったりするものではない。それは作家とは不可分離のものであって、時には作家それ自身である、といえる場合もあるようである。／この故に作家はつねに文章のために、自己のステイルを生みだすために、不断のそして測り知れぬ労苦を積み重ね、しかもその結果は、歴史の波によって洗い流された後でしか証明されはしないのだ。芸術に生きる者の秘密とかなしみは、ここにきわまるともいえようか。　川端康成『新文章読本』(昭和26年)

❶は「文章の調子は体質による」といい、❷は「文章は人格に決定される」といい、❸は「文章は真心から生まれる」といい、❹は「文体は作家と不可分である」といっているわけである。

お説ごもっともといいたいが、こうまで「人文一致」を強調されると、ムカムカしてくるのはなぜだろうか。理由は単純。右のごとき「文は人なり」論は、つきつめれば技巧や訓練の否定論と同じだからだ。❶❷は「練習したって文体は変わらんさ」といっているに等しいし、❸は「仙人になれ」と諭しているようなもの。❹にいたっては、たんなる天才称揚論である。もしも彼らのいう通りなら、最初から文章読本なんて不必要だし無駄なのだ。じゃあ、なんのために、あなたはその本を書いてんのさ、え？　と胸ぐらつかんで問いただしたいところである。

もっとも、この種の矛盾にあまりこだわっても仕方がない。「個の時代」に入った文章作法界には、どんな現象が起こったか。思いきってまとめれば、こういうことになろう。

①作文の私小説化

②文章指南書の文芸批評化

である。作文の私小説化については、豊田正子『綴方教室』のところで述べた通りだ。「赤い鳥綴り方」以来、子どもの作文は、美文や実用文を離れて「自己表現」の場となった。紋切り型の表現はことごとく排斥され、正直さ、率直さ、飾り気のなさといった「子どもらしい表現」が尊ばれる。「生活綴り方」は、さらに生活（現実）と表現（作品）を不可分のものとしてとらえる。内容が「ぼくとわたしの生活体験」なら、形式的には「あるがままに」「思った通りに」。これが作文の「私小説化」である。いっぽう、作文が「個の表現」になれば、作文指導も一般的な概論ではすまず、個別批評的な方向にむかわざるをえない。それが「文章指南書の文芸批評化」である。

文章指南書の文芸批評化

文章指南書の文芸批評化。この傾向をはっきりと示すのは、綴り方指導書界の王者としてながく斯界に君臨した鈴木三重吉『綴方読本』(昭和10年)であろう。全体の八割のページをしめる前半の「綴方傑作選」は、五十編にもおよぶ「赤い鳥」投稿作品と、そのひとつひとつに添えられた三重吉の長い批評だ。巻末の「綴方と人間教育」はいちおう理論編だが、そこで述べられるのも、理論というよりは、作例に沿った「心得」の数々である。

いわく、観念はだめだ、経験したことだけを書かせよ。いわく、子どもは放っておくとだらだら書くから、構成力を身につけさせよ。いわく、平坦な描写で満足せず、「叙写の深度」を考えよ。だが、その具体的な方法はと読み進めれば、三重吉はさっと実例を引用し、〈~といふやうな精細な、陰影的な、叙写を誇つてゐる〉〈~と、どこまでも陰影的で、痛快である〉と個別描写の批評へむかう。そして、その作文のどこがどう〈陰影的で、痛快である〉かを述べた後、〈研究者の多くや、学校での多くの実際家たちはどうしてこんな「叙写の陰影」なるものを問題にしようともしないのであらう〉と、いきなり大局的な批判へ飛ぶのである。

あるのは漠然とした指針と、個別の作文についての批評だけ。漠然とした指針でも、ないよりましなのはたしかだが、その中間を埋める技術論、『新文章講話』の五十嵐力が得意としたような修辞＝おしゃれのテクニックはすっぽりとぬけ落ちている。

この時期の国語教育界には、綴り方関係の啓蒙書・理論書が続々と登場し、お山の大将の鈴木三重吉などのあずかり知らぬところでは、教室における実践的な綴り方指導の研究も、じつはかなりの高レベルに達していた。けれども、それは「教育界」という特殊業界の中での話である。『綴方読本』のテイストは、その前年に出た谷崎の『文章読本』とワンセットで、その後の（一般むけの）文章指南書にひきつがれたのではないかと思われる。

谷崎読本がそれまでの文章指南書とちがうのは、まるでエッセイを読むように、すら すら読んでいける点である。これが文章の種類なんぞにゴチャゴチャこだわる旧来の文範や、体系癖・分類癖にこりかたまった修辞学書のアンチテーゼになっている、という話は前章でもした通り。谷崎読本は、文章指南書であると同時に「読み物」なのだ。同じことは『綴方読本』にもあてはまる。子どもが書いた作文の「悪い例」を示しながら、既成の綴り方指導書に高飛車とさえいえるほどの批判をさしむけ、返す刀でわが「赤い鳥綴り方」の「よい例」を見せびらかす。『綴方読本』もまた、教育書であると同時に「読み物」なのだ。

さすがは読ませるテクにひいでた小説家！　と喝采しつつ水をさすのだが、『文章読本』と『綴方読本』、二冊の「読本」が切り開いた道こそ、文章指南書の文芸批評化であった。

「文芸批評化」の意味をもう少し細かく分解すれば、①技術論の衰退、②個別的な批評の台頭、③文芸作品への偏重、④エッセイ風の体裁、である。文章作法書として、これは進歩なのか後退なのか。すぐには判断しかねるが、ひとつだけたしかなことがある。これによって規制緩和がすすんだ、べつにいえば文章指南書は「だれもが書ける本」になったということである。文芸批評は「いいかげん」の代名詞なのかと問われれば、まあそうですね、と答えるしかない。文章読本とは文芸批評的に書かれた文章指南書のことである、と定義しなおしてもいい。極端なことをいえば、適当な文章を引用してきて「この文章はこんなに名文である」とかなんとか適当な批評を添えておけば、修辞学書にはならなくても、文章読本（らしきもの）は製造できるのだ。

谷崎読本はそれでもまだ、引用文にむやみに頼っていない分、「良心的」な文章読本ではあった。もっと手ぬきに近い例をあげるなら、たとえば先にも引用した菊池寛『文章読本』や川端康成『新文章読本』である。これらに頻出するつぎのようなフレーズを読めば、「文芸批評的」といった意味がわかってもらえることだろう（傍線引用者）。

文例❶　次にその例として、志賀直哉の「暗夜行路」の序の一節を引用して見よう。／(引用文省略)／言葉の一つ一つに無駄がなく、よく引き締つた文章だ。

文例❷
前述の二文に比較して、一句一句が躍動してゐるかのやうにさへ感ずる。
次に、引例として、里見弴の「多情仏心」の序詞を掲げる。／(引用文省略)／これは谷崎潤一郎の文章とは全く違つた感じがある。潤一郎の文章が、「いぶし」をかけ光沢を沈ませた文章であるならば、これは表面を磨き、光沢を輝かした文章である。この違ひは何処から来るか。／それは用語の相違である。／潤一郎が和文調でしぶい古典的な雅味を出さうとする為、努めて控へ目の言葉を使ひ、意味を内輪に表現してゐるのに対して、里見は明晰に、新鮮に感覚的にと心掛けてゐる為であらう。

文例❸
日本語の最も高い可能性を我々に示してくれている点に於いて、鏡花氏の文章に我々は礼讃と感謝を捧げねばなるまい。／(引用文省略)／少し引用が長くなったが「歌行燈」の最後の一節である。空想と現実と心理がいずれがいずれと定めがたく、渾然一体となって文章の花をそえる。天来の才芽が、けんらんと咲き誇ると言えようか。

文例❹
谷崎潤一郎氏の文章が滔々たる大河とすれば、佐藤春夫氏の文章は水清らかな小川である。両氏共に想像が豊かで連想が賑かで、視点の細かい文章を書くが、谷崎氏が稍〻「説明的」であるとすれば、佐藤氏は稍〻「表現的」で以上、川端康成『新文章読本』

あるといえるかもしれない。

傍線部分に見られるようなスカしたレトリック（直喩・暗喩・対句法）を自らは嬉しそうに用いながら、〈いかに多くの美辞麗句をならべて、文字だけを美しく飾っても、感情や思想を明確に伝へることが出来ない文章は、実用主義の現在では、無意味〉（菊池読本）、〈文章の第一条件は、この簡潔、平明ということであり、如何なる美文も、若し人の理解を妨げたならば、卑俗な拙文にも劣る〉（川端読本）なぞと、よくまあいえるものである。

文芸作品に偏った引用文、説明すべきところを実例でゴマ化す手法、感覚的な用語に頼った解説。文章指導の根幹が、解析ではなく「鑑賞」に流れていることがわかるはずだ。

ところで、お笑いなのは、菊池読本と川端読本の成り立ちである。すでによく知られた話だが、この二冊、じつは後に代作疑惑がもちあがり、どちらも文章読本界から抹殺されたという因縁つきの本なのだ。内容的にもかなりひどい。代作疑惑が出てこなくても盗用問題にはなったかも、というほど双方ともに谷崎読本からのパクリが多い。しかし、ゆゆしき二冊の文章読本は、おもしろい事実を教えてくれる。著者が代理でも内容がパクリでも、気づかれることなく菊池読本と川端読本は版を重ねた。すなわち「文は人ではない」のである。

昭和前期の文章作法書界には、明治以来の文範や修辞学書はもちろん、綴り方教育の教授書から受験参考書まで、いまあるような文章指南書はほとんどすべて出そろってい
た。芳賀矢一&杉谷代水『作文講話及文範』、五十嵐力『新文章講話』は改訂を重ねながらまだ売れつづけていたし、旧式の文範も洗練されて実用性の高いものになっていた。
谷崎潤一郎『文章読本』、鈴木三重吉『綴方読本』をルーツとする文芸批評的な(換言すればいいかげんで読み物的な)文章指南書は、そのなかではもっとも新しいタイプの本だったといえるだろう。個人文体の研究とは、ひっきょう「天才」の技なり芸なり癖なりを分析する領域である。技術論のともなわない天才芸の鑑賞は、いたずらな名文信仰を育てるだけで、あまり建設的とはいえない。けれども、こうした文芸批評的=文学主義的なスタイルは、あっというまに文章読本のスタンダードとして定着した。代作疑惑、盗用疑惑の濃い菊池寛『文章読本』が発行されたのは、谷崎読本のわずか三年後のことなのである。

伝達の文章読本の時代

さて、と、このように、五十嵐力『新文章講話』にせよ谷崎潤一郎『文章読本』にせ

よ、時代をリードする文章指南書は、いつもその一時代前の学校作文にたいするアンチテーゼとして書かれてきた。だから学校作文に飽きたらなかった大人に支持されたのである。

しかし、学校作文と一般の文章がこんなにも乖離し、学校作文への不信感がこんなにも肥大したのは、戦後のことだろうと思われる。

なぜそんなことになったのか。

ひとつには、前にも述べた通り、学校作文が「学校」という特殊な場所で独自の進化をとげすぎたことである。「子どもらしい表現」をひたすら求め、「表現の文章」に大きく偏った作文教育は、戦前の赤い鳥綴り方から生活綴り方を経て、戦後の作文や読書感想文へと進化する過程で、すっかり伝統芸能の域に達してしまった、といってもいい。

ところが、学校を卒業したその日から、過酷な現実が待ち受けている。「作文」「感想文」は、一般の文章界では差別語である。「子どもの作文じゃあるまいし」「これでは子どもの感想文だ」は、ダメな文章をけなすときの常套句である。学校のなかでは「子どもらしい」という理由で賞賛された作文が、学校の一歩外に出たとたん、こんどは「幼稚である」という理由で嘲笑の対象にされるのである。子どもらしい「表現の意欲」を重んずる学校作文と、大人っぽい「伝達の技術」が求められる非学校作文は完全に乖離している。なんという理不尽！

戦後の文章読本は、この隙間を埋めるものとして要請された側面が大きい。

清水幾太郎『論文の書き方』、三島由紀夫『文章読本』が出版されたのは、子ども作文教育をめぐる「綴り方・作文論争」がまだなんとなくくすぶっていた一九五九年のことである。文学的な要素を徹底的に排した清水読本は、学校作文が無視してきた「伝達の文章」(論文)の書き方を示した本、文学的な要素だけでかためた三島読本は、これまた学校作文が排除してきた「本格的な表現の文章」(文学作品)の到達点を見せつけるような本だった。清水幾太郎がかかげた〈「あるがままに」書くことはやめよう〉は学校作文への反旗だし、三島由紀夫は〈私は中学時代に受けた作文教育にいまだに疑問を持っております〉と記している。まるで性質の異なる二冊の本は「学校作文の否定と補塡」という点では、みごとに一致していたわけである。

しかし、仮に清水と三島を「伝達の文章派」と「表現の文章派」の代表と見なすなら、戦いに勝利したのは、「伝達派」である清水幾太郎のほうだった。

谷崎読本が出版された一九三〇年代から五〇年代まで、文章読本界をリードしていたのは作家であった。谷崎潤一郎、鈴木三重吉、里見弴、久米正雄、三島由紀夫と、文章の指南書は当代一流の作家が書くものという時代が続いた。菊池寛や川端康成の文章読本が代作されたのも、文章読本の権威づけのためには著名な作家の名前がぜひとも必要だ、と判断されたからだろう。

しかし、一九六〇年代の高度経済成長期に入ると、形勢は逆転し、清水幾太郎の流れをくむ学者やジャーナリストが文章読本の書き手として台頭してくる。六〇年代は、人々の生活が豊かになるのと呼応して、生活綴り方が急速にすたれていった時期でもある。人々は自己表現より、ビジネスに役立つ実用文の書き方を求めていたのかもしれない。

七〇年代に入ると、この傾向にさらに拍車がかかり、文章読本の数と種類はいっきに増えた。谷崎読本、三島読本が文庫になり、一九七六年には本多勝一『日本語の作文技術』が、翌七七年には丸谷才一『文章読本』がベストセラーとなる。これらは学校作文が独自な発展をとげ、完全に伝統芸能と化して以降の本である。彼らがこぞって「思った通りに書け」「あるがままに書け」を否定したのは、学校作文への批判としてはいちおう当然だったのである。

文章読本の興隆期は、戦前戦後を通じて三度あったように思われる。一九三〇年代、五〇年代後半、そして七〇年代の後半である。学校教育との関連をはずして考えてみても、三つの時期にはいくつかの共通項が見いだせる。

①文化の大衆化が急激に進んだ時代だったこと
②印刷メディアにかわる新しいメディアが登場したこと
である。谷崎読本、鈴木読本が書かれた三〇年代は、まさに大衆文化の時代。ラジオ

の普及で音声言語のウェイトが上がり、いまと同様、俗語や外来語が口語文を「汚染」していた。清水読本、三島読本が登場した五〇年代の後半は、高度経済成長の初期にあたる。女性週刊誌などの大衆誌が続々と創刊され、テレビジョンが「三種の神器」のひとつとしてもてはやされた。そして本多読本、丸谷読本はじめ有象無象の文章読本が出現した七〇年代の後半は、それまでの教養主義がいっきにくずれ、大学がレジャーランド化し、電話が隅々にまで行きわたり、若者の「活字離れ」がしきりにいわれた時期である。

文化の大衆化とニューメディアの台頭は、文章家に「日本語の危機」「活字文化の衰退」という危惧をいだかせる。さよう、文章読本に手を染めるサムライたちは、活字世界の「憂国の士」でもあったのだ。

様々なる衣装
――文章読本の行方

いばるな、文章読本！

再び現代の文章読本の話にもどろう。二一世紀に突入したいま、文章読本は生き残っていけるのだろうか。生き残るとしたら、それはどんなものになるのか。

文章読本式の修業を尊ぶ殊勝な方々がまだいるいっぽうで、文章読本はいけ好かない、いばるな文章読本！　くたばれ文章読本！　と思っている人も少なくないんじゃなかろうか。こうした気分が出てきたのは、一九八〇年代の中頃からではなかったかと思う。
 当時の気分をみごとに代弁した文章に、橋本治『よくない文章ドク本』（一九八二）の中の一文がある。この本はいわゆる文章読本ではなく、文学論、まんが論、映画論などを集めた軽めのエッセイ集なのだが、ここに収録された「えばるな、文章読本!!」と題された章は、短いながらも文章読本というジャンルへのおおいなる一撃であった。なにせ当代きっての個性的な文章家による罵倒である。それじたいが、規範主義者を叩きのめす文体見本になっている。

文例❶　一体なんだってまた文章読本なんてもんがあるんでありましょうか？　なんだってまた、そんなものを一般人が必要とするんでありましょうか？　というのが私の一般人だったときからの疑問でありました。〝一般人〟の反対語は〝特殊人〟でありまして、〝特殊人〟とは〝職業人〟のことであります。

文例❷　文章を書こうなんていう特殊人は大変よねェ、いつもポカンとして夢ン中歩いちゃいけないんだもんねェ、それが一番気持いいっていうのにサァ。おまけに、〝動機はどうあれ〟なんて、〝先生〟からすさまじくバカにされてねェ。生徒って、ホントにバカにされてんのねェ、オオ、ヤだ。

文例❸　あのネ、僕達はネ、あなた達とはコミュニケーションを拒否してるわけ。だから、あなた達のいう分かりやすい文章は無内容な文章なわけ。僕達の文章は、あなた達にとっては文章作法や作文技術が必要だと思えるような文章に見えるわけ。それだけなの。

文章読本的にいえば、右のような文章そのものが、ルールを無視したド悪文であろう。が、橋本治の文章は、まちがいなく朝日新聞の文章よりファンが多いのだからやるせない。かくて橋本は、大隈秀夫『実例文章教室』、植垣節也『文章表現の技術』、本多勝一『日本語の作文技術』、橋本義夫『だれもが書ける文章』等を俎上にのせて、コテンパンにこきおろす。〈要するに、文章書いて他人に取り入りたいわけネ〉〈この威張り方って、ちょっと尋常じゃないと思わない？〉〈この世には、分かりやすい文章なんてありはしない〉〈文章というものは、必ずや読者を選ぶんだよッ！〉。そしてイタチの最後っ屁。〈困ったもんだよ中年は〉。

八〇年代は文章の規範が以前にもまして崩壊した時代だった。橋本治『桃尻娘』が人々をあっといわせ、田中康夫『なんとなく、クリスタル』が人々をポカンとさせ、ダジャレやパロディやことば遊びに充ちた広告コピーが氾濫し、糸井重里や仲畑貴志といったコピーライターが時代の寵児となり、椎名誠や嵐山光三郎が昭和饒舌体なるものを発明し、口語短歌の俵万智『サラダ記念日』がベストセラーになり、新言文一致体などということをいいだす人が出てきた。こんな時代に抑圧的な規範やしちめんどくさい修業法が、お年寄り以外に歓迎されるだろうか？

そうなのだ。新御三家の最後の一冊、井上ひさし『自家製　文章読本』が出た一九八四年の時点で、文章読本の歴史は終わってもよかったのである。

しかし、文章読本はしつこく生きのびた。勢いはいまだに衰えない。文章読本がくたばりそこねている間に、文章をとりまく環境は、いちじるしい変化をとげた。

第一に、ハードウエア、すなわち筆記用具の革新である。ワープロやパソコンが「書く道具」として登場したことは、筆と巻紙がペンと原稿用紙に、石筆と石版が鉛筆とノートにかわった大正期にも匹敵する八〇年代の大変革であった。器械の操作をマスターするという最初の関門はあるものの、そこさえクリアしてしまえば、書くことに伴う身体的苦痛は半減し、悪筆を気にすることもなく、だれもが速く、長く書ける条件がととのった。

第二に、発表媒体の幅が広がったことである。ワープロやコピーの普及で自前のメディアが製造しやすくなり、印刷物の権威が相対的に下落するいっぽう、印刷という行程を経由しないメディアも登場した。パソコン通信、そしてインターネットである。百年以上にわたって文章界を支配してきた「印刷言語至上主義」「プリントメディア帝国主義」は、ついにここで崩れはじめる。

ネットの普及は、文章の場にも少なからず影響を与えた。ひとつの例が一対一のコミュニケーション、対面型文章の復権である。電話は手紙離れを促進させたが、その後で登場したファクス、文章作成機能つきのポケットベル、携帯電話の電子メール等は、手紙にかわる新たな「文字文化」を出現させた。若者の文章力が落ちているというのは、いまやたんなる迷信にすぎない。書く機会は激増している。口のかわりに親指または十本の指を器用に動かして、彼らはしゃべるように書く。彼らにとって「書くこと」はすでに日常生活の一部なのだ。

この期におよんで、まだ文章読本を製造しようともくろむのは、酔狂というか親切過剰というか、ご苦労様としかいいようがない。それでなくとも類書がこれだけ乱立するいま、他との差別化をはかるのは至難のわざだ。にもかかわらず文筆家のみなさまは「道場破り型の挨拶文」などを掲げ、懲りずに文章読本界に参入してくる。オーソドックスな文章読本の内容見本は前に見たので、道場破りに乗り出した文章読本の新流派を追ってみよう。

鷗外・直哉はもう古い――引用文一新流

文章読本改革の第一歩。それは引用文の一新である。文章読本は虎の威を借るメディアである。引用文によって印象がガラリと変わる。したがって、新規参入者は、なるべく新しい文章、なるべく知られていないマイナーな文章、知られていてもだれも名文とは認定しなかった文章などを引いてきて、守備範囲の広さを誇示する。それが引用文一新流だ。

谷崎読本が巻頭に志賀直哉『城の崎にて』を引き、三島読本が森鷗外『寒山拾得』を引いているように、文章読本界における「名文」のお手本は、かつては森鷗外と志賀直哉が定番だった。しかし、八〇年代以降、二大巨頭の栄光にもさすがに陰りがみえている。鷗外・直哉にかわる現代の名文家、引用文一新流が認定する新たな手本は、立花隆と村上春樹だ。

向井敏『文章読本』(一九八八)がよい例である。この本は、エンタテインメント文学、ルポルタージュ、図鑑の文章など、幅広いジャンルに目配りがゆき届いている。野間宏、大江健三郎、灰谷健次郎ら重鎮の重々しい文章を容赦なく「悪文」「駄文」扱いするかたわら、星新一、海老沢泰久、立花隆といった人々の論理明快、軽妙洒脱な文章を「名文」として引く。

文例❶「ボブ・ディランって少し聴くとすぐにわかるんです」と彼女は言った。/「ハーモニカがスティーヴィー・ワンダーより下手だから?」/彼女は笑った。彼女を笑わせるのはとても楽しかった。私にだってまだ女の子を笑わせることはできるのだ。/「そうじゃなくて声がとくべつなの」と彼女は言った。「まるで小さな子が窓に立って雨ふりをじっと見つめているような声なんです」　村上春樹『世界の終りとハードボイルド・ワンダーランド』

こうした会話文の例を引いて向井はいう。〈機知に富んで軽快な、こうした会話が日本語の文章に現れようとは、一昔前には想像しにくいことだった〉〈こういう好ましい例がすでにある以上、現代文の前途は洋々たるものだとむしろいいたい〉。

向井敏と同様、村上春樹に心酔しているらしい布施英利『電脳版　文章読本』（一九九五）も、引用文の差別化に腐心した文章読本である。向井の引用が鑑賞用なら、布施の引用は自説の証明＆補強用が中心という差はあるものの、村上龍、村上春樹、養老孟司、橋本治、高橋源一郎、中沢新一といった人気者の文章を得意満面でフィーチャーするいっぽう、この当時ベストセラーになっていた鶴見済『完全自殺マニュアル』や松本人志『遺書』まで登場させてハッタリにこれ努める。ロングセラーになっている木下是雄『理科系の作文技術』をこきおろし、返す刀でこんな文章こそ「理系の作文のお手本」だと布施は大々的にもちあげる。

文例❷　手首、頸動脈切りともに必要な物は、基本的によく切れる刃物だけだ。包丁、剃刀の刃、カッターナイフなど、切れ味のいいものならなんでもいい。手首を切る場合は、酒を飲み風呂に入って血の巡りをよくしておくといい。

鶴見済『完全自殺マニュアル』

私の鑑定では、『完全自殺マニュアル』の文章は、実用書ないし子ども用科学図書の文章である。題材が自殺だから妙に乾いた感じがするだけで、実用記事のライターは年中こんなのばっかり（むろん無署名で）書かせられている。が、布施によれば〈そこにあるのは旧来の「科学論文」でもなければ「文学作品」でもない。科学や文学などという枠を越えた、新しい文体、新しい思考が試みられている〉のだそうである。さよか。

引用文一新流の人々は、まだ湯気の立っているホットな文章、同時代の文章を「名文」に認定したがる傾向が強い。ただし、以上の二冊は、残念ながら思想的にはべつだん新しくない。三島読本、丸谷読本の亜流というか、ようするに自慢のアルバムを開陳しただけのご機嫌本だ。向井読本は章タイトルからして〈乾いた文章　湿った文章〉〈明晰と曖昧〉〈殺し文句の功罪〉〈ユーモアで彩る〉〈文章の気品〉〈文章のおしゃれ〉と文芸批評的だし、布施読本も、電脳版とわざわざうたっているわりには、ワープロ書きを前提にしているという以上の目新しさは見あたらず、ぼくはとにかく文章を書くのが大好きだ→ぼくの文章論を聞いとくれ→ぼくの好みの文章も見ておくれ、といっているだけ（に見える）。

では、思想的に新しい引用文一新流の本はないのだろうか。引用文の観点から真に革新的なのは、鴨下信一『忘れられた名文たち』（一九九四）だろう。鴨下は次のような持論を述べる。

ごく平凡な日本人、例えばサラリーマンや商店主、主婦やOLの文章を書く能力は、決して馬鹿にならない立派なものだと思っている。／しかし、その能力がどこからきたかといえば、それは決して大文豪や文学全集に収められるような大作品がお手本なのではなく、日常読む新聞・雑誌の記事、ごく大衆的な小説、そして特に、ひとからげに〈雑文〉と呼ばれるものによって養われたものではないかというのが持論である。

本多勝一でさえ足をとられた「文学主義」に抵抗し、引用文の面から「民主化」をめざした格好である。もっとも、こういうことをいっといて村上春樹を引用したのではなんの意味もない。鴨下の功績は、後世に残りにくいマイナーな雑文、それも古めの雑文を多方面から発掘してきたことである。個人の好みを後景に押しやっている点、文章コレクションに徹している点、引用文の個性という点で、これは他に類を見ないユニークな一冊になっている。野球観戦記、野球評論、囲碁・将棋観戦記、レコード評、劇評、映画評……。画家の文章、新聞記者の文章、俳人の文章、歌人の文章、学者の雑文というように、書き手の職業別の雑文見本帳があるかと思えば、使用書、浮気小説、方言、幼児擬態文、ルビつき文など、文章の生態学と呼べそうな分類項目もある。

文例❸ 絶体絶命の世に成《な》りたぞよ。世界のものよ、改心いたされよ。世が変るぞよ。ビックリ致すことが出来るぞよ。改心次第で助けるぞよ。疑念《うたがい》強きものは、厳《きび》しき戒めいたすぞよ。神の言ふこと違はぬぞよ。皮相《かわ》は今日《きょう》でも変るぞよ。霊魂《みたま》は中々《なかなか》変らぬぞよ。心魂《たま》を磨《みが》いて改心致されよ。出口なを『大本神論』

文例❹ ビート族って、てんでカサネー（いかさない）言葉です。ビートニクといやー、まだかなりいかしてんのに、テコヘンにザーキ（気障）にポンニチ（日本）訳しちまうと、てんでカサネーことにあいなっちまうんです。

福田一郎「おらぁビートだ」

文例❺ あなたがマックを買ったばかりだとしましょう。箱を開けて中味を広げる前に、まず居心地のよい十分明るい場所を設置場所として選んでください。キーボードはタイプライタと同じ位の高さ、つまり机とか食卓より少し低目がいいでしょう。椅子も調整して楽に座れるようにします。

ケリー・ルー、酒井秀邦訳
『マッキントッシュ そのインテグレーテッドソフトの世界』

❸は大本教の出口なをの「お筆先」だが、いま読むとほとんど日本語ラップのようである。❹はジャズ評論家の書いたマニアックな戯文。出典は一九六〇年発行の雑誌「漫画讀本」で、鴨下はこれを「サークル内言語」に分類している。❺は使用書の名文としてあげられているもの。日本の電化製品の使用書によくある難解で役立たずな文章とくらべてみよと著者は書く。

『忘れられた名文たち』が傑出しているのは、あくまで文章の多様性を示そうとしている点である。つまりここには、文章のヒエラルキーが存在しない。似たような試みは「高ため」の愛称で知られる『高校生のための文章読本』等にも見られるものだけれども、「高ため」はまだまだお利口さんである。『忘れられた名文たち』に匹敵する、ふざけた文章図鑑は、「別冊宝島」がまともだったころの『文章・スタイルブック』『レトリックの本』『みんなの文章教室』くらいだろうか。

名文信仰をぶちこわせ——定説破壊流

文章読本改革の第二案、それは文章読本内で常識化していた文章作法上の定説を、大胆にくつがえすことである。すなわち、内容面での刷新だ。もっとも文章読本の書き手は全員「内容面での刷新」を自負しているはずだから、これを峻別するのは容易ではない。

たとえば塩田丸男『文章毒本』(一九九六)。著者は読売新聞のOBであり、ジャーナリスト系(てことは朝日新聞社系)の文章読本にたいするアンチテーゼのような提言が多い。定説に抗してカタカナの効用を説き、定説に反して紋切り型の意義をいい、〈ホメロスを百回読むよりは、きまり文句を百個覚えたほうが実際に文章を書く上では役に立つ〉と述べる。部分的に読めば、たしかに定説への反逆である。が、全体としてこの本は、「読本」という語をわざわざ『広辞苑』で引いてみたりするなど、既成の文章読本へのルサンチマンが強いのだ。「ひねたおやじの文章読本」(『文章毒本』という書名からしてそうだけど)という印象。唯一おもしろかったのは〈いま、日本の文学者の中で、すんなりと『文章読本』と題した本を出せるのは、大江健三郎と五木寛之ぐらいのものではないだろうか〉という箇所かな。

では、もうちょっとましな定説破壊型の本はないのだろうか。『よくない文章ドク本』で橋本治が〈困ったもんだよ中年は〉といっていた、その伝でゆけば、望ましいのは「困った中年」がマヌケに見えるような文章読本である。

鷲田小彌太『知的生活を楽しむ　小論文作法』(一九九二)は、この系の代表選手といえるだろう。大学受験用の小論文を意識した本なので、若い読者むけなのは確かだが、にしてもこの本は反抗的だ。喧嘩を売っているように見えるというか、じじつ喧嘩を売っているのだと思うが、並みの文章読本の「常識」に鷲田はことごとく反駁する。「八〇年代以降、若者の書く能力は急上昇している」論にはじまり、話すより書くほうが簡単だ（公的な場所で話すために原稿を書くのはなぜか考えてみよ）、独創性を出そうとするな（たいていのことはすでにだれかが書いている）、流行の文章をまねしろ（流行に敏感でない人は信用できない）、書き手が「やばい」と思うようなことを書け（危機感をはらまない文章に魅力はない）など。

山崎浩一『危険な文章講座』（一九九八）も、この系統である。この本の圧巻は、「酒鬼薔薇少年」の犯行声明文をとりあげ、並みいる識者がその人物像をどれほど誤読したかを紹介して〈少なくとも「文は人なり」という常套句は、これで木っ端微塵《こっぱみじん》に粉砕されたと言っていいだろう〉と述べたくだりだ。威勢よく「危険な」と宣言しているわりには、迷いの多い本だったりもするのだが、逆にいうと、そこに著者の姿勢があらわれている。文章にバランスや均衡は必要ない、個人個人の「ゆがみ」からはじめるべきだと山崎はいう。

文例❶　いまどきの若者は、ものを書かせても話をさせても、なっていない、とよく言われる。本当かしら。これは若い人たちと、きちっとつきあったことのない人の言葉としか思えない。そうでなければ、若い世代に対するやっかみの類だろう。

鷲田小彌太『知的生活を楽しむ　小論文作法』

文例❷　あなたが1000万読者を相手にする新聞記者になりたいのなら、話は別だ。／けれども、あなたが個人としての意志、あるいは一市民としての意見をだれかに表明し伝達するために文章を必要とするのなら、文章を書くうえでの「均整」だの「バランス感覚」だのというものは、きれいさっぱり忘れていい。いや、むしろ忘れてほしい。もっと率直に言えば、そんなもんとっとと犬にくれてやれ！　くらいは言いたい。

山崎浩一『危険な文章講座』

師が弟子に訓辞をたれる方式から離脱しようとしているのが、語り口からもうかがえよう。鷲田読本と山崎読本が新しいのは、できあがった文章ではなく、文章を書くプロセスを重視している点である。書くために考えるのではない、考えるために書くのだ、という逆転の発想は、劇場型文章の呪縛から読者を解き放つ。

他方、劇場型なんていう半端にケチなものではなく、ショービズとして通用する文章のテクニックを磨こうと勧誘するタイプの本も出てきた。中条省平『文章読本　文豪に学ぶテクニック講座』（二〇〇〇）、山口文憲『読ませる技術　コラム・エッセイの王道』（二〇〇一）などである。従来の文章読本、あるいは「作家になるための本」などとこれらが微妙にちがうのは、文章にプロもアマチュアもない、文章の前ではだれでもみんな平等なのだという姿勢を前面にうちだしている点だ。

文例❸　文豪たちの文章を「名文」や「文学」の名のもとに神話化することなく、彼らも私たちと同じ言葉を操っているのだという事実から出発して、彼らのどんな言葉のテクニックが「名文」を作りだしているのか、そのからくりを見てみたいと思うのです。　中条省平『文章読本』

文例❹　文章の世界を支配しているのは、じつは書き手ではない。書き手の上にはいつも読者が君臨している。はたして書いたものをどれだけの人が読んでくれるか、どれだけの読者がついてきてくれるか。すべてはその一点にかかっていて、読者がだめだといったら、書き手は書き手であることすらできない。そして、この非情な審判の前にはプロもアマチュアもない（略）。　山口文憲『読ませる技術』

鷲田小彌太、山崎浩一、中条省平、山口文憲といった名前を並べればわかるように、彼らはそれぞれに軽快な論理と文章で読者をつかんできた人気ライターである。「困った中年」への反発心も強いにちがいなく、従来の文章読本とは、たしかに一味ちがっている。

がしかし、そうはいってもだ。これらの本の唯一最大の欠点は、自らもうっかり「道場破り」に参加してしまった点にある。いかに定説をくつがえそうが、アンチテーゼを提出しようが、中高年を罵倒しようが、若者に味方しようが、文章指導に手を染めてしまった時点で、彼らは「困った中年」の仲間入りをしたと判断されても仕方がない。そうなんだよ。「ええい、こっちへ貸してみな」の誘惑に負けた時点で、すでに彼らはサムライの帝国の住人なのだ。

文章読本は損な仕事だ。執筆には多大な労力を要するはずだが、谷崎潤一郎『文章読本』は彼が残した小説作品を超えるものではない。同じことがすべてのライターにあてはまる。定説破壊型の文章読本は、類書のなかでは斬新な部類に入るだろう。しかし、彼らの本業である別のエッセイや評論にくらべたら、やはりおもしろさには欠けるのである。

パロディで敵を攪乱せよ――しっちゃかめっちゃか流

文章読本に不満を抱いた人は、じゃあどうすればいいのだろう。おとなしくこれを黙認するしか手はないのか。文章界のヒエラルキーを遵守し、文章読本の横暴を許し、泣き寝入りするしかないのだろうか。やるとしたら、まあ自爆テロしかあるまい。文章読本というジャンルそのものにゲリラ的に突入し、これを徹底的に無化することだ。
佐藤克之『カーツの文章読本』（一九九〇）は、この流派。これは史上もっともパンクチュアルな文章読本といえるだろう。金ピカの紙に谷崎読本をそのままパクったカバーデザイン。しかめっ面に和服姿の著者近影。この本は、文章読本の露骨なパロディなのだ。

文例❶　だいたいオマエら最初にいっとくが〃文章〃なんていう漢字二文字で考えるからめんどくさいんだぞ、こんなもん。／〃文章〃じゃなく、ためしに〃ぶんちょ〃とプリティ感覚で考えてみろ。もう、なんだか、どうでもいいようなもんだろ、〃ぶんちょ〃じゃ。／〃ぶんちょ〃がいやなら〃ぶんひょ〃でもいいぞ。

文例❷　この章はな、読みたくないヤツぁ別に読まんでいい。なにしろ、オレが普段書いてるオレの文章というか、まぁ文体だな。表現方法といいますか。文字の使い方といいますかねぇ。英語でいうとレトリックっていうの？　そういうのについて解説する章なワケだからな。

こんな調子で、エッセイ、評論、投稿、手紙の書き方、小説の「カーツ語訳」まで、全編おふざけ路線で突っ走る。吉本ばなな『キッチン』の「カーツ語訳」は〈『だいどこ』／いやね、好きなんですよ台所。もう、一番好きなの世界中で〉だ。こんなのを読んだ後では、ほかのまともな文章読本など、全部「ハニャ？　アホちゃうか？」ってなものであろう（ちゃんと読まずに書評を書くやつを牽制して、佐藤は『カーツの文章読本』について書く場合は必ず「ハニャ？」のひとことをどこかに入れろと指示している。書いたぞ「ハニャ？」）。

しかし、たぶんみんなは誤解している。こういう幼児的な饒舌体の文章を書く人は、いけずうずうしい不逞のヤカラだと思ってない？　本当は逆なのだ。❷がいい例だけれども、「文体」とか「レトリック」なんて恥ずかしい語を、この人は使いたくないわけよ。大まじめな文章読本を書けちゃう人のほうがよほど不逞のヤカラであって、佐藤克之に特徴的なのはむしろ含羞なんだけど、ま、あまり理解はされないか。カーツ読本のモットーは〈女犯すな、文章犯せ〉だ。これも正しい認識だが、わかる人にしかわかんねえだろうなあ。

これがおふざけの極致かと思ったら、しかし、まだまだ上があるのだ。塔島ひろみ『楽しい［つづり方］教室』（一九九四）にいたっては、何をパロっているのか、どこがおもしろいのか、それすら判然としない奇々怪々なパロディ本である。佐藤克之を「力み派」とするならば、塔島ひろみは「脱力派」だ。彼女が茶化したいのは、どうやら文章読本の形式らしい。❸は〈技巧の中で最も単純かつ効果的なのが「反復」です〉の文例、❹はその解説である。

文例❸　【例①】（二回くり返す）クロックマダムは、ハムのかわりに、ゆでたトリのささ身、ゆでたトリのささ身を用います。／【例②】（三回くり返す）皿に焼いた切り身をとり、上からこがしバターソース、こがしバターソース、こがしバターソースをかけます。／【例③】（四回くり返す）塩、こしょうで調味しますが、トマトジュースの塩分、トマトジュースの塩分、トマトジュースの塩分、トマトジュースの塩分も考えに入れることを忘れずに。

文例❹　反復すればするほど平坦な文章に盛り上がりがつきます。そして反復されればされるほど、読み手は手に汗を握って次の言葉を待ち構えます。二回くり返すとゆでたトリのささ身が一本余分に食べられ、三回くり返すとこがしバターソースがたっぷりかかって頬っぺたが落ちます。四回くり返すと、読み手はトマトジュースに塩分が含まれていることを、生涯忘れないでしょう。

壊れたテープレコーダーみたいなこの文章をおもしろがるべきか否か、解説まで読んでも、まだ悩む。前衛というかシュールというのか、こんなわけのわからぬパロディまで生んでしまうほど文章読本の闇は深いのだ、とでも理解してもらうしかない。

ここまでくれば、文章読本の周辺世界は、もはや「何でもあり」である。柳川圭子『ちょー日本語講座』（一九九八）は、憲法、民法、刑法、教育基本法から、童話、古典文学にいたるまで、世の中のいばりくさった文章を「女子高生語」に翻訳してみせた本。三浦正雄編『乙女の教室』（一九九六）は、女子高校の先生が国語の授業で書かせた短文集で、定義文、漢詩、連歌、定型詩など、明治の学校作文のパロディみたいな感じになっている。

文例❺ うちら日本人はさるじゃないし、人間だし、人権とかあって当たりまえって感じ。それってー、うちらが持っててマジ普通のものだよね？ それはなくなったらたるいし、ちょーえーきゅーの権利として今は当然、今後も余裕。ってゆーか、人権ってなに？

柳川圭子『ちょー日本語講座』

文例❻ 与《と》レ友如《ゆク》ニ学校《ニ》一／我悪《いずクンゾ》不《ず》ニ早起《クキレ》一／急《ゲバ》則《すなわチ》共可《ニベシ》レ如《ク》／不者《しからずンバ》我将《まさニ》《す》レ遅《レント》

＊訳 友達と学校へいく。／でも私は早くおきれないの。／急いだらまにあって一緒にいけるかも。／これからは遅れないようにがんばんなきゃね。

宮本久美子「弱点」（三浦正雄編『乙女の教室』）

参考までに、❺の原文は、日本国憲法第十一条〈国民は、すべての基本的人権の享有を妨げられない。この憲法が国民に保障する基本的人権は、侵すことのできない永久の権利として、現在及び将来の国民に与へられる〉の部分である。五言絶句の漢詩をまねた❻は、そうだよ、起承転結がそんなに好きなら、みんなで漢詩を書けばいいんじゃん、と思わせるところがえらい。

こんなのを「エクリチュール・フェミニン」と呼んだら、おフランスかぶれの文学者のみなさまにぶん殴られるかもしれないが、敵はサムライの帝国だからね。「困った中年」の文章規範をぶちこわす役が女子高生にふりあてられるのは、いちおう理にはかなっているのだ。

衣装は体の包み紙、文章は思想の包み紙

原点にもどって考えてみよう。文章読本とは、はて、何なのか。

私はこういうことではないかと思う。文章とは、いってみれば服なのだ。「文は人なり」なんていうのは役立たずで、ほんとは「文は服なり」なのである。こんなことはいまさら私がいうまでもなく、古代ローマの時代から指摘されていたことだった。「文章」は英語でいえばテキストまたはテクスト（text）だが、これは元来が「織物」の意味で

ある。「綴る」という日本語だって、そもそもは布にチクチク糸を刺す行為である。文と布、文と服はもともと近しい間柄であって、文章読本にも「文は服なり」というべき箴言が頻繁に見つかる。厳密にいえば、文章、文体、言語など、衣装のアナロジーで示された指示対象に細かな差はあるものの、総じて「文＝服」説は、三つの側面から語られている。

【A】文章（衣装）は思想（肉体）に形を与える道具である

文例❶ 思想は文章という衣服を身に着けて初めて現われることが出来る。言語という形式において初めて存在することが出来る。清水幾太郎『論文の書き方』

文例❷ 鷗外にとって標準語が、既製服のようなもの、つまり服に自分の肉体を合せなければならなかったのに比べて、漱石は自分の使う文章を、仮縫いするように、いつまでも自分の肉体（生れながらに使っている方言）に合せて、訂正することができたのです。中村真一郎『文章読本』

【B】文章（衣装）は礼を示す形である

文例❸ 「文章を書く」ということは、前にも申したとおり、公の席へ出るも同然で、ねまき姿などは、不心得千万です。その「席」次第では、大礼服の場合や、紋附・羽織・袴の場合や、縫紋ですむ場合や、着流しでかまわない場合や、いろいろあるには違いありませんけれど、ともかく、人前に出て、礼を失しないだけの、キチンとしたところがなくてはなりません。

里見弴『文章の話』

文例❹

装ふといふことからごく自然に導き出される概念だが、これは礼といふ言葉で言ひ直してもいいかもしれない。文体とはどうやら文章における礼のかたちらしいのである。が、この礼といふことだつて何も窮屈に考へる必要はない。羽織袴の礼もあれば、着流しの礼、いや、ステテコ一つの礼だつてないわけぢやない。時と場合によつては、衣冠束帯に威儀を正してしかも世話に砕けるといふ複雑な藝当だつてあるわけで、実を言ふとわたしはその種の礼法をすこぶる好んでゐる。格が高くてしかも粋だからである。

丸谷才一『文章読本』

文例❺

服装については、かなり常識がよく行われている。モーニングを着て寝るトンマもなければ、ジャンパーを着て、結婚式に出席する非常識な人間もない。／ところが、ことばの服装では、それに似たことをして平気な人がすくなくないのは不思議だ。友だちに向かってならいいことばを未知の人にかまわず使う。はじめて訪問する家へ、ランニングシャツ一枚で飛び込んで行くようなものだ。

外山滋比古『文章を書くこころ』

【C】文章（衣装）は時流によって変化する

文例❻ 一例が、われわれは昔のような着物だけの生活では、物質文明の潮流を乗り切れないので、みっともないと思いながらも、洋服に着替えて靴をはき、社会生活のテンポにあわせて行かなければならなかったように、文章もまた激しい時代や社会の変化に即応して「なになになんめり」というような文章が、チョンマゲのように滑稽に見えてきたこととも関係があります。

三島由紀夫『文章読本』

文例❼ ワープロ、パソコンの普及で、文章を書くテクノロジーそのものが変わってしまった時代にぼくたちは生きている。そんな時代に谷崎の『文章読本』を読むことは、スーツを着る時代に、裃《かみしも》の着方を学ぶようなものである。

布施英利『電脳版 文章読本』

文と服の類似を指摘したままではいいけれど、なんか変。服装といって彼ら文章家がイメージするのは、成人男性の、それも多くはホワイトカラーの衣服ばかりなのだ。しかも、異様に時代錯誤。紋付き、羽織袴、チョンマゲ、着流し、ステテコ、モーニング、ランニングシャツ。衣冠束帯！　裃？　さすがの谷崎潤一郎も、まさかカミシモは着用していなかったと思うぞ。文章家のみなさまは、文章に心を砕くほどには、ファッションに関心がないのだろう。

どうりで、ジャーナリスト系の文章読本には色気が不足していたはずである。彼らの念頭には人前に出ても恥ずかしくない服（文）のことしかない。彼らの教えに従ってたら、文章はなべてドブネズミ色した吊しのスーツみたいなもんになる。新聞記者の文章作法は「正しいドブネズミ・ルックのすすめ」であり、まさに新聞記者のファッション風なのだ。ついでによけいなひとことを加えれば、ドブネズミ・ルックに慣れた人がたまに気張って軽い文章を書こうとすると、カジュアル・フライデーに妙な格好であらわれるお父さんみたいな感じになる。新聞記者系の文章読本がなべてカジュアル・フライデーっぽいのは偶然だろうか。

しかしまあ、それはよい。文は服である、と考えると、なぜ彼らがかくも「正しい文章」や「美しい文章」の研究に血眼になってきたか、そこはかとなく得心がいくのである。衣装が身体の包み紙なら、文章は思想の包み紙である。着飾る対象が「思想」だから上等そうな気がするだけで、要は一張羅でドレスアップした自分（の思想）を人に見せて褒められたいってことでしょう？　女は化粧と洋服にしか関心がないと軽蔑する人がいるけれど、ハハハ、男だっておんなじなのさ。近代の女性が「身体の包み紙」に血道をあげてきたのだとすれば、近代の男性は「思想の包み紙」に血道をあげてきたのだ。彼らがどれほど「見てくれのよさ」にこだわってきた（こだわっている）か、その証明が、並みいる文章読本の山ではなかっただろうか。

けれども、彼らは肝心なことを忘れている。衣服（文章）は「礼の形」である前に、年齢、性別、役割、階級、地域、財力などに、じつは深く規定されるということである。公文書の没個性ぶり、あるいは裁判の調書や判決文などの独特な言い回しは「役割」に規定された、いわば警察官や自衛官の制服みたいなものである。それを悪文だといってやり玉にあげてもしようがないのだ。子どもらしさが要求される学校作文は、清潔さや可愛らしさが求められる子ども服のイデオロギーとまんま重なるし、「正しい日本語」「美しい日本語」の押しつけには「日本語なんて、あんたが思っているより多様なんだよ」「じゃあ民族衣装（地方語）で公の席に出たらいかんのかい」と切りかえしてやればよいのである。野口シカの手紙を思い出してほしい（一三八頁参照）。あれは彼女の貧しい出自、べつにいえば「階級」に規定された文章、野良着しか持たない彼女が精いっぱいめかしこんだ「礼の形」だったのだ。

コミュニケーションのための技術へ

さて、それでは文章読本は、今後どうなっていくのか。

本という形式が存続する限り、文章読本というジャンルも消えてなくなることはないだろう。文章に一家言ある人はいつの時代も少なくないし、「ええい、こっちへ貸してみな」の感情に蓋をすることはできないからだ。派手な挨拶文をかかげた類書の参入はやむことがなく、サムライの帝国は、ますます繁盛をきわめるにちがいない。

が、それはそれとして、文章は変容しつづける。私は「話すように書け」の時代が、またやってきているように思う。換言すれば、文章のカジュアル化である。是非は別として、これに異論のある人は、いないのではなかろうか。新聞の文章でさえ近頃はずいぶんやわらかくなってきているし、雑誌を開けば文章読本が逆上しそうなラフな文章が満載だ。

さらにもうひとつ見逃せないのが、インターネット上の文章である。メールの普及で「対面型の文章」が復権しつつあるといったけれども、ネット文化は、印刷言語とは質のちがった「劇場型文章」を大量に出現させた。わかりやすい例が、さまざまなサイトに設置された「掲示板」である。大勢の人が自由に出入りして「書く／読む」をくりかえす双方向型のこの形式（掲示板型コミュニケーションと呼ぶべきか）は「書く人は書くだけ」「読む人は読むだけ」に分断された印刷言語のありようとは大きく異なる。書き手と読み手の距離を近く感じるせいか、掲示板の文章は、書きことばではあっても、限りなく話しことばに近い。文章読本が教えるような「だである調」の堅い文章は、ネット上で読むと、ぎくしゃくとして、かえってマヌケに見えるほどだ。印刷物がスポットライトを浴びる晴れの舞台なら、ネットはなんとなく人が集まるサロンみたいなものである。前はよそ行きで出席しないと恥をかきそうだった文章発表の場が、普段着でふらっと参加できる程度にまでインフォーマルな場になった、ともいえるだろう。

もっとも、掲示板型の文章もいま突然にはじまったことではなく、かつての例でいえば、部室の片隅に紐でぶらさがっていたサークルの「落書きノート」などに近い形式かもしれない。従来ならば人目にふれなかったような私的言語が、公の場に流出する。反対側には頭のてっぺんから足の先まで完全武装した古色蒼然たる印刷言語も厳然と存在するにしても、水はいやでも低きに流れる。しゃべりことばに近い文章は、いよいよあふれてくるだろう。

服飾史と文章史には、共通した大きな原則がある。

第一に、衣服も文章も、放っておけばかならず大衆化し、簡略化し、カジュアル化するということである。少なくとも近代以降、衣服の歴史はドレスダウンの歴史であった。その揺り戻しとして、超人工的、超ドレッシーな服がたまに流行することはあっても、それが趨勢になることはまずない。「ちょっと気取る」は田舎者の発想で、伊達者はつねに「ちょっと着崩す」がおしゃれの基本だった。文語体から言文一致体へ、さらに現代かなづかいへという変遷だって、文章のカジュアル化、ドレスダウンへと向かう方向だったではないか。

第二に、民主化に貢献するようなスタイルの変革は必ず「外部」と「下部」からやってくる、ということである。だから服飾デザイナーは、いつも新しいデザインを外（異国の民族服とか軍服の婦人服への応用とか）と下（下着とか下々の労働着とか）に求めてきた。文章も同じだったように思う。開国による外国語（外）との接触は、言文一致を発展させる契機になった。しかし、はたして口語体を編み出したのは文学者（上）だったのだろうか。それは、印刷言語至上主義に侵された私たちの偏狭かつ滑稽な思い込みではなかったか。インテリ言語である文語体を基準にするからそうなるので、「話すように書く」ことなど、文字を習いたての人（下）には、当たり前の書法だったはずである。野口シカの手紙が言文一致でなくて何だろう。彼女の手紙は「下」の代表選手である。それはもともと存在していた。文学者の功績は、服飾デザイナー同様、それを発見し、洗練させて、印刷物という舞台にのせたこと（だけ）だったかもしれないのだ。

文章読本の書き手は、おおむね高学歴で、書くのにひいで、それを生かした職業につくことができ、しかもその道で一定の成功をおさめた人たちである。つまりごく恵まれた衣装もち、鼻もちならない上流階級の婆さんみたいな人たちだ。そう思えば、有名デザイナーの衣装（文章）を「名文」と称してありがたがるのも、下々の衣装（文章）を「駄文」「悪文」と呼んで平気で小馬鹿にできるのも、主張が少々保守的なのも、小言が鼻につくのも、階級的な性癖として許してやるべきだろう。持てる者である彼らには、持たざる者の衣装（文章）が礼を逸して見える。文章の世界を下から上へ昇ってきた彼らには、「横の多様性」より「縦の序列」が気になるのだ。

しかし、好むと好まざるとにかかわらず、縦の序列で文章を計るやり方はやがて古びる。というかすでにダサい。双方向型のメディア社会で求められるのは、舞台の上でフラッシュを浴びるためではない、コミュニケーション型の文章であるはずだ。

思えば泥酔の詫び状や借金の督促状を練習させた明治の作文教育のほうが、まだしも文章のコミュニケーション機能を重視していたのである。それがいつしか劇場型の文章に主役をうばわれ、気がつけば、「時下、益々御健勝のこととお慶び申し上げます」なんて形式的な伝達の文章がいまだに跋扈しているありさまである。二〇〇二年度から実施される学習指導要領では、従来の作文教育を反省し、伝え合う力（情報伝達能力）の指導に重点を移すそうだ。学校作文が指導要領に忠実だったことなんかないのだから、あまり信用できないが、さて、どうなることだろう。

ついでにもうひとつ、作文の現場で復活させたらいいと思うのは、明治の末に五十嵐カ『新文章講話』が講じたような修辞学＝レトリックである。レトリックとはおしゃれの技法だ。これぞ「文は服なり」の思想なのである。文章読本の御三家・新御三家は、レトリック意識の重要性を指摘していた。だが、レトリック意識とは「話すように書くな」という心得のことなんかじゃない（もともと弁論術だったんだからね）。修辞の技法をたくさん知っていることは、着こなしの技や知恵をたくさんもつこと、ファッションの引き出しをふやすことである。レトリックの価値を、近年、もっとも魅力的に解説したのは『レトリック感覚』『レトリック認識』の佐藤信夫だ。

元来レトリックは、常識的な作文の規則にいくらか違犯しそうな表現を求めて発生したはずである。ときには文法にさからいかねない野心をもって登場したのだった。つまり、退屈きわまりない平凡な表現（言いかえれば正常な表現）のわく組みを破ることによって意表に出ようとする技術であり、発信者が受信者を驚かす戦術であった。そのねらいが説得にあるにしても、芸術性にあるにしても、である。

佐藤信夫『レトリック感覚』

「話すように書く」は文章の平板化を意味しない。誇張法や朦朧法の文例などを教室でワイワイガヤガヤ出しあったら、作文の授業もちっとは楽しくなるんじゃないか。

コミュニケーション意識をみんながもてば、文章を日常の側に奪取できるだけではなく、印刷言語の世界からも、無意味に難解な文章や自己中心的な文章は駆逐されるはずなのだ。基本になるのは対面型の文章であって、劇場型の文章はその延長線でしかないのだよ。

そんなことをいってたら堅い文章がますます書けなくなる? んなもの、いちいち心配しなくて大丈夫だよ。文は服だっていったじゃん。服だもん。必要ならば、TPOごとに着替えりゃいいのだ。で、服だもん。いつどこでどんなものを着るかは、本来、人に指図されるようなものではないのである。

あとがき

殊勝な態度で文章読本を読んでいた時期が、かつては私にもありました。

それがいつ、どんな事情で「もう降りた」になったのか、具体的には思い出せません。文章プロレタリアート（編集者・ライター）として長く働いているうちに、感覚が麻痺したのか。あんたの文章は変、下手、下品、文法的におかしい等々いわれつづけているうちに、根性がねじ曲がったのか。いずれにしても、いまの私は「上手な文章」などには何の興味も未練もなく、おかげで文章読本も無責任な野次馬の立場で鑑賞できるようになりました。外野席から眺めると、ありがたいはずの文章作法が、あら不思議、滑稽なドタバタ喜劇に見えてくる。名文家をめざすみなさまには、くれぐれも私の轍は踏まないようにと注意を促しておきましょう。

次は文章読本論やります。筑摩書房の間宮幹彦さんにそう宣言したのは、初の著作『妊娠小説』が脱稿した直後ですから、じつに八年近く前になります。世紀を超えて辛抱強く待ってくださった間宮さんには、感謝のことばもありません。

『妊娠小説』同様、ブックデザインは祖父江慎さんにお願いしました。あわせて御礼申し上げます。それと、数々の素材を提供してくれた「文章読本さん」各位にも、最大限の敬意と謝辞と花束を！

二〇〇一年一二月二〇日

斎藤美奈子

追記　『文章読本さん江』その後

デジタル時代の文章読本

『文章読本さん江』から約六年。いわゆる文章読本は、その後も引きも切らずに出版されているものの、「読み書き」をめぐる状況は劇的に変わった。

もっとも大きな変化は、パソコン、ケータイ、インターネットの普及により、印刷という段階をふまないテキストが大量に流通しだしたことだろう。

手紙や電話、ファクスに代わるメールは日常生活に欠かせないツールとなり、日常会話の延長線上で「話すように書かれた」ケータイメールが頻繁にやりとりされる一方、かつては印刷物の形で配布されたビジネス文書や連絡事項等の多くもメールで送付されるようになった。そこで求められるのは「伝達の文章」であり、読み手が特定されるという意味では「対面型の文章」の現在形といえるだろう。

他方、二〇〇二年に米国から上陸した「ブログ」も、驚異的な広がりをみせている。ブログ（Blog）とはウェブログ（Web-log）の略語であり、日記を主とした個人のホームページを指す。二〇〇五年には日本でもその数、五百万を超え（梅田望夫『ウェブ進化論』、閲覧者は四千五百万人（伊藤穣一ほか『革命メディア　ブログの正体』）。個人的な日記、ニュース評、書評や映画評など、テーマはさまざまだが、内容は日々更新され、トラックバック機能やコメント欄によって双方向のコミュニケーションが確保される。分類すれば「表現の文章」であり、不特定多数の読者を相手にした「劇場型の文章」の最新版である。

このような双方向型のコミュニケーションを「ウェブ2・0」などと呼ぶ人たちもいて、こういう用語解説をはじめるともはやキリがないのだが、それはともかくこうした電子メディア時代には、それにふさわしい文章術が求められる。

だれにでもわかる大きな特徴は「横書き」が基本になったことだろう（デジタル文書に対応した文章読本も、したがって多くが横書きだ）。が、それはワープロやパソコンが登場した時点で、とっくにわかっていたこと。デジタル時代の文章術に必要なのは、どうやら「編集能力」であるらしい。「読みやすくする工夫」「見た目の工夫」が何よりも重要だ——それがデジタル系文章読本の説くところである。

デジタル時代の「新・五大心得」を列記すれば、こんな感じになるだろうか。

【その1】魅力的な見出しをつけよ。
【その2】改行（一行あきを含む）を多くせよ。
【その3】長いテキストは小見出しをつけて分割せよ。
【その4】漢字を減らせ。
【その5】ここぞという箇所は（文字のサイズや色、罫線などで）目立たせよ。

画面上をスクロールしながら読む習慣から生まれた「新・心得」。文章作法術というより、文書の見た目（レイアウト）まで含めたプレゼンテーション術である。もっとも本文中で述べた「旧・五大心得」が消えたわけではなく、「わかりやすく書け」「短く書け」「書き出しに気を配れ」などは以前にも増して強調される。

〈不必要に長いビジネスメールやビジネス文書を作成することは、業務の効率化に逆行するばかりでなく、そのメールや文書を読む人たちに余計な時間を使わせることに直結します。つまり、たった1通の冗長な文章が、何人もの人の時間と労力を奪い、業務効率を低下させるのです〉（田村仁『絶妙な文章の技術』）とおどす本、〈Ｗｅｂサイトでも（註・書店で本を選ぶときと）同様に、ユーザは始めにタイトル、要約文、見出しなどのコピーを見て、ページや本文を読むか否かを判断します。／いくら検索上位に位置し、魅力的なコンテンツを作っても、読まれなければ意味がありません。わかりやすい／キャッチーなコピーを書いておきましょう〉（松下健次郎『プロフェッショナルＷｅｂライティング』）と教える本。

「みんな忙しいのだ。パッと見てわかるように書かないと、スルーされまっせ」「ウェブは腐るほどあるのだ。よっぽどでないと、だれも読んでくれないよ」

そんな思想は、書く人々の間で、いまや広くあまねく共有されていると考えるべきだろう。すると、文章読本そのものの雰囲気も変わるのがおもしろい。

少なくともデジタル系文章読本に関する限り、もったいぶった挨拶文は駆逐され（スピードが求められる時代にそんなものは読み飛ばされると知っている）、経験に根ざしたエラそうな物言いも影をひそめ（ネット自体が新しいメディアなのだから経験はモノをいわない）、「名文を読め」「毎日書け」といったまどろっこしい文章修業のすすめも姿を消し（ブログなんかはじめたらイヤでも毎日書くハメになるのである）、箇条書きやチャートを駆使した「ひと目でわかる文章読本」が次々に生まれている。エリート新聞記者の天下もこれまでか、の感ありである。

作文教育は変わったか

二〇〇二年から実施されている新学習指導要領では「伝え合う力（情報伝達力）」に力点がおかれるようになった、と述べた（三三六頁）。斎藤はそこで「期待」を表明しているが、では作文教育はその後どう変わったのだろうか。

読書感想文コンクールも相変わらず興隆で、根本的な変化はないんじゃないかとも思われる半面、国語教科書を見る限り、新奇な課題も激増している。そこで求められているのも、文章力というより、やはり「編集能力」だ。

小学校中学年くらいから「調べて書く」「取材して書く」「案内状を作る」「説明書を作る」「パンフレットを作る」「本の帯を書く」といった課題が出され、中学生ともなれば、さらに複雑なプレゼンテーションのワザが要求される。

たとえば、二〇〇五年の検定に通った中学二年の国語教科書の例――。

・「わたしの文学遺産」というテーマでリーフレットを作る（学校図書）
・新入生のための「中学校生活ガイド」を作る（教育出版）
・調べたことをポスターにまとめて「ポスターセッション」をする（三省堂）
・調査したことをレポートにまとめて発信する（東京書籍）

・古今の著名人に取材した「人物紹介パンフレット」を作る（光村図書）

「伝え合う力」ってこういうことだったのか、という感じである。

〈ここでは、メディアを活用して情報を集めたり、調査したりする方法を学習する。そして、分析したことをウェブ上に掲載《けいさい》したり、レポートにまとめたりして、発信していこう〉（「調べて発信しよう」／『新編　新しい国語2』東京書籍）

〈プレゼンテーションとは、理解や同意を得るために、特定の相手に向けてアイディアを提案することである。相手の理解や同意を得るためには、どのような工夫をすればよいだろうか。また、そのために必要な準備とはなんだろうか〉（「提案の仕方を工夫しよう　プレゼンテーション」／『国語2』光村図書）

「伝統芸能と化した学校作文」の反動か。デジタル時代の文章読本同様、編集技術やキャッチコピーやデザイン力もそこでは大切な要素であり、すると学習内容も企業や広告代理店のプレゼンめいてくるのがおかしい。

新指導要領ではまた「読む・書く」だけでなく「話す・聞く」も重視するため、インタビュー、スピーチ、ディベートなども登場する。新聞記事をもとにした「三分間スピーチ」（東京書籍）や、ニュース番組の制作（三省堂）をさせる教科書もあり、子どもたちにはレポーターやアナウンサーの能力も求められるのだ。

その一方で、子どもたちは独自のコミュニケーション術も発達させている。絵文字や顔文字を多用したケータイメールはもちろんだが、ケータイで書いてケータイで読む「ケータイ小説」なるものも登場した。ケータイ電話はついに紙と鉛筆に代わる筆記用具と化したのだ。その内容と日本語力には言及しないでおくけれど、従来の文章作法とかけ離れた文章であることはまちがいない。

えっ、どんなもんだか知りたい？　じゃーちょっとだけ。

〈「エェッ!!　キスっ!?」／バッと起き上がり、体育座りをして両手で唇を押さえた。／キスってーー。／「ごめんっ……なんか芽衣が可愛く見えちゃって……思わずっ」／謝るアッくん。呆然とするアタシ〉（メイ『赤い糸』）

わかる？　そう……一文が短いの。んで「……」「ーー」が多いの……。体現止めも。あっ、この小説はあんまり人気が出たんで、本になったのね。当然、横書き。文字だって赤いインク。呆然とするアタシ。

広告代理店風の国語の課題に、ネット上にアップされた一千万タイトル（！）ともいわれるケータイ小説。はい？　のんびり学校作文を書いていればよかった時代が懐かしい。まーね、メールを使ったいじめも頻発しちゃっているしねえ。

とはいえ、ついこの間まで「ゆとり教育」を標榜していた中教審と文科省は「考える力が足りない」とかいって、またもや学習指導要領の見直しを画策中だし、ケータイ小説の流行もいつまでもつかわからない。作文教育界の「激動の歴史」は試行錯誤を繰り返しながら、これからも続いていくのだろう。

ブログ全盛時代の文章界

さて、このような時代に、本書が批判してやまない文章界のヒエラルキー、印刷言語至上主義は、なおも温存されるのだろうか。

デジタルメディアの時代になっても、印刷言語の優位性が完全に失われたわけではない。先にあげたケータイ小説がそうだったように、中野独人『電車男』(新潮社・二〇〇四年)、カズマ『実録鬼嫁日記』(アメーバブックス/発売:幻冬舎・二〇〇五年)、白石昌則『生協の白石さん』(講談社・二〇〇五年)など、ネット上の掲示板やブログから生まれた本がベストセラーになったケースも少なくなく、ネットから書籍へという流れはいまや出版界の常道のひとつになった。ただし問題は、印刷メディアの地位である。

作家であり、人気ブログを書籍化する事業も手がけている山川健一は、ブログ本の特徴として〈1　著者が匿名である。/2　日記形式なので物語として完結していない文章である。/3　著者に永続的な執筆活動を行う意志が希薄である〉の三つをあげている(『「書ける人」になるブログ文章教室』)。

おもしろいブログを発見し、「書籍化させてほしい」という意志を伝えても、了承してもらえる確率は五十パーセント程度という。〈「どうして本を出す必要があるんですか?」〉。一万部くらい刷ったところで〈「ぼくのブログには毎日二万のアクセスがあるんで、それぐらいじゃあんまり意味がないような……」〉。印税が入りますよとたたみかけても〈「ぼくはサラリーマンとしてちゃんと収入がありますから。ブログのほうでもアフィリエイトで収入があるし、別にいいんですけど」〉。

書籍化を拒む最大の理由は「匿名性を確保したい」「身元がバレると平穏な生活をおびやかされる」ということらしい。〈ずっとアナログな出版文化の中で育ってきたぼくにとって、それは大きな驚きだった〉と旧世代の山川は述べている。だれもが手軽に書けて手軽に発表できるツールを得たいま、印刷メディアはもはや「晴れの舞台」ではなくなった。そこが従来との大きなちがいなのである。

とはいえブログが新時代の「劇場型の文章」であることに変わりはない。多くのブロガーが競い合っているのはアクセス数の多さであり、人気ブログランキングの順位である。「文章界のヒエラルキー」に代わってこの世界を支配しているのは「文章の自由競争」か「文章の市場原理主義」か。階級社会の中で上を上をと目指すのと、横一線に並んだライバルの中でたえずサバイバルレースにさらされるのと、どちらが厳しいか一概にはいえない。「文は服である」のアナロジーでいえば、「名文」ならぬ「ウケる文章

（衣装）」を目指してみんながコスプレに励む、そんな時代になったのかもしれない。

ブロガーの急増という事態をとらえて、梅田望夫はいう。

〈逆に言えば、これまでモノを書いて情報を発信してきた人たちが、いかに「ほんのわずか」であったかということに改めて気づく。そしてその「ほんのわずか」な存在とは、決して選ばれた「ほんのわずか」なのではなく、むしろ成り行きでそうなった「ほんのわずか」なのだ〉（『ウェブ進化論』）

『文章読本さん江』が刊行された当時、発想が古いという声があった。結論が凡庸すぎるという評価もあった。ご説、ごもっともである。「文章はコミュニケーションの道具だ？　んなもの当ったりめえだろう」って、みんな思うよね。でもさ、文章読本百年の歴史を俯瞰すれば、ずうっとそうだったわけでもないのである。

その伝でゆくと、本書は文章の貴族社会が崩壊する寸前、革命前夜の様相を図らずも写しとる結果になったのかもしれない。さよう、すべての歴史は階級闘争の歴史、だったのだ。革命は、そして現在進行中である。

二〇〇七年一〇月三一日　　　　斎藤美奈子

『文章読本さん江』さん江　解説にかえて

「文豪」たちの息の根止める一撃！　高橋源一郎

一行目に「名著です。すごいんです。でも困るんです」と書いたきり、わたしは金縛りにあったみたいに続きを書けなくなってしまった。なぜなら……その理由は最後。

『文章読本さん江』は「文章読本」について書かれた本だ。谷崎潤一郎ら「文豪」の手になる有名な「文章読本」たちが、それから、それらの有名「文章読本」たちに倣って出現した多数の「文章読本」たちが、次々と俎上《そじょう》に上がり、斎藤美奈子の鋭い批評力によってばっさばっさと切り捨てられてゆく。彼女は次のように書いている――

あらゆる「文章読本」に共通するもの。それは「名文信仰と駄文差別」だ。だが、「彼らがあげる『名文』の間に共通点はいっさいない。『名文』は個別具体的に提示はできても、定義はできないのである」。

かくして、「文章読本」の著者たちは、恣意的《しいてき》な「名文」（要するに玄人の文章）を頂上とし、「駄文」(素人さんの文章)を底辺とする、階級社会を不断に作りだす。彼ら(すなわち、「文章読本」の著者＋名文の作者)は、この、本質的に「男性社会」である階級社会、における貴族なのだ。

では、彼らを貴族たらしめている「名文」とはいったい何なのか。斎藤美奈子は、明治以来百年の日本語の歴史を遡《さかのぼ》り、次のような結論に達する。

「文章とは、いってみれば服なのだ……と考えると、なぜ彼らがかくも『正しい文章』や『美しい文章』の研究に血眼になってきたか、そこはかとなく得心がいくのである。衣装が身体の包み紙なら、文章は思想の包み紙である。着飾る対象が『思想』だから上等そうな気がするだけで、要は一張羅でドレスアップした自分(の思想)を人に見せて褒められたいってことでしょう? 女は化粧と洋服にしか関心がないと軽蔑する人がいるけれど、ハハハ、男だっておんなじなのさ」

この『文章読本さん江』の誕生によって、我が国におけるすべての「文章読本」はその息の根を止められたのである。この本を無視しなければ「文章読本」を書くことはできず、そして無視すれば、その「文章読本」はなんの意味もない。なんちゅー罪作りなものを斎藤美奈子は書いたのか。

ところで、わたしが金縛りにあった理由ですけど、実はわたし、「文章読本」(みたいなものですが)を書いてる最中だったのですよ。ところがこの本を読んだせいで、中身がすっかり変わってしまったのですね。本の刊行が遅れたとしたら、そりゃすべて斎藤美奈子のせいッ!

（朝日新聞二〇〇二年四月七日号）

インテリ男どもの権威主義を白日の下に晒す　山崎浩一

開祖・谷崎潤一郎の『文章読本』以来、なぜかくも文章読本の類は書かれ続けてきたのか？　掃いて捨てても回収しきれないほどの文章読本とは、いったい書き手・読み手のどのような共犯的意識構造から生み出されてくるのか？——よくよく考えれば、謎である。そんな「文章読本の闇」を白日の下に晒しものにし、「王様は裸だ」あるいは「幽霊の正体見たり枯れ尾花」的な辛辣かつ痛快な秘密の暴露をやってのけているのが、本書である。

文章読本の書き手たち（文豪系、エリートジャーナリスト系、学者系、ライター・エッセイスト系に分類されている）の世界を著者は「サムライの帝国」と看破する。そこでは、老剣豪がもったいぶった極意や指南書をチラつかせつつ威張り散らし、道場破りが「ええい、こっちに貸してみな」とばかりに看板狙いのスキをうかがい、有象無象の野武士が無手勝流を競い合う。権威主義と階級闘争に明け暮れるインテリ男どもの世界である。「でもさあ、それって別にジェンダーの問題じゃなくて、インテリ女どもだって共有してる意識構造なんじゃないのぉ？」とツッコミたいのはやまやまなのだが、著者もその点は心得たもので、〝女流〟文章読本における階級構造にも、返す刀で斬りかかっている。まあ、そっちはミネ打ちって気もしないでもないけど、少なくともたとえば上野千鶴子らの『男流文学論』などとは似て非なるものである。通読してみれば、これがそういう次元の仕事とはワケが違うことは、一目瞭然であろう。これは一見、文章読本批評を装ったジェンダー論を、さらにまた装った巧緻かつラディカルな《コミュニケーション制度論》なのである。

ただひとつだけ不満が残るとすれば、八年がかりの労作とはいえ、せめて三年前に書き上げていただきたかったことである。そうしていただければ、私もうっかり文章読本なんぞに手を染めてミイラ採りがミイラになることもなく、本書で「困った中年の仲間入り」と揶揄されることもなく、もっと素直に本書に感服できたはずである。かえすがえすも残念でならない。

(『週刊ポスト』二〇〇二年四月一二日号)

谷崎をめぐる〝階級闘争〟史　石原千秋

以前ちょっとだけ売れた本を出したとき、何人かの編集者がやってきて次の本を書かないかと勧めてくれたことがある。ところが「何を書くのですか」と聞くと、申し合わせたように「文章読本とか……」と言うのだ。なるほど、文章読本ってアイデアのないときに書かせる本じゃないかと疑ってはみたものの、こんな恥ずかしい本たちだとは気づかなかった。

斎藤氏の説くところを一言で言ってしまえば、文章読本の世界とは男性貴族階級だということだ。だから、文章読本に参入する男たちは、妙に自慢げだったり妙に謙遜気味だったりする。

また、文章読本の歴史はさながら階級闘争の歴史だった。民主化を企てた清水幾太郎や本多勝一に対して丸谷才一が「王政復古」を行ったとか、文章読本の引用が文学作品から素人作文まで至る階層を作り出しているなどと言われると、ドキッとさせられながらも、ナットクである。

この貴族階級に君臨するのは、今もって谷崎潤一郎。「あるがままに書け」という彼の主張はその後批判の的になるが、このことはいったいどんな歴史的意味を持つのか。

ここで斎藤氏は、明治期の作文教育にまでさかのぼって調べまくり、文章の規範が型通りの作文から「思った通り」に書く「綴り方」へ、そして日常生活や方言を取り込む「生活綴り方」へ、さらに商業主義と作文が手を組んだ読書感想文へと展開した過程で、学校の作文教育においては「あるがまま」が建前化したことを突き止めた。文章読本における「あるがまま」批判は、こうした学校作文への批判の意味を持ったのである。

「そうだったのか」と、またナットク。

では、文章とはいったい何か。「文は服である」と言うのが、斎藤氏の答えだ。おしゃれを存分に楽しんで、「TPOごとに着替えりゃいい」。それでは、今さらやぼな服は着られない。というわけで、一つだけ残った文章読本の企画に手をつけたものやら、そして僕は途方に暮れる。

（十勝毎日新聞二〇〇二年三月九日号）

鋭い嗅覚が炙り出す「サムライの帝国」　中条省平

斎藤美奈子はすごい。

だれもが暗黙のうちに自明のこととして見て見ないふりをしていた（見えているのに見なかった）ことがらを取りあげ、白日のもとにひきずりだし、そのメカニズムをてきぱきと解剖してしまう。そのメスさばきの鮮やかさは、全盛期のロラン・バルトか蓮實重彥かってなものだ。はたで見物しているぶんには、こんな面白い見世物も昨今の日本読書界には稀だが、解剖されるほうはさぞや痛かろう。

今回解剖されるのは、「文章読本」という日本独特の文学ジャンルである（布施英利、痛かっただろうな）。

かくいう私も『文章読本　文豪に学ぶテクニック講座』などという類書を書いて、『困った中年』の仲間入りをした」と断定されたくちだが、「文學界」編集部から傷は浅いと判断されたか、あるいはせいぜい反省しなさいという親切心からかは知らないが、『文章読本さん江』の書評を依頼された。自分のことは棚にあげて書評を書くことを引き受けたのは、この本がすばらしく面白く、大笑いさせられつつ、本当に勉強になったからである。

ともかく斎藤美奈子は嗅覚がするどい。なにか不健全な事態がひそかに進行し、いわば腐臭がただよっていることをけっして見のがさない。「文章読本」をとりまいているのは、こんな臭いだ。

「文章読本にはひとつの共通した雰囲気がある。どれもこれも『ご機嫌だ』ということである。終始一貫ニコニコ笑みふりまきっぱなしの本もあれば、徹頭徹尾ブリブリ怒りまくっている本もある。が、それもこれもふくめて、『いよっ、ご機嫌だね、大将！』と思わず肩を叩きたくなるような雰囲気が、文章読本にはただよっているのだ」

こんな臭いをかぎつけられたら、もう一巻の終わりである。以下、文章読本の挨拶文（まえがき、あとがきなど）を題材に、恫喝型、道場破り型、恐れ入り型の三種類にわけて、人はなぜ文章読本を書くのか、という根本的な問題に快刀乱麻を断つ解答をあたえる……。

いやあ、いい気なもんです、文章読本。書いてる本人がそう思うのだから間違いはない。こうした、世を憂い、人のためを思い、だれからも頼まれないのに「諸君のために文章読本を書くことにした」ご機嫌な人々の住みかを、斎藤氏は「サムライの帝国」と命名する。乃公《だいこう》出でずんばとばかりに、サムライたちが出ること出ること。

つづく文章読本の「五大心得、三大禁忌、三大修業法」の紹介でも大笑いさせられる。そのとき輝くのは、斎藤美奈子の引用のうまさである。『文章読本さん江』は、文章読本が「名文鑑賞＝引用のマジック」であることを指摘し、そこに印刷言語と非印刷言語をわかつ階級制度が隠れていることをあばきだしている（本書はひと言でいえば、文章という階級制度の研究リポートだ）。それだけ引用に敏感な著者は、引用へのコメントよりも、引用文そのもので、文章読本をみたす美学や正義や価値観の鈍感なあほらしさを読者に納得させてしまうすべを心得ている。

前半（第I部と第II部）で文章読本のモチーフとメカニズムを縦横に解剖したのち、話はいっきに歴史へとつき進む。斎藤美奈子のすごさは、嗅覚の鋭さ、引用の巧みさについで、その歴史意識の確かさにある。斎藤氏の著作はつねに、抜群の文献調査力に支えられた歴史意識がいっぽんずんと通っていて、それがアイデア一発の並の文芸評論では太刀打ちできない強みなのだ。

文章読本にたえざる需要があるのは、学校でちゃんとした文章を書く訓練を受けなかったと思っている人が多いからである。というのも、学校が教えるのは、芸術文の鑑賞と身辺雑記のたぐいの文章による自己表現であって、実用文（伝達の文章）をなおざりにしてきたからだ。とするならば、学校での作文教育の歴史をたどることなしに、文章読本なる奇妙なジャンルの生まれてきた理由は解明されないだろう。

　かくして、明治初期から戦前の作文教育、雑誌「赤い鳥」の文学趣味、生活綴り方運動、そして読書感想文にいたる流れのなかで、自己表現と伝達技術のどちらを重視するかを中心的なテーマとして、数々の仁義なき戦いの演じられた歴史が、てぎわよくかつスペクタキュラーに描きだされる。

　この第Ⅲ部には、はじめて教わる事実が目白押しだったが、いちばんびっくりしたのは、豊田正子の『綴方教室』に教師の手で改竄がほどこされていたという件だ。ここでも斎藤氏の引用のうまさが光る。岩波文庫で女性器の露骨な呼称が出てくるのは、『綴方教室』だけではあるまいか。面白いところを探してくるんだなあ、斎藤美奈子は。

　最後の第Ⅳ部は、レトリックの問題を中心において、文章読本が、一般論としての修辞学から作家個人の文体論へと移行する歴史の必然のなかで生みだされたことを論じつつ（またしても目からウロコだ！）、現代の文章読本の様々な意匠を総覧したうえで、文章とは思想の衣装にほかならず、女が体を包む衣装に夢中になってきたのと同様に、サムライたちは思想を包む衣装に血道をあげてきたのだという結論を導きだす。

　文章＝衣装は大衆化する。それが歴史の証明するところである。

「服だもん。必要ならば、ＴＰＯごとに着替えりゃいいのだ。で、服だもん。いつどこでどんなものを着るかは、本来、人に指図されるようなものではないのである」

　この衣装の自由化に耐える覚悟があなたにはあるか？

（『文學界』二〇〇二年五月号）

付記

『文章読本さん江』が世間に、あるいは文筆業界にどう受け止められるのか、私には想像もつきませんでした。現役で活躍されている、あの人もこの人もからかっちゃったしなあ、まずいなあ、と思っていたのも事実です。

蓋を開けてみたら、実際それは、小さいながらもある種の波風を立てるものだった。意外にも好意的な書評を多数頂戴したものの、素直に喜んでばかりもいられない。よく読めば「斎藤美奈子、余計なことをしやがって」という気分が言外ににじんでいる。文章読本らしきものをすでに書かれてしまった方、まさに書こうとされていた方。申しわけない、悪意は（少ししか）なかったんだよ、と心のなかで手を合わせつつ、敬愛する諸先輩方の「芸」としての戸惑いに、私は爆笑し、かつ感服しました。能ある文章家のみなさまはやはり文章読本と無縁ではいられぬようで……。

それらの中から四本の書評を選び、右に収録させていただきました。転載をご快諾くださった高橋源一郎さん、山崎浩一さん、石原千秋さん、中条省平さんに心からのお礼を申し上げます。

（斎藤美奈子　二〇〇七年一〇月）

引用文献／参考文献

文章読本・文章指南書関係

あごら松山編『素人の素人による素人のための文章講座』ＢＯＣ出版部・一九九四

猪狩章『イカリさんの文章教室』朝日カルチャーセンター・一九九四

板坂元『考える技術・書く技術』講談社現代新書・一九七三

板坂元『極めつきの文章読本』ワニ文庫（ＫＫベストセラーズ）・一九九五

井上ひさし『自家製　文章読本』新潮文庫・一九八七

岩淵悦太郎編『第三版　悪文』日本評論社・一九七九

植垣節也『文章表現の技術』講談社現代新書・一九七九

宇治芳雄編『悠飛社文章講座　虎の巻』悠飛社・一九九三

梅田卓夫・清水良典・服部左右一・松川由博『新作文宣言』ちくま学芸文庫・一九九六

扇谷正造『現代文の書き方』講談社現代新書・一九六五

大隈秀夫『新訂　文章の実習』日本エディタースクール出版部・一九七五

大隈秀夫『短くてうまい文章の書き方』知的生きかた文庫（三笠書房）・一九九二

大倉徹也『「超」文章読本』影書房・一九九五

大野晋『日本語練習帳』岩波新書・一九九九

尾川正二『文章の書き方』講談社現代新書・一九八三

尾川正二『文章のかたちとこころ』ちくま学芸文庫・一九九五

加藤典洋『言語表現法講義』岩波書店・一九九六

門脇薫・西馬薫『みんなの日本語初級　やさしい作文』スリーエーネットワーク・一九九九
樺島忠夫・佐竹秀雄『新文章工学』三省堂選書・一九七八
樺島忠夫『文章構成法』講談社現代新書・一九八〇
鴨下信一『忘れられた名文たち』文藝春秋・一九九四
北岡俊明『文章力』総合法令出版・一九九九
木下是雄『理科系の作文技術』中公新書・一九八一
木村治美『エッセイを書くたしなみ』文藝春秋・一九九五
久保博正『「文章の達人」になる超マニュアル』すばる舎・一九九九
倉島長正『正しく美しい日本語のしくみ』日本実業出版社・一九九七
桑原武夫『文章作法』潮出版社・一九八〇
小林弘忠『マスコミ小論文作法』三一新書・一九九五
佐々克明『報告書・レポートのまとめ方』知的生きかた文庫（三笠書房）・一九八七
佐藤克之『カーツの文章読本』評伝社・一九九〇
里見弴『文章の話』岩波文庫・一九九三
澤田昭夫『論文の書き方』講談社学術文庫・一九七七
塩田丸男『文章毒本』白水社・一九九六
塩田良平『文章の作り方　改訂版』明治書院・一九六九
清水幾太郎『論文の書き方』岩波新書・一九五九
主婦の友社編『困ったときにすぐ使える　手紙の書き出し文例12カ月』主婦の友社・一九九〇
白井健策『文章トレーニング』ちくま学芸文庫・一九八七
生活ネットワーク研究会『すぐ役立つ手紙の書き方』法研・一九九六
全国学校図書館協議会編『考える読書　第40回青少年読書感想文全国コンクール入選作品　小学校低学年の部』『同　小学校高学年の部』毎日新聞社・一九九五
千本健一郎『「いい文章」の書き方』三笠書房・一九九四

高田宏『エッセーの書き方』講談社現代新書・一九八四
高橋玄洋『いい生き方、いい文章』同文書院・一九九三
多田道太郎『文章術』朝日文庫・一九九六
辰濃和男『文章の書き方』岩波新書・一九九四
田中喜美子・和田好子『自分を表現できる文章の書き方』毎日新聞社・二〇〇〇
谷崎潤一郎『文章読本』中央公論社・一九三四、中公文庫・一九七五
多比羅孝・鈴木康之『メモ式　気のきいた文章の書き方』明日香出版社・一九九三
中条省平『文章読本　文豪に学ぶテクニック講座』朝日新聞社・二〇〇〇
塔島ひろみ『楽しい［つづり方］教室』出版研・一九九四
外山滋比古『文章を書くこころ』ＰＨＰ文庫・一九九五
中村明『悪文　裏返し文章読本』ちくま新書・一九九五
中村明『名文作法』ＰＨＰエディターズ・グループ・一九九九
中村真一郎『文章読本』新潮文庫・一九八二
萩野貞樹『名文と悪文』日本教文社・一九九二
橋本治『よくない文章ドク本』大和書房・一九八二
羽田野洋子・倉八順子『日本語の表現技術―読解と作文―中級』古今書院・一九九五
馬場博治『読ませる文章の書き方』創元社・一九八三
葉山修平『新しい文章作法』笠間選書・一九八〇
樋口裕一『ホンモノの文章力』集英社新書・二〇〇〇
樋口裕一『本番で勝つ！　小論文の「超」合格講座』文英堂・二〇〇〇
平井昌夫『新版　文章を書く技術』現代教養文庫（社会思想社）・一九七二
平山三男『平山三男の国公立大・有名私大　書ける小論文』学習研究社・一九九四
布施英利『電脳版　文章読本』講談社・一九九五
古郡廷治『文章添削トレーニング　八つの原則』ちくま新書・一九九九

保坂弘司『レポート・小論文・卒論の書き方』講談社学術文庫・一九七八
本多勝一『日本語の作文技術』朝日文庫・一九八二
丸谷才一『文章読本』中公文庫・一九八〇
三浦正雄編『乙女の教室』筑摩書房・一九九六
三島由紀夫『文章読本』中公文庫・一九七三
三島幸枝『作文を書こう(4・5・6年生)』岩崎書店・一九九七
宮川俊彦『2000年度版 課題図書感想文おたすけブック』小学館・二〇〇〇
向井敏『文章読本』文藝春秋・一九八八
森美笛『書いて愛される女になる』日本教文社・一九九九
森岡健二監修『新版 文章構成法』東海大学出版会・一九九五
森脇逸男『書く技術』創元社・一九九五
安本美典『説得の文章術』宝島社新書・一九九九
柳川圭子『ちょー日本語講座』アスキー・一九九八
山口文憲『読ませる技術』ちくま文庫・二〇〇四
山崎浩一『危険な文章講座』ちくま新書・一九九八
鷲田小彌太『知的生活を楽しむ 小論文作法』三一新書・一九九二
渡辺弘子『主婦の文章修業』日本評論社・一九八九

文章史・作文教育史関係

イ・ヨンスク『「国語」という思想』岩波書店・一九九六
五十嵐力『縮刷 新文章講話』早稲田大学出版部・一九〇九
臼井吉見監修『戦後文学論争 下巻』番町書房・一九七二
大内善一『戦後作文・生活綴り方教育論争』明治図書出版・一九九三

大木顕一郎・清水幸治編『綴方教室』中央公論社・一九三七
大島田人・河村清一郎・八角真編『資料 近代文章史』桜楓社・一九七三
加藤周一・前田愛編『日本近代思想大系16 文体』岩波書店・一九八九
川端康成『新文章読本』あかね書房・一九五一
菊池寛『文章読本』モダン日本社・一九三七
久米正雄『文章の作り方』大泉書店・一九四八
幸田露伴『普通文章論』(『露伴全集 第二十七巻』岩波書店・一九五四)
国分一太郎『新しい綴方教室』新評論・一九五二
佐藤信夫『レトリック感覚』講談社学術文庫・一九九二
鈴木三重吉『綴方読本』中央公論社・一九三五
豊田正子『新編 綴方教室』岩波文庫・一九九五
滑川道夫『日本作文綴方教育史1〈明治篇〉』国土社・一九七七、『同2〈大正篇〉』国土社・一九七八、『同3〈昭和篇1〉』国土社・一九八三
西原慶一『日本児童文章史』東海出版社・一九五二
野地潤家編『作文・綴り方教育史資料 上』桜楓社・一九七六、『同下』桜楓社・一九八六
芳賀矢一・杉谷代水編『作文講話及文範 上巻』『同 下巻』冨山房・一九一三
原子朗『修辞学の史的研究』早稲田大学出版部・一九九四
飛田多喜雄『国語教育方法論史』明治図書・一九七七
無着成恭編『山びこ学校』岩波文庫・一九九五
山本正秀『近代文体発生の史的研究』岩波書店・一九六五

※参考文献は主要なものに限った。なお、本文中の児童作文等の多くは、滑川道夫『日本作文綴方教育史』、西原慶一『日本児童文章史』、野地潤家『作文・綴り方教育史資料』からの再録による。記して感謝したい。

追記

伊東おんせん『ケータイ小説家になる魔法の方法』ゴマブックス・二〇〇七
伊藤穰一＋デヴィッド・L・シフリー＆デジタルガレージグループ『革命メディア　ブログの正体』インデックス・コミュニケーションズ・二〇〇六
井上史雄＋荻野綱男＋秋月高太郎『デジタル社会の日本語作法』岩波書店・二〇〇七
梅田望夫『ウェブ進化論』ちくま新書・二〇〇六
田村仁『絶妙な文章の技術』明日香出版社・二〇〇五
永山嘉昭＋雨宮拓＋黒田聡『説得できる文章・表現200の鉄則』日経BP社・二〇〇〇
増田真樹『超簡単！　ブログ入門』角川oneテーマ21・二〇〇五
松下健次郎『プロフェッショナルWebライティング』技術評論社・二〇〇六
メイ『赤い糸』（上・下）ゴマブックス・二〇〇七
山川健一『「書ける人」になるブログ文章教室』ソフトバンク新書・二〇〇六
ゆうきゆう監修＋丹由美子取材・文『ココロをつかむケータイメール』ネコ・パブリッシング・二〇〇五
渡辺由佳『サクサク書けるビジネスメール入門』かんき出版・二〇〇七
『現代の国語2』三省堂・二〇〇六
『国語2』光村図書・二〇〇七
『新編　新しい国語2』東京書籍・二〇〇七
『中学校　国語2』学校図書・二〇〇七
『伝え合う言葉　中学国語2』教育出版・二〇〇七

本書は二〇〇二年二月、筑摩書房より刊行された。

ちくま文庫

文章読本《ぶんしょうどくほん》さん江《え》

二〇〇七年十二月 十 日 第一刷発行
二〇一四年 五 月二十五日 第三刷発行

著 者 斎藤美奈子（さいとう・みなこ）
発行者 熊沢敏之
発行所 株式会社 筑摩書房
東京都台東区蔵前二―五―三 〒一一一―八七五五
振替〇〇一六〇―八―四一二三
装幀者 安野光雅
印刷所 中央精版印刷株式会社
製本所 中央精版印刷株式会社

乱丁・落丁本の場合は、左記宛にご送付下さい。
送料小社負担でお取り替えいたします。
ご注文・お問い合わせも左記へお願いします。
筑摩書房サービスセンター
埼玉県さいたま市北区櫛引町二―六〇四 〒三三一―八五〇七
電話番号 〇四八―六五一―〇〇五三

ISBN978-4-480-42403-7 C0190